语言表达艺术

主 编 郭 峰

副主编 刘 粤 赵 霞 李 丽
杨毅路 郑海曙

电子工業出版社
Publishing House of Electronics Industry
北京 · BEIJING

内容简介

《语言表达艺术》这本教材艺术性、实用性强，教学讲义已经使用了六年，不断地增删修改，深受学生喜爱，是一本很有价值的教材。语言表达能力是大学生综合素质的突出体现，也是素质教育不可或缺的重要方面。由于受应试教育以及学生自身的影响，学校在教与学的过程中对学生语言表达能力的培养重视不够，既缺少系统的培养计划，也缺乏必要的实践训练，致使学生的语言表达能力存在一定的缺陷或不足。要全面贯彻落实素质教育，就必须重视大学生语言表达能力的培养，以全面提高大学生的整体素质和综合能力。

本教材集艺术性和实用性于一身，从科学发声、美化声音入手，通过歌唱、朗诵、演讲、辩论、沟通等一系列课程，全面提升和打造学生的语言表达能力，潜移默化地给予学生美的熏陶。声音好，口才好越来越被认为是现代人所应具有的必备能力。目前，国内还没有专门针对大学生使用的语言表达艺术教材，本教材可以说是开了这门课的先河。

未经许可，不得以任何方式复制或抄袭本书的部分或全部内容。

版权所有，侵权必究。

图书在版编目（CIP）数据

语言表达艺术 / 郭峰主编. —北京：电子工业出版社，2017.8

ISBN 978-7-121-31671-5

Ⅰ. ①语… Ⅱ. ①郭… Ⅲ. ①语言艺术—高等学校—教材 Ⅳ. ①H05

中国版本图书馆 CIP 数据核字（2017）第 120616 号

策划编辑：程超群

责任编辑：裴　杰

印　　刷：北京盛通商印快线网络科技有限公司

装　　订：北京盛通商印快线网络科技有限公司

出版发行：电子工业出版社

　　　　　北京市海淀区万寿路 173 信箱　邮编　100036

开　　本：787×1 092　1/16　印张：13　字数：390 千字

版　　次：2017 年 8 月第 1 版

印　　次：2021 年 12 月第 5 次印刷

定　　价：36.80 元

凡所购买电子工业出版社图书有缺损问题，请向购买书店调换。若书店售缺，请与本社发行部联系，联系及邮购电话：(010) 88254888，88258888。

质量投诉请发邮件至 zlts@phei.com.cn，盗版侵权举报请发邮件至 dbqq@phei.com.cn。

本书咨询联系方式：(010) 88254577，ccq@phei.com.cn。

前言 PREFACE

在没有语言之前，人们相互交流与动物吼叫、虫鸟鸣啾没有多大差别。可在长期运用的过程中，往往很难达到交流目的，便借助于结绳记事或图像表意加以解决。人类语言的形成决不是轻而易举的事儿，必须经过十分漫长的艰难曲折复杂的历史进程。可此进程本身的复杂性又不可能有有力的科学证据支撑，就是近年来在语言演化方面的探究进展也不大，至今还没有令人信服的解说。

据统计，世界上共有 7000 多种语言。它们起源于何时何地？它们是同一个起源，还是独立起源？这些仍是尚未破解的科学谜题。1979 年，德国出版的《语言学及语言交际工具问题手册》中介绍，现在世界上查明的有 5651 种语言。在这些语言中，有 1400 多种还没有被人们承认是独立的语言，或者说是正在衰亡的语言。

总而言之，语言的产生，使人类的交流如虎添翼。它成为人们进行沟通交流的各种表达符号，是人们最重要的交际工具。从此，人类文明得以有力地传承与保存。

语言是民族的重要特征之一。一般来说，各个民族都有自己的语言。汉语、英语、法语、俄语、西班牙语、阿拉伯语是世界上的主要语言，也是联合国的工作语言。汉语是世界上使用人口最多的语言，英语是世界上使用最广泛的语言。什么是语言？语言就是人们说的话。人们用语言进行交际，传播信息，互通情况，交流情感，探讨问题，辩论是非。俄罗斯有一个谜语说得最形象：不是蜜，却可以粘住一切——语言。

在生活和工作中，语言表达实际上已成为一个人成功的必备条件之一。讲台上口若悬河、滔滔不绝；辩论场能言善辩、应对自如；外交上口齿伶俐、独领风骚；应聘会上对答如流、随机应变；交际场合善言细语、推心置腹；谈判桌上从容潇洒、据理力争……而这一切，无不浸透着语言表达的艺术功力。

有些人在与人交往和办事儿时大多不受欢迎，但自己并不清楚，可谓是"当局者迷，旁观者清"。人类的缺点是喜欢把自己看得很聪明，总以为自己能把握住自己的言行，其实并不尽然。有很多时候，因为各种各样的原因，我们并不能恰到好处地把握自己的言行。在我们身边，有许多做人的忌讳，有许多行事的机理，我们并不十分清楚，如果自以为是，自作聪明，心直口快，信口开河，一不小心就触到了说话不知深浅的霉头。

古人从长期的经验和教训中总结出了许多社交时的说话智慧，如"逢人只说三分话，不可全抛一片心"。这句话与"话到嘴边儿含半截"基本上是一个意思。我们在与人说话时为什么要"只说三分话"？为什么要"含半截"？其实对这个问题，古人已经给过答案，有道是"害人之心不可有，防人之心不可无"。只要有了"防人之心"，就不可随便乱说话。

语言表达的艺术功力，必须根植于思想的深度与知识面的广度，"厚积"方能"薄发"。可就当代大学生而言，在人文科学方面的欠缺，正是这些方面。因此，欲提高大学生的才智与潜能，就必须加强积极思考的能力，扩大知识层面，培养良好的心理素质，从而增强对语言文字的驾驭能力。社会之需、时代之需，在呼唤当代大学生奋发努力。"会说话"容易，但要把话"说好"，却很难。我国古代有"一语可以兴邦，一言也可以误国"之说，春秋战国也不乏事例。"且壮士不死即已，死即举大名耳，王侯将相宁有种乎！"陈胜慷慨激昂的"煽动"言辞，拉开了中国历史上第一次农民起义的大旗。有人说，语言的力量能征服世界上最复杂的东西——人的心灵。只要我们稍微留意观察生活与自己身边的人就会发现，谈吐的缺陷往往可能导致个人事业的不幸或损及所供职单位的荣誉与利益，可能导致父子不和、夫妻离异乃至国际关系紧张恶化。一个人的谈吐如何，往往决定别人是否愿意聘用、提拔、交往、引荐，或是否愿意投其信任票进而与之共处。

一个人如果有谈吐障碍或表达能力欠佳，则会被人低估能力，甚至被散播残酷无情的诋毁谎言，以至被人扭曲形象。即使思想如星月般光辉，勤奋如一头老黄牛，又满腹经纶，可成功的机遇却比别人不知要少多少倍，欲达到终生的理想目标，谈何容易！根据多年的教学实践，深感大学生驾驭语言艺术功力的薄弱，特别是说方言的大学生更弱一些。为了助同学们一臂之力，特撰写《语言表达艺术》一书，供各类高等院校学生，作为步入语言艺术殿堂的阶梯。

本书由郭峰担任主编，刘粤、赵霞、李丽、杨毅路、郑海曙担任副主编，王军参编。由于个人水平有限，加之知识不断更新，难免有不当之处。敬请读者批评指正，深表谢意。

作　者

目 录
CONTENTS

绪　论

语言是人们相互交流的工具，但在运用语言上却千差万别。善于言辞者语出惊人，令人钦佩；不善言辞者口笨舌拙，闻而无味、被人唾弃。古人云："一言知其贤愚"。语言既能表现人的学识高低，又是人的思想、智慧、见识、气质、性格等综合素质的集中反映。

试举一例：清代学者纪晓岚，一次乾隆皇帝开玩笑地问他"何为忠孝"？当他解释说"君叫臣死臣不敢不死，谓之'忠'；父叫子亡子不敢不亡，谓之'孝'，合之为'忠孝'"。乾隆皇帝于是发话："好！朕赐你一死。"纪晓岚听后三拜九叩地出去赴死。可待半炷香的工夫，纪晓岚气喘吁吁回来拜见乾隆皇帝说："我刚要投河自杀时，屈原突然从河里出来，怒气冲冲地训斥我，说他当年是因为楚怀王昏庸无道才投了汨罗江。当今皇帝龙恩浩荡、贤明豁达，你怎么能死呢！于是我就迷途而返，谢主隆恩来了……"于是，乾隆皇帝自我解嘲地说："好一个能言善辩的纪晓岚！"

口才是一门艺术，更是每个现代人立身求职必不可少的基本技能。通常情况下，我们当中的许多人，都不能说是对说话一窍不通，但又很难称得上会说话、口才佳的人。可有一点可以肯定，每一个能张嘴说话的人，只要他虚心好学、精心揣摩、科学苦练，做一位能言善辩的人并不难，登上"口才大师"的宝座也不是遥不可及。

纵观古今中外人类文明史，能言善辩、激浊扬清的雄辩家，犹如璀璨的明星光照人间。我国先秦时期的说客苏秦、张仪、公孙衍、晏子等，凭借伶俐的三寸之舌游说列国、驰骋政坛、左右君主、声震九州。区区几百字的《晏子使楚》令中华民族颂扬数千年……

"一人之辩，重于九鼎之宝；三寸之舌，强于百万之师。""舌头是一把利剑，演讲比打仗更有威力。"（英国作家麦卡雷）

无数事实证明，口才在现实生活、工作、交际中有着特别重要的意义。

近现代以来，随着新思潮的迸发，新的演讲热潮又在中华大地上掀起，出现了康有为、梁启超、孙中山等一大批风云人物叱咤讲坛。在"五四"精神的孕育下，李大钊、陈独秀、萧楚女、闻一多、毛泽东、周恩来等革命先驱为中华奔走呼号发挥了极其重要的作用。他们的雄辩才能享誉五洲四海。

今天，我国进入了一个崭新时代，改革开放、百舸争流，压抑沉睡多年的交际意识被唤醒了。一个"百家争鸣、百花齐放"的局面又展现在人们面前。人们越来越意识到人际语言沟通技能是人才必备的素质之一。因为是人才者未必有口才，而有口才者必定是人才。人才又必须具备多种智商，才能构建良好的人际关系，美国流行一句话："智商（IQ）决定录用，情商（EQ）决定提升"，而人际交往的基础原则是什么？是语言的沟通。有时候，同样的一句话如果自己说出来很自然，但对方听了可能会产生误解，引起不必要的尴尬，这时若能恰如其分地把话说好，让对方听来高兴，无疑是至高之举。

例如，王某准备借助于好友赵某的开拓的渠道做一笔生意，在他将一笔巨款交给赵某的第二天，赵某暴病身亡。王某立刻陷入了两难境地。若开口追款，太刺激赵某的未亡人。若不提此事，自己的局面又难以支撑。

帮忙料理完后事，王某是这样对赵夫人说的："真没想到赵哥走得这么早，我们的合作才开始呢。这样吧，嫂子，赵哥的那些关系户你也认识，你就出面把这笔生意继续做下去吧!需要我跑腿儿的时候尽管说，吃苦花力气的事情我不怕。"

看他丝毫没有追款的意思，还豪气冲天，义气感人，其实他明知赵妻没有能力也没有心思干下去。话中又加上巧妙的提醒：我只能跑腿儿花力气，却不熟悉一些门路，困难不小还时不我待。

结果呢？赵妻反过来安慰他道："这次出事儿让你在生意上受损失了，我也没法干下去了，你还是把钱拿回去再找机会吧。"

由此可见，口语表达对自己的生活、学习、工作、事业乃至爱情的深刻意义再清楚不过了。还要提醒人们的是，在市场经济迅猛发展的今天，"人脉"就是"钱脉"，市场经济就是"信息经济"，"信息经济"就是"沟通和交际的结晶"。不懂语言艺术的人，往往会陷入困境。不重视口才锻炼，以致因说话不当而导致意想不到的恶果的事例屡见不鲜，甚至很多人一生失败于口才。

随着社会的不断进步，人们的文化视野、交际沟通更加开阔了，客观需要在各种公开场合发表自己的意见与建议，从而展现才华。处在这种情况下，倘若你出言不当，就会十分尴尬。笨嘴拙舌、难达其意、不入其理，将会使你错失良机。反之，你若能用词精湛、言简意赅、善于辞令，必将赢得主动、左右逢源，获得意外的惊喜。因此，口才可以代表一个人的智慧、才干，显示一个人的力量与价值，从而不仅会受到赏识与重用，还会创造出丰硕的物质与精神上的财富。如此周而复始、良性循环，就会立于不败之地。

那么如何才能提高我们的语言表达能力呢？什么样的口才才是好的呢？本书将试图从演讲口才的一般理论和实际应用中的一些技巧加以阐释或说明，让大学生们打破原有思维意识中的误区，少走一些弯路。以一种全新的观点，全面系统地介绍有关说话的能力以及运用口才方面的知识，这便是本书的宗旨所在。只要同学们通过学习和个人的不懈努力，定会在最短的时间内突破口才极限，达到一个质的飞跃。

第一章　语言的起源

第一节　对语言起源的认识

语言起源理论涉及语言何时、何处，特别是怎样起源的问题，是学术界尚未完全解决的重大问题，也是人们关注和争论的焦点。历史上对这个问题也存在着多种臆测和假说，并有很多争议。随着认识的不断深入和各种不同的证据的发现，人们对语言起源的问题有了更深入的研究。

在历史的长河中，人类语言的产生与形成同样经历了一个极其漫长的阶段，所以说语言的产生有一定的历史渊源。人们对万事万物的认识，几乎都有一个从"疑问—懵懂—初识—感性"，最终到"理性"的升华过程。语言的产生同样如此。至于语言起源，众说纷纭。有学者认为大致可以分为三种："神授说""人创说"以及"劳动创造说"。有学者认为是一种连续性和非连续性假说。还有"一源说"与"多源说"的论断，等等，不一而足。下文分别简述之。

一、"神授说""人创说""劳动创造说"

（一）"神授说"

"神授说"认为，语言是神赐予人类的学说。如此观点的认识是，在当时科学文化水平极其低下的条件下，人们对阴晴圆缺、风雨雷电等自然现象无法解释，都归之于神，对语言这种奇妙的现象更是无法给一个所以然，因此也只能归之于神的恩赐。

其观点的代表人有二：

一是印度婆罗门教《吠陀经》中：语言是神赐予人类的一种特殊能力。

二是中国苗族传说：山神创造了人，并传授了语言。

《圣经·旧约创世记》第 11 章宣称，世上原本只有一种语言——"亚当语"。巴比伦地区的人们决心建造一座能通往天堂的高塔；为了破坏人类这种胆大妄为的举动，上帝一夜之间让语言变得五花八门；人们再也听不懂对方在说什么，误解、分歧使大家终日吵吵闹

闹；这座高塔便半途而废。后来，人们把这座塔叫作"巴别（变乱）塔"，也称为"通天塔"，并把寻找语言扩散的中心比喻为寻找"通天塔"。这也算是"神授说"的另一例证。

（二）"人创说"

"人创说"认为，语言是人自己创造的，不是神赐予的。如此观点的认识是，人们受当时科学文化水平的限制，只能从感性上来阐释语言现象。最初，人们的发声仅能始于模仿。从风雨雷电等自然声音以及动物吼叫、虫鸟鸣啾中得到启发，彼此在漫长的生活劳动中，手语、图像都不能达到相互交流的正确意向，以致被逼得到了非说不可的地步，便张嘴发出声音，从而形成最低级的语言。

其观点的代表者各有各的说法。

1. 摹声说

语言起源于人类对外界各种声音的模仿。这种观点只能解释摹声词的产生，无法说明人类语言的起源问题。

2. 社会契约说

语言起源于人们的彼此约定，这种观点注意到了语言的社会属性和语言符号的任意性，但无法解释没有语言的情况下人们是如何彼此约定的。

3. 手势说

在人类使用有声语言之前曾经历过一个手势语言的阶段，这种观点无法解释手势语言是如何发展为有声语言的。

4. 感叹说

人类的有声语言是从抒发感情的各种叫喊声演变来的，这种观点无法解释叹词是如何发展成具有理性意义的其他词语的。

5. 劳动叫喊说

人类的有声语言从人的劳动叫喊声发展而来，这种观点注意到语言起源和劳动的关系，但无法解释劳动号子是如何发展为语言的。

综上所述，这些观点的实质是，都是主观思辨的产生，但缺乏科学的依据。

（三）"劳动创造说"

"劳动创造说"认为，从猿到人归结于手足分家、直立行走，人从动物进化而来。劳动创造的人，同样在劳动中促进大脑的思维，使人彻底摆脱动物界。人在劳动中，其大脑思维逐渐丰富，正如前面所讲，在彼此漫长的生活劳动中，手语、图像都不能达到相互交流的正确意向，以致被逼得到了非说不可的地步，便张嘴发出声音，从而形成最低级的语言。持这种观点者认为，语言的产生必须具备三方面的条件。

1. 人类的思维能力要发展到一定的水平

人类的思维能力要发展到一定的水平，应该能够对客观世界的事物进行分类和概括，并具有一定的记忆和想象、判断和推理的能力，只有具备了这种心理条件，才有可能产生语言。

2. 人类要具备一定的生理条件

人类的喉头和口腔声道必须进化到能够发出清晰的声音，才有可能产生有声语言。

3. 人类社会有了产生语言的必要

人类社会的发展必须到"彼此之间有些什么非说不可的地步了"，具备了这样的社会条件，才有必要产生语言。

语言产生的这三个必要条件缺一不可，而创造这三个条件的是人类的劳动。恩格斯关于语言产生的观点认为，"语言是从劳动中并和劳动一起产生的"。劳动提出了产生语言的社会需要，为语言的产生提供了心理和生理上的条件。劳动也改善了原始人的发音器官，为语言的产生提供了必要的生理条件。应该说恩格斯对语言起源问题的论述已经相当全面了。

二、语言起源的两种假说理论：连续性假说和非连续性假说

所谓连续性假说的基本思想认为，语言不可能突然之间形成，而是有一个过程，一定是由人类的灵长类的祖先早期的前语言系统演变而来的。非连续性假说则认为，语言有一些独一无二的特征，是在人类演化过程的某个时间段突然出现的，跟人类基因演化和突变也是有关的。过去对连续演化研究得比较多，也有很多的假设。现在还在继续研究的人当中，有的认为人类祖先由姿势产生了跟语言有关的符号系统，有声的语言也随着人类的进化慢慢产生。也有人认为，语言是模仿自然界的声音，或者是一种感叹。几十年前我还小的时候，受的教育是说，人是劳动创造的——这是恩格斯的话，人是能够制造工具的动物，语言也是由劳动创造的。例如，我们的祖先在协同劳动时需要交流，由比画产生了有声的语言。但因为直接的证据很少，对语言的起源要做实证研究是比较困难的。近十年以来，随着科学的进步，就可以用新的方法进行研究了。例如，可以由化石来看人类的解剖学特征，观察是如何演进的，也可以用计算机来模拟这个过程。也有的学者比较强调语言的社会性和人的社会文化认知对语言起源的影响。

认为语言产生是非连续性的代表人物之一，就是乔姆斯基。乔姆斯基是一个很有影响的语言学家，他也很关心政治，是著名的左翼政论家。可以说，在当代的语言学以及相关的领域，乔姆斯基的影响力是最大的。当然，也有不少人不同意他的意见，但不能不承认他的影响。我个人并不完全赞同他的观点，但有一些还是有道理的，应该重视。比如，他强调只有人类才有语言，其他任何动物都不可能具有语言能力，语言能力是人独有的。这个观点我觉得是很对的。20世纪六七十年代，国外有些人做过很多实验，如他们试图教猿猴讲话，但猿猴没办法发出人的声音，不止一个实验中心尝试过教猿猴辨认代表某个概念的词语，但都没有取得成功。这也说明动物不可能拥有人类这样的语言能力。

尚未破解的谜题编辑考古学研究是构拟人类及其文化史前史的一种主要手段。这样的研究能提供人类的生物进化以及文化几个方面的史前情况的直接证据。但语言的直接的考古证据却只能出现在文字的发明之后，只出现在铭刻在石头、黏土或其他耐久材料上的文字记载里。因为这些遗物最早也追溯不到 5000 年以前，而语言的历史当然要古老得多，所以，早期的文字显然既不能提供语言起源的证据，也不能提供语言演变的证据。

三、"一源说"与"多源说"

据统计，目前世界上共有 7000 多种语言。它们起源于何时何地？它们是同一个起源（一源说），还是独立起源（多源说）呢？这些仍是尚未破解的科学谜题。

学术成果引热议。2011 年 4 月，新西兰奥克兰大学学者阿特金森在《科学》杂志上发表了一篇题为"语音多样性支持语言从非洲扩张的系列奠基者效应"的文章。阿特金森通过对全球 504 种语言的分析发现，非洲各地的方言含有较多的音素，而南美洲和太平洋热带岛屿上的语言所含音素最少。例如，一些非洲方言音素超过 100 个，而夏威夷当地土语的音素仅有 13 个，英语的音素有 45 个。阿特金森认为，语言的这种分布规律与人类遗传多样性的分布类似。人类遗传的多样性在非洲最高，然后逐渐衰减。因此，这种相似性并非偶然，而是现代人类语言起源于非洲的有力证据。阿特金森的研究成果引起了学术界的极大关注，被认为是语言演化的又一个重大发现。世界各大主流媒体都对此事进行了报道。不过，广泛的争论也接踵而至。

2012 年 2 月 10 日，《科学》杂志同期发表了三篇来自中国、欧洲和美国的相关评论，并对该假说提出质疑。

中国学者李辉等人在评论中称，如果全世界的语言有一个扩散中心——"通天塔"，就不应该在非洲，而是最可能出现在亚洲，精确地说，是在里海南岸。他们认为这个位置就是传说中"巴别塔"的本来位置。

欧洲学者迈克尔·西索沃等人在评论中称，阿特金森的假说是没有足够数据支持的。如果用其思路研究语言的其他特征，如从句结构、被动语态的使用等，结果便与其结论大相径庭——语言的发源地可能是东非、高加索山脉（即里海与黑海之间）或其他地区，并不一定如他们所推测的那样，来自非洲西南部地区。他们认为，从其他学科中借鉴一些理论和方法来研究语言学并不为过，但应用不当时，就会出问题。

阿特金森也据理力争，同样在《科学》杂志上发表了答复，对自己的观点进行澄清与说明。

难有信服的证据，编辑们在语言起源问题上，一源说与多源说是对立的。前者是由意大利语言学家阿尔弗雷多·特龙贝蒂于 1905 年首先提出来的，在当时由于后者占"统治"地位而没有得到多大的支持，不过特龙贝蒂的学说在 20 世纪中期渐渐地被主流学术界所接受。就目前而言，这两者都没有充分而确凿的证据来证明自己的假说。可以预料，今后关于语言起源的争论会更加激烈，短期的局面将是"公说公有理，婆说婆有理"，难以得出一致结论。

事实上，在语言起源方式和发源地的争论上，从来就是"糊涂账"。虽然现代人类起源于非洲已是国际学术界的共识，但对于人类语言的起源却是一个有高度争议性的话题。它本来是 18 世纪中期到 19 世纪初期哲学家的主要研究课题，不过后来语言学演变成一项实

证的科学，比较语言学家认为这是一个无从解答的问题而将之搁置下来。1866年，巴黎语言学会甚至明令禁止讨论语言起源问题，这项禁令对西方学术界产生的影响一直延续到20世纪末。如今，关于语言于何时何地如何起源的问题有着众多的假说，假说的数量几乎与此领域中学者的数量一样多。另外，语言起源的其他假说包括神授说、手势说、感叹说、摹声说、劳动说、契约说、突变说、渐变说及本能说等依然是"空中楼阁"，探究简直"原地踏步"。

关于语言起源的各种假说都从不同的层面说出了一些道理，做出了积极的探索，为这个古老的难题找出接近事实的答案。

但对旁观者来说，与100多年前用达尔文演化学说对这个难题做粗糙解释的时代相比，如今此领域中似乎并没有达成更多的共识。

自20世纪90年代起，越来越多的语言学家、考古学家、心理学家、生物学家、人类学家等都开始尝试应用各种新方法来探究语言演化这个"世界最难的学术问题"。遗憾的是，由于人类语言的历史悠久、语言本身的复杂性以及缺少有力的科学证据支持，近20年来在语言演化方面的探究进展不大，至今还没有令人信服的解读。

中国知名学者周海中曾经指出，解决语言演化问题的难度不亚于破解物种演化之谜。语言演化既是一种社会现象，又是一种自然现象，还是人类心智发展和历史文化演变的结果。由于语言的起源与变化有其内在的原因和外界的影响，从而增加了语言演化问题的复杂性。

思考与练习

1. 语言起源究竟大致可以分为哪三种假说？
2. "劳动创造说"的观点是怎样的？
3. 为什么说破解语言起源问题的难度很大？

第二节　对语言起源的认识与发展

在本章第一节中，持"劳动创造说"的学者们认为，语言的产生必须具备三方面的条件。其实这仅仅是这个学派的观点，在长期激烈的辩论中，关于语言产生的条件众说纷纭，并非那么简单。单就语言概念这个非常古老的问题的探讨，也是争执不休的问题。

一、人们对"语言"的定义争论不休

印度婆罗门教的经典《吠陀经》中将语言视作母牛，而呼吸是公牛，由语言和呼吸产生了人心。由于研究方法和角度的不同，人们对"语言"的定义多种多样。有代表性的说法就有几十种。下面举出几种。

（1）语言是主要以呼吸器官发声为基础来传递信息的符号系统，是人类最重要的交际工具和存在方式之一。

（2）用于表达事物、动作、思想和状态的一个系统。

（3）一种人类用于进行现实观念交流方式的工具。

（4）人类共有的有意义的体系。

（5）人类特有的一种符号系统。作用于人与人的关系时，是表达相互反应的中介。作用于人和客观世界的关系时，是认识事物的工具。作用于文化时，是文化信息的载体。

无论是什么定义，人类始终是语言的中心。语言是人类用来交流的一种工具。对人类语言差别的准确定义是很困难的。乔姆斯基曾经指出，"有一些德国的方言非常接近我们所说的荷兰语，甚至其他的德国人并不能听懂。"注意语言不同于生物学，不同的语言之间并没有严格的界限。

语言符号和事物之间的关系是任意的，是由使用这种语言的人之间"约定俗成"的。例如，汉语的"兄弟"，在英语中是"Brother"，在德语中则是"Bruder"。语言是非常复杂的，它受到人脑的支配，与思维密不可分。到目前为止，科学技术还不能完全模拟人脑的语言功能，机器翻译更难以实现。有人谈及动物语言，但是大多数语言学家还不能肯定动物是否具有运用语言符号的能力。更多的专家倾向于认为动物的语言只是一种信号，而不是一个信息系统。同样的，在人工语言中的数学语言或计算机语言也不属于真正的语言。

二、语言起源问题的再度出现

关于人类语言起源的问题，本来是 18 世纪与 19 世纪初期哲学家的主要研究课题，不过后来语言学演变成一项实证的科学，语言学家认为这是一个无从解答的问题而将之搁置下来。此后，由于人类对脑部发育过程了解更多，语言学研究领域发展到心智现象，语言起源的问题又再度出现。

（一）语言起源众说纷纭

最初对语言起源的推论是根据人们的想象，想象当初语音是如何与事物、思想发生有意义的连接。有一理论认为万事万物皆有其固有的名字，而我们的祖先对它们的认识就如同对其他自然现象的了解一样多，这种说法被嘲笑为"叮咚"或"水桶"理论，且根本不足以说明人类语言的任意性与抽象性。

另一理论则认为人类语言最初是由模仿大自然的声音而来，此被称为"汪汪"理论，因为诸如此类的声音可用来代表狗。

还有一种理论推定最初的语言是表达，通常不是很愉悦的情绪反应，如一些感叹词，此种说法被诋毁者称为"呸呸"理论。

第四种理论则认为语言起源于有语音伴随的手势，举例来说，我们看到美味可口的食物时，会做出抚摩肚皮和舔嘴唇等动作，口中同时发出"姆姆"的声音，显然，这种说法就是所谓的"姆姆"理论。

最后，还有一种理论认为最初语音和意义是随意结合的，经过不断地重复使用，音义之间形成了固定的非随意联系，该说法被称为"随意定型"理论。

（二）对语言起源的述评

除了第一个外，所有的理论都言之成理，因为它们与想象中的或实际上的语言或非语言人类行为相吻合，而且智慧较高的猿人也可能凭这些方法学习语言。

如果"个体发生学概述了种系发生史"（亦即个体的发展说明了物种的进化过程）这个理论，对语言和人类其他方面的发展而言亦可成立的话，那么，对一个孩童如何获得语言能力了解得越多，就越能对人类语言的起源提出更精确的假设。这个问题目前已经是语言学家、心理学家及脑部研究的学者所致力研究的目标。

语言学家和心理学家已经发现正常的语言习惯有相当固定的学习阶段。婴儿出生后约三个月大就开始牙牙学语。到了快满周岁，开始会说一些单词，这些单词的意义其实就等于词组或从句。例如，幼儿可能会以"车"来表示"我看到了一辆车""我刚刚在坐车""我们上车吧"诸如此类的意义。到两岁时，开始像"发电报文"那样会说一些由两三个单词构成的词组，已能使用极简单而准确的语法。在这几个阶段中，幼儿也逐渐在掌握语音和语调。而且这些阶段的发展与其抽象概念的建立是相互关联的。由大脑功能局部化的研究看来，语言的学习甚至和语言的起源都有所关联。人类的脑部与其他猿类的差异在于其大脑的左半球容量较大且较发达。虽然有关语意、语法及音调等方面的功能是同时由两个半球所控制，但右半球主要控制具体事物的了解，而左半球主要主宰抽象概念的理解，因此后者成为人类的语言中枢。大约在青春期，人的脑部主控机能已建立，因此逐渐失去幼儿期很容易且快速学习语言的能力。

待这些研究完成与融贯之后，将可揭开语言源起的迷雾，同时印证 20 世纪美国语言学家乔姆斯基的假说，在某种程度上语言可视为人类独有的天赋。

绝大多数研究人类起源的专家认为，通过口语进行交流，是人类区别于其他动物的最显著的特征。一些科学家曾成功地训练黑猩猩使用复杂的手势或辅助工具交流信息，但无论怎样训练，这些人类的远亲始终只能发出少数单词的音，"口语能力"实在是糟糕透顶。

三、最新科研成果揭示：语言与基因之间的确存在着千丝万缕的联系

人类社会也存在许多有趣的现象，对英国 16000 对双胞胎的研究表明，语言障碍和遗传有很大的关系，但这些症状很难和某个具体的基因联系起来。对天才语言学家（他们能流利地说多种语言）的基因和大脑的研究，可能揭示基因对语言学习方面的贡献，尽管这种说法一直被人忽略，但事实上多得惊人的职业语言学家本身就是语言学家的后代。20 世纪 60 年代，科学家们猜测人类拥有与语言能力有关的独特基因，理由是语言如此复杂，普通的儿童却能在年幼时自然地学会说话。

（一）基因对人类语言的制约力

最新科研成果揭示：语言与基因之间的确存在着千丝万缕的联系。20 世纪 90 年代，牛津大学威康信托人类遗传学中心及伦敦儿童健康研究所的科学家对一个患有罕见遗传病的家族中的三代人进行了研究，这个家族被研究者称作"KE 家族"。"KE 家族"的 24 名成员中，约半数无法自主控制嘴唇和舌头，阅读存在障碍，而且记不住词汇，不能理解和运用语法，难以组织好句子。该家族三代人中存在的语言缺陷使科学家们相信：是他们身体中的某个基因出了问题。

最初，他们把这个基因叫作"语法基因"（即"KE 基因"）。尽管揭示人类语言能力的

奥秘还需要获得更多的遗传信息，但这个英国家族的机能缺失现象表明了基因对人类普遍语言能力的重要意义。

但是，仅知道"KE 基因"是语言的主宰者远远不够，还必须弄清关键问题究竟在哪里。为了找到"KE 基因"的栖身之处，牛津大学的遗传学家安东尼·摩纳哥和他的研究小组寻找了几年，直到 1998 年，他们才把范围缩小到 7 号染色体区域，而这个区域内存在 70 多个基因。安东尼说："这几年的研究工作就像是一次寻找基因的'染色体长征'。"

（二）"FOXP2"基因的发现与研究，促进了人类语言研究的进程

他们的研究有了一个历史性的飞跃，一个叫"CS"的英国男孩儿出现了，他虽然和"KE 家族"没有任何血缘关系，却患有类似的疾病。通过两者基因的对比，研究者们发现，一个被称为"FOXP2"的基因在这个男孩儿和"KE 家族"的身上同样遭到破坏，这也是他们的病症所在。研究小组的科学家们十分兴奋地说："相同病例的突然出现，使我们漫长的寻找时间缩短了一两年。"于是，"FOXP2"基因有了一个名副其实的称呼——语言基因。

研究者发现，"FOXP2"基因属于一组基因当中的一个，该组基因通过制造一种可以粘贴到 DNA 其他区域的蛋白质来控制其他基因的活动。而"CS 儿童"和"KE 家族"的"FOXP2"基因突变，破坏了 DNA 的蛋白质黏合区。具体说，是构成"FOXP2"基因的 2500 个 DNA 单位中的一个产生了变异，使它无法形成大脑发育早期所需的正常基因顺序。科学家们对"KE 家族"的大脑图像进行研究后发现，患有遗传病成员的基础神经中枢出现了异常。口舌的正常活动正是由这个区域来控制的，患者大脑皮质中与讲话和语言相关的区域也不能正常工作。

"FOXP2"基因的发现，为基因学家们提供了一个继续寻找其他与发音相关的基因的机会，尤其是那些由它直接控制的基因。这是一件很神奇的事情，这么一个微小的基因变化，竟然能破坏像语言这么重要的功能。尽管人类的每一个基因都有两个副本，而"FOXP2"基因当中的一个副本出了问题，就能造成大脑发育不完全的严重后果。

此后，科学家们进一步研究了语言基因"FOXP2"。据英国广播公司（BBC）网站 2002 年 8 月 27 日报道，继 2001 年 10 月第一个语言基因 FOXP2 的研究成果在《自然》杂志上发表之后，部分科学家以老鼠、猴子及人类为实验对象，研究"FOXP2"基因在不同物种中的表现，并进一步论证语言与人类文明发展的关联。结果令人难以想象：语言源于"FOXP2"基因的变异，人类会说话是个意外。

由德国莱比锡市马普人类进化研究所的遗传学家斯万特·帕博率领的小组与英国研究者进行了合作，着手追溯"FOXP2"基因的进化历史。他们测定了一些灵长类（黑猩猩、大猩猩、猩猩和猕猴）及小鼠的"FOXP2"基因，并与人类"FOXP2"基因序列进行了比较。研究小组在 2002 年 8 月 14 日的《自然》杂志网络版上报告说，人类和小鼠最近的共同祖先生活在大约 7000 万年以前，从那时到现在，该蛋白质的氨基酸序列上只产生了三处变化。其中两处变化发生在约 600 万年前人类支系与黑猩猩分离以后。基因掌握着蛋白质形成的"密码"，而蛋白质是生物体中一切运动的杠杆和传动装置。"FOXP2"基因上的变异明显改变了相关蛋白质的形态，因此，某种程度上使变异基因赋予人类祖先更高水平的控制嘴和喉咙肌肉的能力，从而使他们能够发出更丰富、更多变的声音，为语言的产生打下了良好的基础。

"FOXP2"基因存在于所有哺乳动物。"FOXP2"基因关键的片段上共有 715 个分子。其中，老鼠只有三个分子和人类不一样，黑猩猩则更少，才两个。这个极其微小的差别，却产生了深远的影响。基因的变异在自然界中非常普遍。它主要由细胞的复制机制出了问题而引起。大多数的变异有害无益，但也有意外。这种"偶尔的意外"因为它的先进性而得以在人类进化中迅速传播。FOXP2 就是例证之一。德国科学家们指出，这种变异正好发生在 20 万年前解剖学意义上的现代人出现的时候，之后，现代人就取代了原始祖先，并排挤掉其他原始的竞争对手，主宰了地球。

"FOXP2"基因是目前发现的第一个与语言有关的基因，研究人员现在还不知道其他基因在语言发展中所起的作用，更不清楚基因之间的相互作用。研究人员认为，还有很多的语言基因有待探索。类似"FOXP2"这样与人类语言能力相关的基因，可能还有 10～1000 个，尚待继续研究。专家们认为，语言基因的研究有待进一步深入。最终，我们需要知道语言基因如何导致脑结构的诞生，以及脑结构如何导致语言的产生。这项工作刚刚开始。要完全把握这个过程要花费 50～100 年的时间。科学家希望能再找到更多与语言有关的基因，并逐渐证实语言的发展与人类文明的起源。

四、非学者、专家对语言产生的主观臆想

语言产生的研究任重而道远。如果有一群朋友聚在一起闲聊，突然有人提出"今天我们使用的语言是怎么产生的？"相信在座的没有一个人能确切解答这么古怪的问题。对一般人来说，这是一个从来没有去考虑，甚至是不成问题的问题，用不着费心思去探讨。但就是这个看似无意义的问题，却是世界语言学家们一直争论不休的最头疼的课题，也是语言学家们努力研究的命题，同时，也是人类必须回答的问题。

人类的语言在萌芽阶段是纷繁复杂的，具有模糊性、不稳定性、随意性等特点。同一种语言也会因部落的迁徙融合、图腾崇拜的变化或时间地理的变迁而产生变异。这就是人们通常所说的"方言"。就我国而言，其方言可以数以百计，或者更多。自古至今千万年来，每一种"方言"究竟变迁过多少次，恐怕某地的任何人也难以回答。由此可以推断，关于人类语言的起源只能是一个假说。

（一）马尔的"手势语起源"的说法

苏联早期有一个语言学家叫马尔，他提出"手势语起源"的说法。马尔认为，由于劳动创造了人，而人在劳动中以手势相互沟通，这一点也是人与猿人的最大区别。

（二）斯大林的"庸俗唯物主义"帽子

50 多年前，就连作为政治家的斯大林也都卷入这个"语言起源论"的争论旋涡。结果斯大林在《马克思主义与语言学问题》一文中，失态并粗暴地把马尔臭骂一顿，并扣上"庸俗唯物主义"的帽子。斯大林认为，现代的人类没有一个人曾经与古人类生活在一起，并跟他们打过交道，因此，我们无法证明当时古人类用什么样的语言来相互交流。

（三）人类最早的语言是腓尼基语的说法

有一位学者更武断地论证说，人类最早的语言是腓尼基语。他之所以那么武断是因为他做过这样的试验：他将两个牙牙学语的小孩儿放在远离人烟的荒野，结果这两个小孩儿说出的第一个词是"寇卡斯"，而"寇卡斯"在古老的腓尼基语中恰好是指"面包"，因腓尼基语是世界上最古老的语言。单凭这样的试验不免荒诞。但有一个不争的事实是，这个出现在公元前 20 世纪的城邦的一些学者制定的文字后来成了今日欧洲通行的字母。

（四）鲁迅对人类语言起源的假想

鲁迅在《门外文谈》一文中提到了人类语言的起源时说过："我们祖先的原始人，原是连话都不会说的，为了共同协作，必须发表意见，才渐渐练出复杂的声音来"。鲁迅的这个结论似乎又跟斯大林的认识有点儿不谋而合。

（五）人类语言起源众说纷纭、不一而足

后来随着人类发音器官的发达，西方的语言学家对语言的起源的见解也是众说纷纭。

人们认为，在世界各类语言中有一个极为奇特的现象，那就是国际通用，而且又是同音，不用通过翻译都能相互懂得的词汇："爸爸"和"妈妈"。例如，西班牙语写成"papa""mama"，并注为"儿语"。这两个儿语词汇的英语书面词汇分别为"father"和"mother"。同样，印尼语也有类似的词汇："ayah"和"ibu"。同样，在俄语中也有"嵘盗嵘盗"（嵘音 p）和"mama"这两个基本词汇，而其书面语言分别为："喝崴病崣"（读成 otets）和"喁盗崴崲"（读成 mats）。

五、必备的生理因素是语言产生的关键

基于以上情况分析，有些语言学家则认为，儿语是人类语言的起源，因为婴儿一开始学会说话时，满嘴没完没了的"爸爸爸"和"妈妈妈"。说到咱们的汉语中的"爸爸"和"妈妈"这两个词汇恐怕是外来语，即五四运动后流行白话文，从国外移植过来的。因为，在古汉语中，只有"爹"和"娘"相对应的词汇，而在中国有些地区称父母分别为"阿大"和"阿姆"等。但是说来说去，关于人类语言的起源，仍然而永远是一个假说。我们从学者们的研究过程中得到的启示是，必备的生理因素是语言产生的关键。

在人的大脑尚没形成语言的生理机能之前，"手势语起源"说、"腓尼基语"说、"劳动创造"说，都可谓纸上谈兵。人类语言的产生必须在人的大脑进化到大大高于动物吼叫的生理机能之后。如此的进化过程绝不是一朝一夕的事儿，恐怕不知要多少万年方能达到。正如前文所讲，人类没有一个人曾经与古人类生活在一起，并跟他们打过交道，因此，我们无法证明古人类具体什么时候产生了语言，人类语言的起源只能永远是一个假说，是容易理解的。但大脑的生理机能必须进化到语言形成的先决条件，这是无可非议的！那么，人大脑的指令语言的发射区在哪里呢？

大脑左半球皮质语言区是人类语言的"司令部"。

（1）语言的产生是指人们通过语言器官或手的活动把所要表达的思想说出来或写出来，它包括说话和书写两种形式。语言产生的单位主要有音素、音节、语素、词、短语、句子。

（2）语言产生可以分为不同的阶段。

① 构造阶段：根据目的确定要表达的思想。

② 转化阶段：运用语法规则将思想转换成语言的形式。

③ 执行阶段：将语言形式的信息说出或写出。

（3）人与动物的发声有本质区别。人类语言符号和其他动物的交际方式如喊叫、舞蹈等，有本质区别，主要体现在以下几个方面。

① 任意性：动物的喊叫有很大的随意性，而人的语言受大脑中枢神经支配，有阶段性转换的目的十分明确；

② 单位的明晰性：人类的语言是通过发音器官一个一个地先后发出的，而动物的所谓"语言"不能与之相提并论，是以囫囵一团的叫喊或用随意性舞蹈传递某种意思。

③ 结构的二层性：人类的语言分为音系层和符号层（或称为语法层），而动物的吼叫无与伦比。

④ 能产性：人在发声过程中，有一定的创造性或开放性，而动物没有。

⑤ 传授性：从小到大的人，不断接受语言教育丰富智慧、增强技能、解决问题，而动物多是模仿重复。

⑥ 借助语言信息传递，人不受时、地环境的限制，而动物不可能。

思考与练习

1. 从人们对"语言"定义的争论中得到怎样的启示？
2. 在什么情况下语言起源问题又再度出现？
3. 语言产生的最新科研成果揭示了什么问题？
4. 非学者、专家对语言产生都有哪些主观臆想？
5. 为什么说必备的生理因素是语言产生的关键？

第三节　语言的性质与特点

人类将传递信息内容的工具称为语言，如计算机语言、植物的语言、动物的语言与人类的语言，等等。

人类的语言是人类传递情感信息的工具。以符号、文字、图案、音乐、语音、肢体动作与面部表情等形式为载体，来传递或交流情感信息。

一、语言概述

语言是人们交流思想的媒介，它必然会对政治、经济和社会、科技乃至文化本身产生影响。语言这种文化现象是不断发展的，其如今的空间分布也是过去发展的结果。根据其语音、语法和词汇等方面特征的共同之处与起源关系，把世界上的语言分成语系。每个语系包括数量不等的语种，这些语系与语种在地域上都有一定的分布区，很多文化特征都与此有密切的关系。语言是指生物同类之间由于沟通需要而制定的具有统一编码解码标准的

13

声音信号。

二、语言的表达方式

语言就广义而言，是一套共同采用的沟通符号，其表达方式与处理规则，会以视觉、声音或者触觉方式来传递。严格来说，语言是指人类相互沟通时，流露出来的话，或者说是自然语言。

语言能力。有的人能言善辩，有的人却词不达意，驾驭语言是需要能力的。一般人都必须通过学习才能获得语言能力，其能力的高低，不仅要学还要练。

语言的目的是传递信息、交流感情、表述观念或发表意见、谈论思想等，语言学就是从人类研究语言分类与规则而发展出来的。研究语言者被称为语言学家。

当人类发现了某些动物能够以某种方式沟通时，就诞生了动物语言的概念。随着科学的发展，电脑问世了，人类需要给予电脑指令，这种"单向沟通"就成了电脑语言。

三、语言的性质

语言是人与人之间的一种交流方式，人们彼此的交往离不开语言。尽管通过文字、图片、动作、表情等可以传递人们的思想，但是语言是其中最重要的，也是最方便的媒介。

（一）语种复杂

然而世界各地的人们所用的语言各不相同，彼此之间直接交谈是困难的，甚至是不可能的。即使是同一种语言，还有不同的方言，其差别程度也不相同。有的方言可以基本上相互理解，有的差别极大，好像是另一种语言，外地人听不懂白话，即使白话也有广州白话、肇庆白话、大良白话，等等。类似之例不胜枚举。

（二）方言千奇百怪

不仅在不同的地区，有不同的语言和方言，就是在同一地区，不同的社会阶层，不同年龄的人之间也会有特殊的词汇来表达其独特的感情，使另一个阶层或不同年龄的人难以理解。例如，美国的黑人虽然也使用英语，但是他们说的英语有自己的特点，甚至被称为黑人英语。

（三）方言口音根深蒂固

在一种语言环境中掌握某种语言后，虽然也可以学会另一种或几种其他语言或方言，可是原语言或方言的口音很难完全改变，总会留下一定程度的原来所操语言的口音。熟悉语言的人往往就能从这些细微的差别中区分出说话人的家乡所在地及其身份和职业特征。

（四）语言是文化的一个重要组成部分

语言与文化密不可分，甚至可以说没有语言也就不可能有文化，只有通过语言才能把文化一代代传下去。语言是保持生活方式的一个重要手段，几乎每个文化集团都有自己独特的语言。

（五）语言受环境的制约

环境分为自然环境与人文环境。在特定的环境中，人们为了生活的需要而产生特定的语言，而特定的环境必然会在语言上打上特定的烙印。语言既然是人们交流思想的媒介，因此，它必然会对政治、经济和社会、科技乃至文化本身产生影响。语言这种文化现象又是不断发展的，其如今的空间分布也是过去扩散、变化和发展的结果，所以，只有摆在时空的环境里才能全面地、深入地了解其与自然环境及人文环境的关系。

四、语言的定义、特性、结构、种类

（一）语言的定义

以语音为物质外壳，由词汇和语法构成并能表达人类思想的符号系统。

（二）语言的特性

创造性、结构性、意义性、指代性和社会性与个体性。

（三）语言的结构

音位、语素、词、短语、句子、全文。

（四）语言的种类

（1）就语言本身讲有对话语言、独白语言、书面语言、内部语言。

（2）就大脑来说，语言分为"脑语"和"嘴语"，脑语就是我们时时在大脑里产生称作"思考""思想"或"思维"的东西；脑语被嘴表达出来就叫"嘴语"。脑语和嘴语并不是一个东西，第一，脑语和嘴语在表达时失真；第二，嘴语不是脑语的唯一表达方式，因为脑语还可以通过肌肉群来表达，就是我们的行为。语言是一个人能力的重要表述部分。

（3）语言分为"第一语言"和"第二语言"。

一个人从小通过和同一语言集团其他成员（如父母、亲属、周围的人们）的接触，自然学到并熟练运用于交际和思维过程中的语言。本族语言或母语一般说都是个人的第一语言，也是主要语言。

人出生后，首先掌握和使用的语言，叫第一语言。第二语言专指本国内非本族语。在全世界里，第二语言往往是和第一语言同时被使用的。

五、语言的用途

（一）语言的功能

语言的功能主要分为社会功能和思维功能两方面，其中社会功能包括信息传递功能和人际互动功能。

（二）语言的工具作用

语言是思维工具和交际工具，它与思维有密切的联系，是思维的载体和物质外壳以及

表现形式。语言是符号系统，是以语音为物质外壳，以语义为意义内容的，音义结合的词汇建筑材料和语法组织规律的体系。语言是一种社会现象，是人类最重要的交际工具，是进行思维和传递信息的工具，是人类保存认识成果的载体。语言具有稳固性和民族性。

（三）语言的创造

语言是人类创造的，只有人类有真正的语言。许多动物也能够发出声音来表示自己的感情或者在群体中传递信息，但是这都只是一些固定的程序，不能随机变化。只有人类才会把无意义的语音按照各种方式组合起来，成为有意义的语素，再把为数众多的语素按照各种方式组合成话语，用无穷变化的形式来表示变化无穷的意义。

人类创造了语言之后又创造了文字。文字是语言的视觉形式。文字突破了口语所受空间和时间的限制，能够发挥更大的作用。

思考与练习

1. 人类语言是通过哪些载体传递信息的？
2. 语言是通过哪三种方式表情达意的？
3. 写出语言种类的三方面应用情况。
4. 语言功能、作用、创造三方面的具体情况如何？

第四节 语言与文字

语言与文字的产生都经历了极其漫长的历史过程，二者相互影响几乎是同步进行。语言经历了手势、体态、实物、烽火、鼓声、呼喊、口哨等阶段，文字经历了结绳、系珠、契刻、数豆、图画记事、黏土记事等过程。二者形成人类生活史中的两大基本符号系统。语言是听的信息符号，文字是可视符号。就其语言、文字的起源问题，很难判断其先后。从文字起源来看，无论最早的图画样式，还是黏土标志，二者都不是记录语言，而是直接记录人的思想观念。这些表达意念的象征性符号有其超语言的性质。倘若论起二者的关系问题，可进行如下阐释。

一、文字是人类语言的可视平面符号

有人会说盲文不是可视符号，但它是可触摸符号，盲人的触摸实际是"以手代目"。与此相对而言，语言就是可听的信息符号。人类的任何一种语言，都应当而且必须有一种与之科学地对应起来的文字。二者关系的密切不言而喻。所谓"科学对应"，就是像电工学上说的"匹配"，当输入设备与输出设备完全匹配了，可以达到用最省的能量实现最好的效果。如果匹配不好，效果就不佳：要么输出设备不能正常工作，要么窝存下过多的能量被闲置无用，必然造成浪费。

二、语言与文字"科学对应"难度大

"科学对应"说起来容易做时难。如果文字与语言完全匹配了，那么这种文字对讲该种语言的广大人民群众来说，就会易学好用，普及时间短，所花费用少。文字和其对应的语言可以同步地无限扩张，即单词、词语可以无限扩张。但是，倘若匹配不好，其结果就是相反的效果。所以，每一种文字要达到与其语言最好的匹配，并不是很容易的，往往需要经过千百年的千万人的不断探索，不断改进，才能实现。

比较起来，用拼音文字与之对应，是最科学的对应。也就是说，可以达到很好的匹配。因为用拼音字母来表示语音可以用最少的文字表示无限的语音，是一种最科学的方法。人们看到拉丁文字与拉丁语言的匹配程度远强于汉字与汉语的匹配程度，于是就用拉丁字组建汉字。这种做法，首先在理论上违背了"单音节词为主的语言必须用表义文字与之匹配"的规律。就像把自行车的轮胎硬要装到汽车的轮毂上一样，怎么能行？其次，用 26 个英文字母所组建的表音表意汉字，其表音的部分当然好记，而表义的部分就太抽象难记了。如"zhu gan"可以理解为竹竿、猪肝、主干，也可理解为主杆、煮干……

三、汉字改革的方向——意、音双表

因为现在的拼音汉字缺少一个重要部分，这就是声音（声和调）。由于缺少了这个部分，就造成了汉字还带着如下的重要缺点：难记难写，学习周期很长，学习费用很高，不利于大众普及；不能作为中国语言统一的工具；对外没有吸纳性，不利于对外交流；不便于电脑（当代文字处理的主要工具）处理，等等。如果现在的汉字改为意、音双表的汉字，就可以克服以上的缺点，其匹配程度要远优于拉丁文与拉丁语的匹配程度。可要达到这个目的真有"难于上青天"之喻。不经过几代或几十代人的磨合，是达不到的。可以这样设想：如果我们能把汉字改革成"意、音双表"，那么，9 年普及教育的内容，大约 4 年就可以完成，节约下 5 年的时间和资金，用于进行高级技术教育，那将是一种什么结果？这只是假想而已。

对于汉字的以上缺点，是大家都看到的。文字不是别的，是广大人民群众的一种实用工具，任何一种人类工具都是应运而生、逆运而息的。任何一种工具，要想让广大人民群众接受，就不能割断历史，不能忽视人们的习惯势力。否则，这个工具再好，人们也不会接受。

汉字在历史上已经改变多次了，每一次的经济大繁荣带动文字处理工具的改进，都会促使汉字发生改变。当今全球经济战空前激烈，中国经济出现了繁荣和跃进，计算机已经成为文字处理的主要工具，汉字处在中国国力总体框架的基础位置，但是支撑能力很不相当。

汉字应当而且必须改革。历史上的任何一次汉字的改变，都不是一个人所发明创造出来的，都是广大群众互相学习、互相借鉴、互相促进，集体创造出来的。南京师大学报 1990年第 4 期，李葆嘉在《论语言类型与文字类型的制约关系》一文中，他在强调语言改革时竟如此深情地说："为了我们中华民族的振兴，为了我们的子孙后代的幸福，为了不再受'华人与狗不准入内'的耻辱，为了不再出现南京 30 万人无辜被杀的国耻，为了不再出现青岛儿童的心肝被日本军官作为奖品享用的惨状……"

总之，人与人的沟通需要语言文字，经济发展、社会进步需要语言文字，提高全民族的文化素养同样要语言文字，"国富民强"的梦想，更要有赖于用语言文字武装起来的人民去实现！这绝不是夸大其词，更不是危言耸听。

思考与练习

1. 为什么说文字是人类语言的可视平面符号？
2. 为什么说语言与文字"科学对应"难度大？
3. 汉字的主要缺点是什么？改革的难度在哪里？
4. 汉字应当而且必须改革的意义何在？

第五节 语言的魅力

通过以上几节学习，人们对语言的作用之大必定会有比以往更深的认识。但是当我们回过头来讲，"语言就是人们说的话"时，似乎又感到它是如此通俗易懂。有此感受并不奇怪，因为每个人从一岁前后就开始牙牙学语，天生聋哑另当别论。说话，可以说人人都会，但说话的效果却千差万别。究其因，在于说话的方法、说话的能力、说话的技巧、说话的内容等迥然不同，其实就是人们常说的由于口才水平的高低造成说话效果的千差万别。其实，语言的魅力是无穷的。

在我国，将口语分成三种不同的语体：在亲朋之间使用的正常口语、在一般交际场合使用的正式口语、在特别隆重的场合使用的典雅口语。

一、说话最起码的要求是要"中肯"

"至诚足以感人"，这是我国的一句古语。的确，如果所说的话十分中肯，那怎么会遭到失败呢？但是，做律师的人，有时他明明知道自己的当事人无理，然而在法庭上偏要强词夺理地滔滔雄辩，这种雄辩虽然可以使人称赞，然而未必一定能使人信服，这是因为他的语言并不中肯。

（一）言有真情感人心

下面是林肯在法庭上用了十分中肯的说话而得到胜诉的一则故事。

林肯在出任美国第 16 任总统之前，曾是一位著名的律师，因在辩护中说理充分，例证丰富，逻辑性强，善于捕捉听众心理而出名。有一天，一位老态龙钟的妇人来找他，哭诉自己被欺侮的事儿。这位老妇人是美国独立战争时一位烈士的遗孀，每月就靠抚恤金维持风烛残年。不久前，出纳员竟要她支付一笔手续费才准领钱，而这笔手续费等于抚恤金的一半儿。这分明是勒索。素有修养的林肯听后怒不可遏。他安慰老妇人，答应帮助打这个没有凭据的官司，因为那个狡猾的出纳员是口头儿进行勒索的。

法庭开庭。原告申诉之后，被告果然矢口否认。因无证据，形势对老妇人不利。这时，林肯缓缓站起来，上百双眼睛盯着他，看他有无办法扭转形势。林肯首先以真挚的感情述

说独立战争前美国人民所受的深重苦难，述说爱国志士如何揭竿而起，怎样忍饥挨冻地在冰天雪地里战斗，洒尽最后一滴血。讲到这里突然间他的情绪激动起来，言辞有如夹枪带剑，锋芒直指那个企图勒索烈士遗孀的出纳员。他说："现在事实已成陈迹。1776 年的英雄，早已长眠地下，可是他们那老而可怜的遗族，还在我们面前，要求代她申诉。不用说，这位老妇人从前也是一位美丽的少女，曾经有过幸福愉快的家庭生活，不过她已牺牲了一切，变得贫穷无依，不得不向享受着革命先烈争取来的自由的我们请求援助和保护。请问，我们能熟视无睹吗？！"

发言至此戛然而止。听众的心早被感动了：有的捶胸顿足，扑过去要撕扯被告；有的眼圈儿泛红，为老妇流下同情之泪；还有的当场解囊相助。在听众的一致要求下，法庭通过了保护烈士遗孀不受勒索的判决。

（二）言必信，行必果

《礼记·儒行》载，子曰："言必先信，行必中正。"意思是说话必须首先体现诚信，行为一定要持中端正，不能言而无信。历史上许多成功人士，无不是遵循了这个做人的基本原则。例如，商鞅变法，战国时期秦国的秦孝公即位以后，决心图强改革，便下令招贤。商鞅自魏国入秦，开始变法。商鞅变法的法令已经准备就绪，但没有公布。他担心百姓不相信自己，就在国都集市的南门外竖起一根三丈高的木头告示：谁能把这根木头搬到集市北门，就给他十斤黄金。百姓们感到奇怪，没有人敢来搬动。商鞅又出示布告说："有能搬动的给他五十斤黄金。"有个人壮着胆子把木头搬到了集市北门，商鞅立刻命令给他五十斤黄金，以表明他说到做到。接着商鞅下令变法，新法很快在全国推行。经过商鞅变法，秦国的经济得到发展，军队战斗力不断加强，发展成为战国后期最富强的封建国家。

（三）言而无信，自食其果

小时候我们常会听到《狼来了》的故事。从前，有一个放羊娃，每天都去山上放羊。一天，他觉得十分无聊，就想了一个捉弄大家寻开心的主意。他向着山下正在种田的农民大声喊："狼来了!狼来了!救命啊!"农民听到喊声急忙拿着锄头和镰刀往山上跑，他们边跑边喊："不要怕，孩子，我们来帮你打恶狼!"，放羊娃哈哈大笑："真有意思，你们上当了!"农民生气地走了。

第二天，放羊娃故伎重演，善良的农民又冲上来帮他打狼，可还是没有见到狼的影子。放羊娃笑得直不起腰："哈哈!你们又上当了!"后来又过了一些日子，狼真的来了，一下子闯进了羊群。放羊娃害怕极了，拼命地向农民喊："狼来了!狼来了!快救命呀!狼真的来了!"

农民听到他的喊声，以为他又在说谎，大家都不理睬他，没有人去帮他，结果放羊娃的许多羊都被狼咬死了。

失去别人对自己的信任结果是很悲哀的。这是长辈教育我们诚信说话的经典故事，真可谓用心良苦。

二、善用语言，魅力无穷

在现实生活中，人与人的矛盾无时、无处不有，可处理某个矛盾时，张三、李四去，都劝解不了，可王五出马，凭巧嘴灵舌迎刃而解。所以，一个口才好、善于言辞的人，就

19

有可能把问题处理好，把自己的工作生活安排得既有趣又愉快。倘若具有超常的口才能力的人，对事业的成功、人与人关系的和谐乃至就职、竞岗、晋级，等等，都会顺风顺水，令人刮目相看。如果一个人拥有迅速说服人的好口才，必会赢得令人羡慕的机遇（奥巴马的成功是最有力的证明）。或被同事尊重、领导赏识、下属爱戴，或被人们信赖。

（一）人人都会拥有好口才

其实，对每个人来说，只要是会说话，就可以拥有一副好口才。要说尚没达到如此境地，那是因为平时尚没有意识地去培养、锻炼自己的说话能力。不过不用担心，只要能认识到这点不足，从现在起就奋发努力为时不晚，科学地认真学习和锻炼，必有成功的一天。

对一个说不好话、口才不佳的人来说，首先应懂得加强口才训练的重要性。在这个前提下，最简单的办法是，应该随时随地地找机会说话，练习的机会多，进步的可能也会多，如此坚持不懈，口才水平就会不断地提高。

历数古今中外的语言学家、口才大师，一开始都与我们一样平庸。鲁迅先生说得好：每个人诞生时都是"哇"的一声哭泣，绝不会是一句好诗。在绪论中曾提到古今中外的一些口才大师、演说家，多数人离我们遥远，有的不熟悉，其成长过程的故事鲜为人知。

（二）奥巴马的成功彰显语言的魅力

下面举一位离我们最近的也最熟悉的"演说家"——奥巴马是怎样用语言的魅力征服美国人民的心，一举登上总统宝座的。

一个备受种族歧视的、非洲裔的巴拉克·奥巴马于 2004 年美国民主党全国代表大会上，用一番慷慨激昂的主题演讲震撼了全国。其实他的演讲只有 20 分钟，不到 2300 个字，却牢牢地抓住了美国人民的心，并赢得了世界如潮的好评："绝对精彩！他是一个真正的演讲大师""一颗冉冉升起的新星""魅力四射、令人痴迷、催人奋进"，其赞美之词不胜枚举。此后的 4 年里，他在第一任期，在参议院排名垫底，资历甚浅的参议员挺身而出，勇敢挑战，赢得了 2008 年大选，成为美国历史上第一位非洲后裔总统。卡罗琳·肯尼迪（美国前总统的儿子）在 2008 年 1 月 27 日的《纽约时报》上发表了名为《像我父亲一样的总统》的文章，正如评论家杰姆·卢梭所说："坐下来，想一下我们现在看到了什么——这位年仅 46 岁的非洲裔美国人，现在是民主党总统候选人了。只要你把这件事情放在我们国家的历史和种族问题的来龙去脉这个大背景之下去想一想，你就知道我们处在一个多么激动人心的时刻。"许多人把奥巴马的成功归功于他所阐发的信息——跨越政党、经济地位、性别、宗教、地域和种族等传统分化界限的"希望""变革"的强大感染力。

奥巴马口才出众的原因是多方面的。他深沉的男中音是宝贵的财富。在这个优越的条件下，他练就了惊人的声音控制能力，对表达渴望、愤怒、乐观以至坚定、刚毅等情绪的音调驾驭自如、得心应手；对语速快慢、声音高低、音量大小、停顿时长，都拿捏得恰到好处；对塑造充满动感的个人形象上，配有恰如其分的面部表情以及和动作适当的手势去打动人；他懂得如何利用一系列雄辩术技巧来强化印象，懂得如何利用排比、反复、乡镇、比喻等修辞方法来加强影响力，给听众心中烙下极其深刻的印记。

北京时间 2013 年 1 月 22 日凌晨，巴拉克·侯赛因·奥巴马宣誓就职第四十四任美利坚合众国总统并发表就职演说。奥巴马在演讲中追溯美国民主传统和宪法精神，强调了民

众的力量。演讲中涉及了包括就业、医保、移民和同性恋等多项议题，以下为奥巴马就职演说全文：

谢谢，非常感谢大家。拜登副总统、首席大法官先生、国会议员们、尊敬的各位嘉宾、亲爱的公民们。

我们是在见证美国宪法的持久力量。都是在肯定美国民主的承诺。我们重申，将这个国家紧密联系在一起的不是我们的肤色，也不是我们信仰的教条，更不是我们名字的来源。让我们与众不同，让我们成为美国人的是我们对于一种理念的恪守。200 多年前，这个理念在一篇宣言中被清晰阐述："我们认为下述真理是不言而喻的，人人生而平等。造物主赋予他们若干不可剥夺的权利，包括生存、自由和追求幸福的权利。

今天，我们继续着这个未竟的征程，架起这些理念与我们时代现实之间的桥梁。因为历史告诉我们，即便这些真理是不言而喻的，它们也从来不会自动生效。因为虽然自由是上帝赋予的礼物，但仍需要世间的子民去捍卫。1776 年，美国的爱国先驱们不是只为了推翻国王的暴政而战，也不是为了赢得少数人的特权，建立暴民的统治。先驱们留给我们一个共和国，一个民有、民治、民享的政府。他们委托每一代美国人捍卫我们的建国信条。在过去的 200 多年里，我们做到了。

从奴役的血腥枷锁和刀剑的血光厮杀中我们懂得了，建立在自由与平等原则之上的联邦不能永远维持半奴隶和半自由的状态。我们赢得了新生，誓言共同前进。我们共同努力，建立起现代的经济体系。架设铁路与高速公路，加速了旅行和商业交流。建立学校与大学，培训我们的工人。我们一起发现，自由市场的繁荣只能建立在保障竞争与公平竞争的原则之上。

一路走来，我们从未放弃对集权的质疑。我们同样不屈服于这个谎言：一切的社会弊端都能够只靠政府来解决。我们对积极向上与奋发进取的赞扬，我们对努力工作与个人责任的坚持，这些都是美国精神的基本要义。我们也理解，时代在变化，我们同样需要变革。对建国精神的忠诚，需要我们肩负起新的责任，迎接新的挑战。保护我们的个人自由，最终需要所有人的共同努力。因为美国人不能再独力迎接当今世界的挑战，正如美国士兵们不能再像先辈一样，用步枪和民兵与敌人（法西斯主义与共产主义）作战。一个人无法培训所有的数学与科学老师，我们需要他们为了未来去教育孩子们。一个人无法建设道路、铺设网络、建立实验室来为国内带来新的工作岗位和商业机会。现在，与以往任何时候相比，我们都更需要团结合作。作为一个国家，一个民族团结起来。这一代美国人经历了危机的考验，经济危机坚定了我们的决心，证明了我们的恢复力。长达十年的战争正在结束，经济的复苏已经开始。美国的可能性是无限的，因为我们拥有当今没有边界的世界所需要的所有品质：年轻与活力、多样性与开放、无穷的冒险精神以及创造的天赋才能。我亲爱的同胞们，我们正是为此刻而生，我们更要在此刻团结一致，抓住当前的机会。

因为我们，美国人民，清楚如果只有不断萎缩的少数人群体获得成功，而大多数人不能成功，我们的国家就无法成功。我们相信，美国的繁荣必须建立在不断上升的中产阶级的宽阔臂膀之上，我们知道美国的繁荣只有这样才能实现。只有当每个人都能找到工作中的自立与自豪时才能实现。只有当诚实劳动获得的薪水足够让家庭摆脱困苦的悬崖时才能实现。我们忠诚于我们的事业，保证让一个出生于最贫穷环境中的小女孩儿都能知道，她有与其他所有人一样的成功机会。因为她是一个美国人，她是自由的、平等的。她的自由

平等不仅由上帝来见证，更由我们亲手保护。

我们知道，我们已然陈旧的程序不足以满足时代的需要。我们必须应用新理念和新技术重塑我们的政府，改进我们的税法，改革我们的学校，让我们的公民拥有他们所需要的技能，更加努力地工作，学更多的知识，向更高处发展。这意味着变革，我们的目标是：国家可以奖励每个美国人的努力和果断。这是现在需要的。这将给我们的信条赋予真正的意义。

我们，人民，仍然认为，每个公民都应当获得基本的安全和尊严。我们必须做出艰难的抉择，降低医疗成本，缩减赤字规模。但我们拒绝在照顾建设国家的这一代和投资即将建设国家的下一代之间做出选择。因为我们记得过去的教训：老年人的夕阳时光在贫困中度过，家有残障儿童的父母无处求助。我们相信，在这个国家，自由不只是那些幸运儿的专属，或者说幸福只属于少数人。我们知道，不管我们怎样负责任地生活，我们任何人在任何时候都可能面临失业、突发疾病或住房被可怕的飓风摧毁的风险。我们通过医疗保险、联邦医疗补助计划、社会保障项目向每个人做出承诺，这些不会让我们的创造力衰竭，而是会让我们更强大。这些不会让我们成为充满不劳而获者的国度，这些让我们敢于承担风险，让国家伟大。

思考与练习

1. 人们说话的效果千差万别的原因在哪里？
2. 人人可以拥有一副好口才，怎样才能实现呢？
3. 奥巴马口才出众的原因主要有哪些？

第六节　发声器官的生理机能

言语声源产生在喉部，形成于声道，声道就是由咽腔、口腔、鼻腔及它们的附属器官组成的共鸣腔。当声能脉冲气流通过咽腔、口腔、鼻腔时会产生各种共鸣，气流在口腔里受到构音器官各种活动的调节，就能发出不同的声音。

声道（口腔、鼻腔和咽腔）与喉腔相连，鼻腔与口腔相通。口腔是最主要的构音器官，舌在口腔中的前后、高低运动，改变共鸣系统的声道形状，发出不同的元音。舌的不同部位与齿列、齿龈、硬腭、软腭形成阻塞与狭窄，构成不同的辅音。声道的运动是言语产生的共鸣源。

语音研究可以在不同的层面上进行。其中一个层面涉及解剖学和生理学（即发音器官及其功能）、言语声音（语音）、负载语音的声波、听者对语音的分析和处理等内容，这就是语音学的层面。根据这个层面的任务，语音学又可以进一步分解为几个方面的分项研究：发音语音学探讨人类发音器官发出言语声波的方式；声学语音学研究声波的构成成分以及声波的规律；感知语音学（又称为"听觉语音学"）研究语音如何被人接受和感知。这三个领域分别对应语音传递的三个阶段：言语的产生、言语的传递和言语的感知。

一、人体的发音器官是如何发声的

声音的属性有音调、响度和音色。人的声音也不例外。

音色是完全由声带来决定的吗？耳语也有音色吗？音色真的是完全由喉部的发音区来控制的，而口腔、咽腔、鼻腔等调整区，是不控制音色的吗？

在用同一个声调发 a、u 的声音时，人们之所以会感觉有所不同，是因为什么不同呢？从声学上来解释是音色的不同吗？因为声调、响度可以是几乎相同的，那么它们主要的不同，就只能是音色了吧。

声学上指的基音和范音，在人的语音中，全都是由声带发出的吗？

耳语没有声调，也区分不出清浊，但依然可以与人用普通话很好地交流。在这种情况下，发音器官就没有声带的参与，那么，这时候声波具体是如何产生的？

在一般情况下，人发出的声音是由发声区与调整区共同配合来完成的，那么它们具体是如何配合的？

不同的发声体发出的声音，即便音调和响度都相同，音色如果不同，那声音听起来肯定不一样。如果一个男孩儿和一个女孩儿唱同一首歌，用同一个调，这时候，他们的声调可能是相同的，因为决定声调的是基音。但还是可以听出来声音的不同，是因为两个人尽管基音相同，但范音是不同的。也就是说，音色实际上是范音中的不同频率的声波相叠加的结果。是吗？如果确实如此，由范音来决定音色，那么，范音是由声带和三个共鸣腔共同作用的结果吗？

以上一系列的问题，有待于下文给予解答。

二、以唱歌为例

唱歌时的发声和我们平常说话时的发音是不同的，平常说话发音只是简单地将声带拉紧，而唱歌的时候则需要使声带发挥到极限。

然而想让声带发挥到极限，就必须用加大气流的办法，使声带产生剧烈振动。可想而知，经常这样做，那么声带是受不了的，时间长了，会感觉到嗓子难受，有可能会产生病变。如果一个歌唱演员这样唱下去，不出几天就会受不了的。其实，正确的发音方法应是不使嗓子过度疲劳，就是使用"咽声"。所谓"咽声"法，就是在发高音的时候，将咽腔调节得又细又长，这时候，声带反而减弱，只是发风音，使其在咽腔内产生强大的共鸣，从而使音量得到提高。这就需要大家了解人体器官的组成及发声原理，结合歌唱发声的基础知识与训练方法练习声乐，更有效地提高声乐演唱的水平。下面就给大家介绍一下人体发声器官的组成部分以及它们的功能是什么。声音的形成是发声器官协调工作产生的生理现象，这个现象的产生是气息运动和声带振动所形成的物理现象，但歌唱的发声运动又和我们平时说话的发声有所不同，因此歌唱发声又是一个物理的声学、音响学现象。而进行歌唱艺术实践又是一个复杂丰富的心理活动过程，因此我们的歌唱运动可以说是生理、物理、心理"三位一体"的行为。歌唱的发声器官是由呼吸器官、发音器官、共鸣器官和咬字器官四个部分组成的，它们是歌唱发声的全部物质基础，是歌唱发声运动中的主要功能系统。

（一）呼吸器官

呼吸器官即"源"动力，是由口、鼻、咽喉、气管、支气管、肺脏以及胸腔、膈肌（又称为横膈膜）、腹肌等组成。气息从鼻、口吸入，经过咽、喉、气管、支气管，分布到左右肺叶的肺气泡中（肺中由两个叶状的海绵组织的风箱构成，它包含了许许多多装气的小气泡），然后经过相反的方向，从肺的出口处分支的气管（支气管）将气息汇集到两三个大气管，最后形成一个气管，再经过咽喉从口、鼻呼出。与呼吸系统相关的各肌肉群，它们的运动也关系到呼吸的能力，是歌唱"源"的动力和能量的保证。我们日常的呼吸比较平静，比较浅，用不着使用全部的肺活量，但歌唱时的呼吸运动就不同了，吸气动作很快，呼气动作很慢。如果遇上较长的乐句，气息就必须坚持住。而一首歌曲的高、低、强、弱、顿挫、抑扬变化，也全靠吸气、呼气肌肉群的坚强和灵活的运动才能完成。

（二）发声器官

发声器官即发出声音的器官。它包括喉头、声带。喉头是一个精巧的小室，位于颈前正中部，由软骨、韧带等肌肉组成。声带位于喉头的中间，是两片呈水平状左右并列的、对称的又富有弹性的白色韧带，性质非常坚实。声带的中间又称为声门，声带是靠喉头内的软骨和肌肉得到调节的。吸气时两声带分离，声门开启，吸入气息。发声时，两声带靠拢闭合发生声音。声带在不发出声音的时候是放松并张开的，以便使气息顺利通过。声带发声，一部分是自身机能，一部分是依靠声带周边的肌肉群协助进行发声运动。我们在声乐训练的时候，应该充分注意到这些肌肉群的功能作用，合理地运用它们，养成良好的习惯，避免在不正确的发声习惯下唱坏了嗓子。还有喉咙的上部与舌根之间，有一个很重要的软骨，叫会厌。会厌的功能有两个方面，一是起到声门的保护作用，当我们吞咽食物和饮水的时候，它本能地自动盖住气管，让食物通过时避免进入气管，我们往往有时不小心喝水"呛"了气，就是会厌动作不协调所致。第二个作用是歌唱的时候，会厌竖起，形成通道让声音流畅地输出。

（三）共鸣器官

人体的共鸣器官主要有胸腔、口腔和头腔三大共鸣腔体。胸腔包括喉头以下的气管、支气管和整个肺部。口腔包括喉、咽腔及口腔。头腔包括鼻腔、上颌窦、额窦、蝶窦等。在歌唱中，由于音商的不同，使用这些共鸣腔的比例是有所不同的。一般来说，唱低音时，胸腔共鸣发挥最大，唱中音时口腔共鸣应用较多，而唱高音时主要是靠头腔共鸣发挥作用了。如果我们能正确、合理地运用好这些共鸣腔体，并相互协调配合好，我们就能获得圆润、悦耳、丰满、动听的歌声。

（四）咬字吐字器官

咬字吐字器官（即语言器官）包括唇、舌、牙齿和上腭等。这些器官活动时的位置和不同的着力部位，形成了辅音和元音（即语言）。发声歌唱时，咬字、吐字器官各组成部分的动作比平时说话要更加敏捷而夸张。敏捷是为了使咬字准确清晰，夸张是为了使美化的元音或韵母通畅地引长发挥。所以语言器官是我们在吐字咬字时的物质基础，也是我们学习吐字咬字时出声、引长和归韵的重要器官。声音是歌唱的基础，要训练好声音进行歌唱，

首先要了解所参与发声器官的构造和作用。歌唱运动的感觉远不如看得见、摸得着的如钢琴、小提琴训练那样的肌体运动来得容易，这就要求我们每个歌唱者要有敏锐的自我感觉，并在专业声乐教师的指导下反复训练，以形成条件反射去断定自己的声音是否正确，是否符合发声器官运动的基本规律。还有一点要指出的是，上述各部分器官及它们的运动形式以歌唱的生理学为基础，而这些器官的协调活动，则是在人体神经系统的调节与支配下完成的。任何身体的运动都受到心理的指挥或暗示，歌唱者的意志、情感、愿望及舞台感觉，等等，很大一部分与心理的因素有关，有时候心理的制约因素甚至比发声技术更重要地左右着我们的训练，我们应该充分注意到心理的重要性，当我们在歌唱时，尤其在台上表演时，则需将注意力集中在歌曲的内容与情感上，以情带声，而不要把注意力分散在具体器官的位置及活动状态上。

综上所述，人的声音是由人体发声器官产生的自然生理现象。也是人类生活的一种本能的行为。它并不是什么人的发明和创造，而是与人身肌体其他生理功能一样，各负其责，语言和发音器官、听觉密切相关。然而，语言的这种生理性和物理性并不是语言的本质，人类使用发音器官和耳朵进行交际只是语言本质的外化形式。索绪尔在界定"什么是语言"时引用了美国语言学家惠特尼的观点："惠特尼认为人类选择发音器官作为交际工具，只是出于偶然和方便，人类原本也可以选择手势和视觉形象作为交际的媒介。"索绪尔部分认同惠特尼的这个观点，即认为天赋人类的不是口头的言语活动，而是构成语言的机能或称为"语言能力"，因此这种机能选择什么方式表现出来并不是重要的；另一方面，索绪尔并不认为选择发音器官是出于偶然，而认为"这种选择在某种程度上是自然强加于我们的"，但是索绪尔没有具体说明自然是怎样强加于我们如此这般的选择的，也就是说我们为什么选择口头儿的方式来发挥我们的语言能力呢？

主要是听觉与视觉特性对语言选择的影响一般认为是人类的生理特征决定了这个选择：人类的喉、舌、齿、腭等发音器官特别适合发出复杂多变的音，人类拥有容量远远大于其他动物的发达的大脑。

人的发声器官主要有呼吸器官（包括肺、横隔膜和腹肌）属于动力部分，喉部声带属于振动部分，口腔、咽腔和鼻腔属于共鸣部分。所有乐器大都是根据人体发声器官组建结构的。一般来说，乐器结构也有三部分：动力部分、振动部分和共鸣部分，如二胡的琴弓是动力部分，琴弦是振动部分，琴筒是共鸣部分。

三、人声功能器官的分工合作

人声三个功能器官呼吸器官、喉器官、共鸣器官，分别担负着推动功能、发声功能以及共鸣功能。它们既分工又合作，形成一个完整的发声体。推动功能由肺、呼吸肌肉、支气管和器官组成。发声功能由喉咙及其肌肉、软骨和声带组成；共鸣功能由咽、口和共鸣腔体组成。人类发出的语言、音乐以及各种声音，皆由这三大功能器官协调配合而来。详细情况如下。

肺是两个海绵组织的风箱，它包含无数装满气（我们吸入的空气）的小气泡。这些小气泡连接在许多小管子上，叫作支气管，它们将气带进肺内，支气管越大其数目越少。从肺部到出口处，支气管就减少到两个——大支气管，最后通向一个气管。

肺是装在一个笼"胸"内的，而这是由肋骨和肋间肌形成的。肋间肌又是连在肋骨之间的。在肺的下面边缘，依附在脊柱和下面的六根肋骨上，横着的一大片解释的肌肉就是膈肌。它的功能很重要，其功能是一个收缩和放松相协调的动作，并且又是和其他呼吸肌肉的动作相联系的，它确立了一个在扩大又缩小的过程中而使胸和肺达到位置正常的呼吸功能。

喉是发声器官的第二个部分，代表发声器官的第二个小笼子。它环绕着软骨和肌肉，并且最重要的是，有两条具有伸缩性的带子叫作声带。

喉腔的软骨位于器官的上面，与环状软骨和甲状软骨、杓状软骨和会厌软骨以及两个无关紧要的小软骨。全部这些软骨由韧带和肌肉连接着，它们移动着喉咙以配合声带，去调节要发出的声音。

声带是两根有伸缩性的带子，在喉咙里边，由软骨和肌肉保持着张力，使它们能在由肺推动的一股气流通过时，产生振动，发出声音。在声带之间有个裂缝叫作声门。声带在休息时的位置，是放松并张开的，留有一个较大的空间以便让气流通过，这就是声门。

共鸣功能，包含咽腔、口腔和共鸣腔体。口腔是发声很重要的器官，包括舌——说话和唱歌的无法估价的因素——颚和唇。在颚的上面是共鸣腔体，它包括所谓的面罩，由所有的腔体如额窦等组成。

所有以上描述的器官是一个完整系统的各部分，它是由一根从口到肺形成的长管子组成的，叫作发声器官。这个器官有产生呼吸和把气息从肺运送到声带的使命，并使它们产生振动，发出声音。声音从声带送到口部。在口里，它们转化成嗓音，并到达共鸣腔体，从共鸣腔体又得到丰满的共鸣。

四、人声功能器官的司令部——大脑

言语交往系统是人类集体劳动和社会生活中使用语言信息，交流思想感情所产生的特殊生理系统，属于社会系统。这是除人以外任何其他动物所没有的。根据信息论、控制论和系统论的原则，言语交往系统由五部分组成:大脑中枢部分、传出运动神经、发声器官、感觉器官（听觉和本体感觉）和传入感觉神经等。

人类的言语发声行为，言语交往系统的生理基本程序是这样控制的：首先大脑中枢部分产生言语或歌唱意图，进行言语程序编码，发出发声指令（信息），通过传出运动神经，到达发声器官；发声器官根据指令信息，由呼吸器官、振动器官、共鸣器官和咬字器官协同运动发出言语声；所发出的声音是否正确，是否合乎要求，还需要鉴别和校正，需要通过感觉器官耳朵接收声音，由听神经传入大脑中枢。必要时大脑会立即指令纠正错误。

在人类六七千种口语中，有许多发音相近、意义类似的名词，特别是像"妈妈""爸爸"这类指代亲属的词。一些语言学家推测，这些词汇从古人类语言开始形成并传承至今，至少已经被说了 5 万年。"爸爸"是一类最早的词汇。科学家对"爸爸"一词进行考察，发现在人类的 14 个主要语系中，基本上都存在这个词，而在 71%的被研究的语言中，"爸爸"一词的意思都是父亲或者是父亲一方的男性亲属。对于"爸爸"在各种语言中的统一性可能只有一个解释，"爸爸"是人类祖先最先会说的一个词。美国的一位语言学家说，因为婴儿很可能将自己会发的第一个音与他们首先认识的人——父母联系起来，所以，在各种语言中，"爸爸"一词的含义基本相同。"妈妈"也是最简单的发音，婴儿首先感知温饱的来源——"妈妈"。从世界范围内来看，各种语言之间的差异甚远，但对"妈妈"的发音是惊

人的一致，这主要是由婴儿发音的特点和对温饱的基本本能需要的一致性造成的。"妈妈"是最简单的发音，是婴儿张嘴吐气的自然结果，第二个最简单的发音就是"爸爸"。

五、蜜蜂到底是用什么器官发音的

蜜蜂靠什么发出嗡嗡声？权威专家都认为蜜蜂是靠翅膀振动发声的。可湖北省荆州市监利县 12 岁的小学生聂利大胆挑战这个说法。她说："蜜蜂有自己的发音器官，不是靠翅膀振动发声的。"

聂利是监利县黄歇口镇中心小学六年级学生。在甘肃省兰州市 8 月举行的第 18 届全国青少年科技创新大赛上，她撰写的论文《蜜蜂并不是靠翅膀振动发声》，荣获优秀科技项目银奖和高士其科普专项奖。

2001 年秋，聂利从《小学自然学习辅导》一书中得知，蜜蜂、苍蝇、蚊子等昆虫都没有发音器官，但它们在飞行时不断地高速扇动翅膀，使空气振动，会产生嗡嗡的声音。后来，聂利在《十万个为什么》一书中也看到这种说法。

2003 年春天，她到一个养蜂场去玩儿，发现许多蜜蜂聚集在蜂箱上，翅膀没动，仍然嗡嗡地叫个不停，她因此对教材、科普读物的说法产生怀疑，并开始试验和研究。她把蜜蜂的双翅用胶水粘在木板上，或者剪去蜜蜂的双翅，都能听到蜜蜂的叫声。两种方法交替进行了 42 次，结果表明，蜜蜂不振动翅膀也能发声。

为了探究蜜蜂的发音器官，她把蜜蜂粘在木板上，用放大镜仔细查找，观察了一个多月，终于在蜜蜂的双翅根部发现两粒比油菜籽还小的黑点儿，蜜蜂叫时，黑点儿上下鼓动。她用大头针捅破小黑点儿，蜜蜂就不发声了。她又找来一些蜜蜂，不损伤双翅，只刺破小黑点儿，放在蚊帐里。蜜蜂飞来飞去，再也没有声音。她将这个发现写成论文，认为蜜蜂的发音器官就是这两个小黑点儿。

据了解，中国教育协会、小学自然教学专业委员会会刊全文发表了聂利的论文。新闻链接：昆虫专家称可能是一个了不起的发现。湖北省内多位从事昆虫研究的专家在接受记者采访时均称，蜜蜂是靠翅膀振动发声的。华中师范大学生命科学院副教授陈国生说，膜翅目昆虫一般没有发声器官，而蜜蜂属于膜翅目昆虫。省昆虫学会理事长、华中农业大学教授徐冠军说，还未发现有资料报道蜜蜂有发声器官。听说聂利的发现后，徐冠军教授说，由于他没有见证聂利小朋友的试验，也从未做过这样的试验，所以尚不敢对她的发现下结论。如果这位小朋友的发现是真实的话，肯定是一个了不起的发现。尽管如此，此问题仍在争论之中。

思考与练习

1. 人类的发声器官有哪三部分？各承担什么作用？
2. 人声功能器官的司令部是哪一个？
3. 人体的发音器官是如何发声的？
4. 人声功能器官是怎样分工合作的？

第七节　发声器官的运用（上）

"有时连上两节课后，就会嗓子很累，喉咙很干，难以为继。"一位教师朋友曾这样向我诉说过。所以说，作为一名教师，若能拥有一副温柔而响亮的嗓音就好比自己多了一个法宝，学生既喜爱倾听又容易听懂，其重要性不言而喻。由此说明，恰如其分地掌握发声方法及要领是多么重要。方法及要领的把握，思想观念是关键。

一、课堂用声的理论指导

（1）遵循整体协调、均衡用力的发声原则。
（2）注意音量与音高适中，避免高声喊叫。
（3）用笑的气息在笑的状态和笑的位置下发声。
（4）用肚皮说话，在眉心出声。
（5）言语表达力求平易亲切而抑扬自如。

其实课堂上倘若声嘶力竭地去喊，既伤喉咙和声带，学生又不太愿意接受。不如沉下声来，用肚子发力，用沉稳的声音来说话。笔者曾经听过一位教师的"怎样训练声音的弹性以获得口语表现力"讲课。他介绍说，只有熟练掌握音色、语调、力度等各种声音变化的技术，有层次、有分寸地综合运用到适合的内容表达中去，才能得到声情并茂的艺术效果。如此能力绝非一蹴而就之功，需要通过辛勤练声而逐步体悟，有时我们还不如干脆平和一点儿说话。至于"怎样锻炼口腔肌肉使咬字吐音清晰圆润"，对一个语文教师来说尤为重要，咬字吐音方面更是要比其他教师清晰明确，按照教师教的方法练习抬头张嘴、伸舌、咧唇、喷发唇阻音、弹发舌阻音，持之以恒，在咬字吐音方面定会更加清晰和圆润。作为教师，讲课要向播音员学习。

二、对播音员的基本要求

（一）说话要准确

准确是指内容正确，中心明确，重点突出。发音准确，吐字清晰，同时要讲规范的普通话。用词也要准确，造句要基本符合语法规范，没有语绽。不能含糊其辞，不能东拉西扯，更不能信口开河。

（二）语言要清晰

清晰是指语脉清晰、层次井然、语流空旷、前后连贯、语意完整、句式简洁、逻辑性强、有说服力，不能啰唆重复，不能颠三倒四，不能自相矛盾，要做到以上几点，没有伶俐的口齿也是很难设想的。

（三）言语要生动

生动是指语调自然、音量适度、语速恰当，要有节奏感，语汇丰富、句子多变、表达方式多样，有启发性，有感染力，要做到这些，若不通过吐字发声的训练是很难做到的。

（四）口语要得体

得体是指表达要有分寸，要能够根据表达的内容、目的和环境对象的不同恰如其分地选择词语、句式、语气和表达方式，等等。同样这个得体也要用在我们的发声上，应该说任何能力都是练出来的。同样，口语表达能力的培养和提高，如果离开科学、系统、严格的训练也是不可能的。不能盲目地练，要在科学理论的指导下去练，要按照循序渐进的原则系统去练。我们用声音来体现劳动成果，用声音来创造劳动价值，应该说吐字归音能力的重要是不言而喻的，而要有所突破，要达到运用自如的境界，那就需要我们天天练，刻苦练，把握规矩，再造方圆。要持之以恒地进行发声锻炼。

三、发声锻炼要持之以恒

当然了，想要拥有一副好嗓子不是一朝一夕的事情，我们一定要持之以恒地进行发声锻炼。在平时生活中还要进行一些嗓音保健的措施。在这个提倡绿色的时代，我们的爱嗓护嗓行动也要讲究绿色和环保。至于"绿色健嗓护嗓方案"，我们提倡平时要做到以下三点措施。一要锻炼身体，改进不正确的发音方法。身体是革命的本钱，只有身体健康了、强壮了，用气发声才有力。二要合理用嗓，纠正不良的行为和习惯。任何时候都要注意尽量不要过度用嗓，同时要保持规律的作息时间和健康的生活习惯。三是减少不当的治疗，重视饮食疗法。不要太依赖药物的治疗，是药三分毒，不如健康的饮食疗法。有的专家提出三种绿色健嗓护嗓的方案，非常实用，不论何时只要有空我们都可以照着做。

（一）常伸舌头

常伸舌头声健美，还有不少功效，如防治咽喉疼痛，促进炎症吸收；帮助开嗓清音，恢复声带疲劳；增强发声技能，提高嗓音质量。在做的时候也要讲究正确的方法，不然事倍功半。抬头张嘴，要尽量张大，固定张开的嘴型，舌头松松地伸出来又松松地缩回，反复进行。

（二）扣松喉结舌骨空隙

扣松喉结舌骨空隙能使嗓子耐久。方法如下：拇指和食指扣紧两骨之间的空隙中，上下揉动，努力撑开两骨。更有效的方法是，手指往下拉扯喉结使之固定在较低的位置，同时吞口水或伸舌头，使舌骨向上移动，加大两骨之间的距离。

（三）早晨起床清嗓三部曲：发气泡音、练口腔肌肉、做咀嚼哼鸣

早晨清嗓三部曲既简单又实用，而且不需刻意花时间去练习，真的可以说是环保绿色又健嗓了。如果有心的话，我们每天早上都可以锻炼。

（四）要重视嗓音保健问题

演讲、歌唱是全身心的劳动，演员不仅要有健康的身体，还要有饱满和舒畅的精神状态，才能提高驾驭音高、音强、音色、音值的能力。倘若如此，就必须重视嗓音保健问题。下面重点列举一些与嗓音保健有关的几个问题。

（1）人类嗓音是人们情感状态表现最敏感的晴雨表，任何心灵的冲击，激动都直接影

响发声。为了保持良好的发声生理状态，演员必须加强精神文明修养。

（2）应根据个人身体状况和爱好，参加体育活动，如篮球、排球、乒乓球、田径、游泳和太极拳等。但有些项目需要憋气发力，如举重、拔河等运动常促进声带运动过度影响发声，应当避免。

（3）感冒或上呼吸道感染，是最常见最影响演出的疾病。应根据气候变化，及时增减衣物，上山下乡巡回演出尤要注意。

（4）饮食卫生一定要安排得当，油炸厚味辣椒刺激嗓子，分泌物增多影响歌唱。

（5）不要滥用药物，不少药物是影响发声的。

只有做到以上几点，人们才能在说话、演讲、歌唱等方面，不断地提高驾驭音高、音强、音色、音值的能力，才会有更好的表达效果。

科学用嗓，绿色健嗓，多多练习，多多实践，愿我们都拥有一副高亢嘹亮的金嗓子。

四、认识声音的四个特性

从声学上来说，声音有四个特性：音高、音强、音色和音值。

（一）音高

大家都知道，声音是弹性物体机械振动的传播，音高是由物体振动次数多少决定的。振动次数越多，音就越高。每秒钟振动的次数，单位叫作赫兹（Hz）。以歌唱而论，人的歌声的振动频率，一般来说，男低音唱的最低音 64Hz 即大字组 C，女高音最高者一般 1024Hz，即小字三组 C。人的发音总音域频率，由 64～1024Hz，约有四个八度。就一个人的音域而言，一般就是两个八度，好嗓子两个半八度左右。人的声带发声和音高关系是：声带长、厚、张力低，则发声音调低；声带短、薄、张力强，则发声音调高。

（二）音强

音强是指声音的强弱，是由声源振动振幅大小决定的。声学上用声压级来表示，单位叫作分贝（dB）。人耳刚刚能听到声音的强度声压级定为零分贝，声音加强到振耳发痛时声压级为 120 分贝。人声的强弱，首先与气息有关。气息强，声带振动幅度大，声音就强，反之就弱。其次，音强与共鸣腔有关。共鸣腔越大，腔体结构质地越硬，则声音越强。以口腔为例，嘴张得越大，口腔肌肉绷得越紧，则声音越响。

（三）音色

音色是指声音的色彩，是由振动体的质量决定的。以弦乐器来说，同样的音高，丝弦和钢弦演奏效果就不一样。每个人说话，唱歌的音色不一样，就是由于每个人发声器官结构和声带质量不同决定的。从声学来说，声源振动体振动只产生一种频率即一个声波，这种声音叫作纯音，如音叉振动发的音。但客观上物体振动产生不止一个声波，总是同时产生许多频率声波，这种声音叫作复音。不同振动体产生的复音，声波的数目是不同的。复音中的许多声波，其中频率最低，振幅最大的叫基音，其余频率高于基音，或基音频率整数倍的声波，叫作泛音。基音决定声音的音高，泛音的多少或强弱决定音色。如钢琴和胡琴，演奏同样的音高，我们很容易分辨出哪个是钢琴声，哪个是胡琴声，这是由于它们各自泛音成分不同。

（四）音值

音值是指声音持续时间的长短，声学上以秒作为计算单位，属于绝对时值。音乐上则以节拍来表示，属于相对时值，如全音符、二分音符、四分音符，等等。从发声生理来讲，音值的长短与发声气息长短和声门闭合阻抗大小有关。

五、发声器官的实际运用

（一）播音发声的实际运用

我们常说的嗓子好或不好，这个"嗓子"其实就是指声音，再具体一点儿说就是指喉。喉头内的声带作为振动器官，在有声语言的发声中占有重要的位置。它的振动状况直接影响发出声音的质量。有些人认为嗓子好坏是天生的，这个话也对，也不对。喉部构造确实是天生的，如声带的长短、薄厚，等等，它决定了一个人发声的特征。但是，即使是同一个人，由于发声的时候使用的方法不同，发出的声音，它的质量却有很大的差异，而使用方法是后天可以通过训练改善。没有经过发声训练的播音员、节目主持人往往在喉部控制方面存在一些问题，需要引起注意，如发音的时候喉部紧张、用力，或者发音的时候挤压嗓子，发出的声音过紧，以及播音用声过实、过虚，超出了语言表达需要的范围和程度，等等，都会影响播音质量的提高，甚至影响喉部的发音能力，缩短播音寿命。

（二）喉部控制

首先需要明确不是紧张才是控制，因为放松也是控制，播音发声的时候，两条声带不是紧密闭合，而是轻松靠拢。从感觉上来讲，喉部是放松的。在这种情况下喉部肌肉能够自如灵活地运动，这样才能比较好地和由肺部呼出的气流协调配合，完成发音过程。喉部放松应该是发音的时候的最基本的感觉，要想提高发音效率，发出悦耳的声音，就要放松喉部。如果发音的时候喉部过度紧张，可以试着采用吸气的状态发音来改善喉部紧张的状况。请注意我们说的是"吸气"的状态。在汉语普通话当中没有吸气音，我们张嘴吸气的时候，两条声带是轻松张开的，尽量保持这种状态来发音，使声带轻松靠拢而不是紧紧闭合，这样就能发出圆润、悦耳的声音了，而且不会感觉到疲劳。采取这种方法发音，由于接近日常谈话的发音状态，听起来也会觉得自然亲切一些。我们千万要注意避免一坐到话筒前面或者是摄像机前面就喉部发紧，脖子上青筋暴露，要认识到这种挤压出来的声音并不美，而且难以变化、难以控制，既不自然又不利于表达。

（三）共鸣控制

共鸣控制也是播音发声，很重要，而且是区别与其他艺术发声独具特色的一环。我们把声带振动发出的声音叫作喉源音，很微弱，只有经过共鸣腔的共鸣以后才得到扩大和美化，形成不同的语音，形成各种不同的声音色彩。

一个人的发音器官是天生的，没有办法改造，只能从使用方法上谋求改变。人体发音的共鸣腔也是天生的，没有办法改变，但是我们也可以通过共鸣的调节，经过后天的训练加以改善，掌握共鸣的调节是扩大发声效率，改善声音质量的重要环节。

播音发声有自己的共鸣特点，是以口腔共鸣为主，以胸腔共鸣为基础的声道共鸣方式。

声道是人类发声的共鸣器官，在喉以上有喉腔、咽腔、口腔和鼻腔，喉以下的胸腔也起着重要的共鸣作用。其中，口腔共鸣对于言语发声来说是至关重要的。没有口腔的活动就不可能产生有声语言，不能发挥口腔共鸣的作用，就不可能使字音圆润动听，而且喉腔、咽腔共鸣以及鼻腔、胸腔共鸣就无从发挥其作用，所以我们说播音发声的共鸣效应，最主要的就是口腔共鸣，其他腔体的共鸣必须在口腔取得良好共鸣的基础上实现。

口腔共鸣使声音明亮结实，字音圆润动听。它是在吐字的过程当中完成的，它不能脱离吐字而单独存在。播音发声对共鸣的要求首先是保证字音清晰条件下的美化，所以也是要以口腔共鸣为主，泛音共鸣适量。其次是声音不失朴实、自然、大方，所以播音发声要灵活地变化各种共鸣的比重，善于运用胸腔共鸣，并且使用微量的鼻腔共鸣。

（四）播音发声的整体感觉

像一根弹性的声柱，有胸部的支持，垂直向上，到口咽部流动向前，挂在硬腭的前部，透出口外。通过共鸣的调节控制，可以使声音具有高低、强弱、圆展等不同的变化，有助于达到感情和声音色彩的统一。但是这里我们一定要注意，这种调节应该是具有整体观念，也就是说共鸣器官是一个整体，各共鸣腔是根据声带发出的具有各种不同频率的基因而产生共鸣的，同时声音在各共鸣腔中的扩大和美化，这种作用又是相互影响的，任何一种声音的发出都少不了高、中、低音三种共鸣效应。它们之间的差别仅仅在于多少而已，而要把它们分清，那是不可能的。采用混合统一共鸣发出的声音自然、均匀、流畅，为扩展音域、丰富语言表达能力打下良好的基础。

在谈到共鸣控制的时候，我们还应该认识到共鸣应该服从内容，要服从吐字，并且要很好地掌握真声共鸣，并且要注意与呼吸器官、振动器官运动的协调一致。共鸣的控制我们还要从在话筒前的状态说说。要取得良好的共鸣，要有一种精神蓬勃、积极的精神状态。坐着或者是站着的姿势要精神，各发声器官要精神，共鸣器官也要精神。为什么这样说呢？大家都知道有一定的强度和韧性，反射声波能力比较强的共鸣腔，才会产生良好的共鸣。比如说用棉花或者是泡沫塑料做成的笔杆、琴箱就产生不了共鸣。

那么我们具体的要求应该是怎样的呢？从口腔来说，应该是提起颧肌，挺起软腭，打开牙关，同时，还要按照胸腹联合式呼吸法的要求打开两肋。在发声当中两肋要有撑住的感觉，要保持紧张、集中的精神状态，而不是一提胸腔共鸣就是胸部僵成一块的肌肉紧张。我们可以多读一些押韵的韵母是 ao、ou、iu 的诗词，在气息通畅的前提下，来体会一下胸腔共鸣的感觉。还有我们要区别开什么是鼻腔共鸣和鼻音，有些鼻腔共鸣会美化音质，但是过重的鼻音却给人以伤风感冒，严重一些的甚至是给人裂腭的感觉，破坏了声音的美感。

那么什么是鼻腔共鸣呢？什么是鼻音呢？发声的时候气流掠过鼻腔，鼻腔会产生共鸣，而气流灌进鼻腔则产生鼻音。如果鼻音比较重，就需要通过练习挺起软腭来克服了。上面讲的是播音发声当中的喉部控制和共鸣控制。

思考与练习

1. 课堂用声的理论指导要做到哪几点？
2. 对播音员的基本要求有哪些？

3. 怎样理解并认识声音的四个特性？
4. 发声器官在实际运用上应如何控制？

第八节 发声器官的运用（下）

一、歌唱发声器官的实际运用

歌唱的发声器官由呼吸器官、发音器官、共鸣器官和咬字器官四个部分组成，它们是歌唱发声的全部物质基础，是歌唱发声运动中的主要功能系统。

（一）练声状态

气息是任何一种演唱发声的原动力，正确的呼吸方法决定了发声的对错。通俗歌手气息的训练，我在教学中一般采用歌唱性强的练习曲进行练声。

把几个简单的母音编成一首小曲，使学生在歌唱的状态下练声。或者选一首旋律很流畅的曲目，然后再选一首较轻快跳跃的曲目让学生试唱，找出其中有代表性的乐句，使学生感觉它的歌唱性，再用这种感觉去练声。

这样做很容易使学生保持全身心的投入演唱状态。也就是说，不要把发声练习当作一个机械练习。否则将会给日后的歌唱造成一个声音概念和状态的错觉。要用一种愉快的心情，一种感人的情绪去练习，才能有效地找到松弛自然的音色。

（二）站立姿势

通俗歌曲演唱良好的站立姿势很重要。不要错误地认为只有美声、民族唱法讲究姿势。从人的生理机能与发声状态上讲，哪一种唱法都是一样的。有的歌者，后颈项不能与腰部保持在一个垂直面上，发声通道就会被压迫、堵塞。如驼着背发声会使胸部挤压，气息无法通畅地在体内流动。翘下巴会造成颈部松弛，咽壁肌肉无力，给唱高音带来困难。同时阻碍共鸣腔内声音的发射，鼓小腹会造成气息停、下压僵持，即破坏气息的支持。正确的站立姿势应该是重心在前半个脚部分。只去考虑上胸部，不管腹部状态，当然，不要僵硬。吸气的支点一定要建立在腰部，然后再去体会最后反拉力的作用。因为腰部需要你主动去扩张或向下拉力，才会产生一个力，然而小腹与横隔膜由于受到腰部支点向下拉的作用，自然会产生一种对抗。如果仅把支点放在前面，也就是小腹，那时腰部就很难起到控制气息的作用。试想一下，是靠前后腰腹的力量控制气息更有效，还是只靠小腹局部的力量更有效呢？它们之间是主动与被动的关系。

（三）弱声练习法

在一些新来的学生中，歌唱时会盲目追求音量。其实学生听起来大的声音，不一定是正确的。如果声音在口腔内部是散的，位置就会比较低，缺少共鸣。这时，声音在通过麦克风时，会发出尖锐、不够干净的音色。尤其在进棚录音时，歌手会感到很难驾驭自己的声音。那么，怎么让学生利用科学的发声方法建立一个通畅有序的歌唱状态呢？

首先，我认为用弱声练习的方法，比较容易找到放松的感觉。任何一种唱法，只有松弛才会产生美感。在做这个练习时，最好用开口哼鸣的方式。就是口腔张开不发音，用鼻子发音。没有接受过训练的学生，牙关部会很紧，每天需要做张嘴练习。用手按住下巴，练习向上伸张，不要用力过猛，伤及口腔关节，口腔不要过横，也不要过长。露出上齿，微露下齿为最好。这样的口腔状态，从发声学上讲是正确的。需要注意的一点是，先做到外面打开是其一，关键是体会由内向外张开是最重要的。不要形成喇叭状态，外面大，里面小，那样就很难获得声音的通畅了。

在这个练习过程中，还要用另外一个思维去考虑倾听声音的位置。声音的位置随着音高不断发生变化，由前向后移动。移动的速度要由老师的耳朵来判断。在移动至高音区时，应适度地提起软腭，因为软腭的提起是唯一能产生高音的通道。从嗓音结构上讲，不可能会从牙齿后面产生高音，只有在软腭提起时，带动后咽壁的拉力、口腔后部形成拱门状态，才会具备鼻头腔共鸣，高音才会是松弛的。同时产生震撼力，当然声音方向不能是向上的，那就会感觉像美声唱法了。

（四）通俗、美声与民族唱法有密不可分的又完全不同的关系

重要在于教师如何借鉴欧美唱法的优点，结合民族唱法的特点去训练，可在短期内解决学生声音没高音的状况。一个好的通俗唱法老师，应该在一年之内解决学生的全部声音通畅问题，而不应该五六年之后还不能让你的学生唱到三至四个八度。有的学生会问："弱音练习会不会声音小了？""将来放不出来？"其实不是！用很大的声音喊很难找到放松的感觉。相反，用小的声音就很容易找到。就是说，通俗唱法要建立自己的声线通道。应该是在完全放松的基础上，然后把声音更有效地释放出来。因此，弱音练习只是一种手段，得到通畅有磁性的声音才是目的。如把握声音的方向性。通俗歌曲的演唱就如何掌握声音的方向性是很重要的。因为在演唱过程中，它需要位置不断移动，包括口腔开启的状态是否到位，需要很细致地去体会每一个音符，那么在移动过程中，尤其向后移动的时候，容易发生声音注意向上，而不注意向前。无论你是唱低音还是高音，头脑的意识里要非常清晰，声音的方向咬字永远是向前的。鼻腔张开，时刻保持通畅无阻。通俗歌曲的演唱，切忌在口后半部咬字，声音容易向后倒，听起来像美声似的，听不清楚在唱什么，声音还不容易出来。声音的流线性和音与音的相互滚动似的连接，到情绪不断递进，进入歌曲中的高潮部分。都要保持不变的思维，即我的声音是向前方的。

（五）咽部力量在歌唱中的作用

在开口练习的过程中，要密切注意声音移动的位置。移动的位置大了，声音会虚，移动距离小了，声音会挤。在做这个练习时，一定要做到定点歌唱。在中间的声音，起音也要在中间，这样才能把握声音的准确性。

把握了声音的准确性后，再去体会唱高音时利用软腭提起带动咽壁的力量，形成强大

的拉力作用，使高音具备穿透能力，产生震撼的感觉。但是，如果适度地运用咽音是关键。全部拉紧咽壁演唱，声音会过硬过亮，缺少歌唱性。用少了咽音的力量，声音会空洞，没有支点和拉力的感觉。

我个人认为咽音在歌唱中是必不可少的一部分。但是过多地拉大拉亮，效果并不理想。那样会缺少本人真声的魅力。柔韧性不够，灵巧性不突出，缺少通俗歌曲中特有的不同方式的表现力。如果能够根据歌曲不同力度的需要。适当运用咽壁力量，那么，在演出中会起到锦上添花的作用。

（六）文字视像表现法

一个好歌手，要有对文字表现出最为敏感的触觉，在唱到那一句、那一字时，有完全深入到字、句间内在含义中的能力。歌手在演唱时，要做到演唱的是自己，而不是其他人。比如"青藏高原"一曲，在引子部分的甩腔里，要先找到深林山谷空旷无拘束的感觉。然后是"是谁带来远古的呼唤"？以问句的形式出现，那么主要演唱时的区别要在"呼唤""祈盼"上。"难道说"在语气上要加强，融入气声的感觉更好。"无言的歌"要有拉起来的感觉。"还是那久久不能忘怀的眷恋"，在这一句中"久久""忘怀""眷恋"是要突出表现的内涵。"我看见一座座山"部分，在心里，眼前要显现山川重叠交替的感情，歌者的自己感受，我现在就在西藏呢。心里要有无限的对西藏人民的美好情义，对解放军深深的赞美之情。无法抑制的身临其境的感觉。这时，你才能唱出对青藏高原的深度感动，对冰川、绿树的咏叹，对自己家乡眷恋的凝眸，对青藏人民赞叹的自豪之情。

二、谈谈声音的弹性与感情的运用

（一）声音的弹性

声音的弹性是指声音对于人们变化着的思想感情的适应能力，简单地说就是声音随感情变化而来的伸缩性、可变性。弹性这个词是一个物理学名词，在这里我们用在播音发声当中。人的思想感情总在不停地运动变化，这种思想感情的运动状态是播音创作的内在动力，它要求气息、声音随之而运动变化，以体现出它所感受到的一切，这实际就是播音表达的过程。播音表达要求富于弹性的声音，而我们对播音发声进行训练，就是为了取得声音的弹性，声音弹性的表现有以下几方面的特点。

怎样才能使声音富于弹性呢？

首先我们要知道，人的思想感情是运动的，声音是可变的，这两条是取得声音弹性的必要条件。声音的可变需要依靠气息的运动自如、喉部放松以及口齿灵活，而运动着的思想感情是声音弹性的内在依托，这是取得声音弹性的先决条件。要根据节目的内容、稿件的内容以及话题的内容，深切体会情感运动中的细微变化而形之于声，也就是说声音弹性的变化绝不是物理学上对声音音高、音长、音强等的变化。那么声音弹性的训练也就绝不能脱离语言表达而独立进行。发声是在大脑的统一指挥下各发声器官的统一协调的动作，

只有把握好情、声、气的关系，各个环节都能协调、灵活、控制自如，声音才能随感情的变化而变化。在这里我们提出了情、声、气的关系，这一点我们下面还要详细地讲解。

要使声音富于弹性一定要注意气息随感情的运动，因为气息是发声的动力，是由情及声的桥梁。此外，发声能力的拓展有利于声音弹性的加强，我们在发声的各个环节上的控制都需要留有余地，这样才有利于声音弹性的产生，在任何一个环节上表现出运动的极限都是形成声音弹性的障碍。比如音量过大、过小，你就不可能再大、再小。声调的过高、过低，那么再高也是不可能的，再低也是不可能了。还有像口腔的开度过大、过小，口腔控制过松、过紧，字音的着力点靠前或者靠后，进气量的过多或者过少，等等，这些都是发声控制达到极限的表现，在这种情况下就难以实现具有弹性的声音。

（二）有关感情的运用

对声音色彩对比的训练一定要有针对性，要针对自己存在的问题，自己编制练习材料，扬长补短，为综合控制打好基础。在前面讲声音弹性的时候，我提到了情、声、气的关系。大家知道语言是传递信息和交流思想感情的工具，存在于人际交流中的有声语言、情感、语声和气息，是一个系统当中的几个方面。首先我们说说什么是发声当中的情、声、气。在这里我们说的"情"，是指在播音或发声过程中的主角服务于播讲目的，由具体稿件或者话题引发并且由有声语言表达出来，始终运动着的情感。"情"是我们进行播音创作的依托。

那么什么是"声"呢？"声"是指播音员依据稿件或话题使用发声器官，运用播音技巧所发出的表达思想感情、包容大量信息并通过电声设备进行传播的规范化、艺术化的有声语言。

那么什么是"气"呢？"气"是指在播音过程当中为了使有声语言传情达意，播音员控制自如，使用胸腹联合式呼吸法所获得的发声动力。

（三）朗诵或播音发声对情、声、气的具体要求

"情"要具备最丰富的，并且能随时调动起来的思想感情。一方面，播音员、节目主持人要不断地加强自己的修养，锻炼和培养自己的政治艺术素质，使自己具备宽广的胸怀、纯真的情操、美好的憧憬、深邃的境界、蓬勃的志趣、灵动的活力，等等。另一方面，调动起来的运动着的思想感情，一定要服从于稿件或者是话题的界定，服务于播讲目的。

对"声"的要求是能够充分表达各类不同稿件所确定的不同层次、不同色彩的情感，能清晰明确地传递稿件所带有的所有信息，并且具有各自声音形象的特点，经过科学训练规范化、艺术化的声音。

播音发声对"气"的要求是能够符合播音员进行播音创作要求，有一定的力度、呼吸控制自如、完美地配合发声需要，并且能够保护发声器官、美化声音的气息。总之，"情"要取其高，"声"要取其中，"气"要取其深，以达到字正腔圆、清晰持久、刚柔自如、声情并茂的境地。

（四）情、声、气之间的关系

大家都知道除了事物、事理的意义之外，语言总是带有一定的感情色彩，这种感情色彩赋予语言以情态意义。一定的情态意义靠一定的声音形式来表现，情态意义越丰富，声音形式的变化也就越多。语言本身具有极大的灵活性，它可以在不同的环境下，在不同的气氛、心理状态还有情绪和声调当中赋予不同的思想内容和感情色彩。

上面我们分开讲了情、声、气各自的定义以及播音发声对它们的要求，那么现在我们把情、声、气组合在一起来说一说它们之间的关系。应该说"情"是内涵，是依托；"声"是形式，是载体；那么"气"是基础，是动力。由此我们可以得出结论：情是主导，是由思想感情状态的运动，指导着气息的运动，并且组织发声器官的协同动作，这样才发出表情达意的声音来。

气随情动，声随情出，气生于情而融于声，这就是情、声、气的关系。所以我们在播音发声当中要以情代声、以声传情，而决不能本末倒置，以声造情。在这里我们又可以把情理解为感情、情义、情境，甚至为某种意境，这个"意境"是指包含限定情感范围程度的语言环境和心理环境。在生活语言当中我们有许许多多的词语概括的情、声、气的关系。比如从"声"的角度来讲，有慷慨陈词、娓娓道来、慢言细语、甜言蜜语、轻声慢语、豪言壮语、直言快语，等等。从"气"的角度讲呢，有忍气吞声、有气无声、粗声大气、屏声敛气、嘘声叹气、奶声奶气，等等。从"情"的角度讲，有情真意切、情至意尽、情意绵绵、虚情假意、真情实意，等等。言为心声，我们进行播音创作的时候，往往是依据稿件、话题托物起兴、见景生情，把自己的主观世界也当作艺术表现的对象，把自己的主观世界对象化、客观化，把思想文字化为有声语言，把自己内在的本无情的精神世界表现出来，使受众能够具体地感受到、体验到、听得到、看得见。由此我们引出下面的话题：情、声、气的结合。

在播音员、节目主持人进行创作的时候，声音是唯一的，或者是很重要的一部分表现形式。情需要通过声音和气息才能表达出来。我们播音发声情、声气结合要追求的境界应该是情、声、气交融、主客观的高度统一。人的精神生活现象是极其复杂的，我们常说可以意会不可言传，这是指我感受到了、领悟到了，但是难以用语言、概念作出具体的描述，特别是某种情绪、情怀某种复杂的感受体验，等等，大多是属于情态领域里的一些东西。比如愤怒、高兴、爱，等等，我们用来划分层次的程度副词显得太少了，比如有点儿、一些、比较、挺、很、太、非常、极点。我们可以说有点儿愤怒、有一些愤怒、比较愤怒、挺愤怒、很愤怒、太愤怒、非常愤怒、愤怒到极点，但是大家可以数一下，这才有几个层次呢。用这些书面语言所没法再往深层次划分的情绪，用我们的有声语言、用我们符合稿件、话题所提供的所有条件，情、声、气结合不是更能恰如其分地进行表达吗？这正是我们播音发声之所长。

要做到情、声、气高度统一，确实是不容易，要获得情、声、气统一的播音作品，需要从发声上注意以下几个方面的问题。

首先是气息。运动的气息来源于不停变幻的控制。

其次是声音的运用。要注意声音色彩的对比，一定要用足，一定要用够、用活，要客观地认识自己的声音，抓住自己的声音的特色，逐步确立自己的声音形象。

最后要注意实践性。在经过由备稿到播出的整个过程中，要不断地根据稿件、话题提供的线索，不断地挖掘新的内容，找出新的感受以促进思想感情的运动，要做到这些就一定要动真情。

总之，播音发声必须动之以情，但是并非随便什么感情的注入或者是泛滥、激情的表露都是好的，表面的强烈不等于真实情感，而质朴中常常饱含着火一样的激情，华丽当中往往呈现出空虚。这里主要要看有没有内涵，有没有内韵，是不是发自内心。如果离开内心的真情而无病呻吟，忸怩作态，艺术的感染力就会一去无踪影。故意做作出来的假感情，它以喧哗邀宠、迎合低俗之所好为满足，只能感人一时而不能真正感染人，使人过耳不忘。

即使是真挚的感情也不能一概而论，而要作出具体的分析和对待，人的感情是被社会实践所规定的一种意识形态，是建立在一定的思想基础之上，并且受世界观所制约的。尽管喜怒哀乐、七情六欲人皆有之，但是同一种事物对于不同的人来说，所引起的感情反应不可能没有差异，这里边有积极、健康、高尚和消极、颓废、低俗之分，前者和人民群众的感情息息相关，符合时代精神，这样的真实情感和善是相统一的，因此是美的。而后者则是逆与一己之所好，是投合少数人的趣味，与时代精神相背，即使是真实的也是有害的。

感情被现实所激起还必须被思想所提高，这是问题的一个方面，另一个方面同是积极健康高尚的感情，也是丰富多彩、千差万别的，它的表达方式和表现形态也是多种多样的。歌德曾经说过：一棵树上很难找到两片完全一样的叶子，千万个人中也很难找到两个在思想感情上完全协调一致的人，这又体现了每个播音节目主持人特定的感情、气质和个性，也就是不同的格调和风貌。

由此可见，感情是使播音作品寓于个性和创造性的潜在的推动力量。每个播音员、节目主持人完全可以按照自己的个性来发展不同的才能，用自己的辛勤劳动开拓一片崭新的天地，这就需要在时代精神的感召下，不断地培养、充实和提高我们的情感素质，并且以此来作为我们进行播音创作的基石和艺术探索的起点。我们播音员、节目主持人在播音发声这个领域，能够做到情、声、气高度的统一这一步，那已经可以说是进入了一个进行高层次播音创作的阶段。

思考与练习

1. 歌唱发声器官的实际运用要注意哪六个方面？
2. 谈谈声音的弹性与感情的运用。
3. 怎样做到情、声、气高度统一？
4. 谈谈播音或朗诵时感情运用的重要意义。

附"发声练习歌谱"

送　别

李叔同填词
[美]约翰·奥德威　曲

sycsmp

你的眼神

(蔡琴 演唱)

佚名 词曲

1=F 4/4

```
0 0 0 0 | 0 0 0 0 | 6  65 67 i | 3 i 7 i 7  - |
                     像  一阵细 雨   撒落我心底

7  76 53 7 | 76 6 - - | 6  65 67 i | 3· i i 0 i |
那 感觉如此神 秘         我 不禁抬起头 看着你 而

2· 2 7 7 5 | 6 - - - | 0 0 0 0 6 | i· 7 6· 3 |
你 并不露痕 迹              虽 然 不言 不

3 2 2 - 0 i | 2· 0 2· i 2 | 2 6 6 - 6 0 | 3 2 3 2  i 6 |
语     叫人 难忘 记         那是你的眼 神

2 i 2 i 7 6 | i· 7 i - i | 2· i i 2· - | 0 2 3 2· 5 |
明亮又 美丽 啊    有 情 天 地      我满心 欢
```

```
[1.
5 6 6 - - | 6 - 0 0 ||  [2.  5 6 6 - - | 6 - 0 0 6 ||
喜              D.C.     喜                      虽  D.S.
```

在那遥远的地方

新疆民歌
王洛宾 词曲

1=E 2/4

行板

```
6 i 2 i 7 | 6 i 2 i 7 | 6 i i 7 | 6 - | 6 i 2 i 6 |
在 那 遥远的 地 方，  有 位 好 姑 娘，    人 们 走过
她那 粉红的 小 脸，  好 像 红太 阳，    她 那 美丽
我 愿 抛弃了 财 产，  跟 她 去 牧 羊，    每 天 看着她
我 愿 做一只 小 羊，  跟 在 她 身 旁，    我 愿 她拿着
```

```
5 6 5 4 5 | 6 i 4 5 | 6 5 4 3 | 2 - |
她的 帐 房，  都要 回 头  留恋的 张  望。
动人的 眼 睛，  好 像 晚上 明媚的 月  亮。
粉红的 笑 脸，  和 那 美丽 金边的 衣  裳。
细细的 皮 鞭，  不断 轻 轻  打在我 身  上。
```

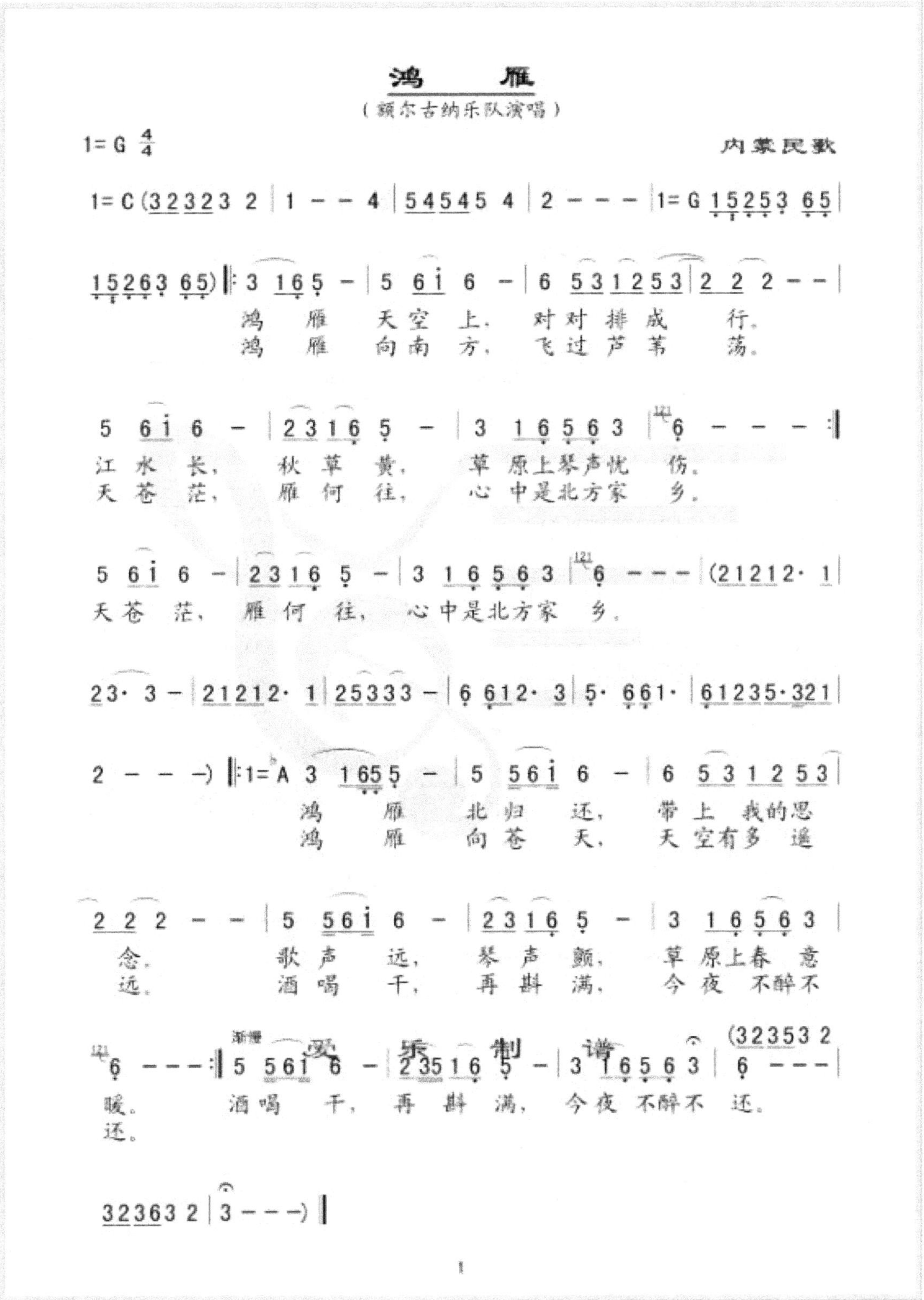
鸿雁
（额尔古纳乐队演唱）
1=G 4/4
内蒙民歌
鸿雁 天空上，对对排成行。
鸿雁 向南方，飞过芦苇荡。
江水长，秋草黄，草原上琴声忧伤。
天苍茫，雁何往，心中是北方家乡。
天苍茫，雁何往，心中是北方家乡。
鸿雁 北归还，带上我的思念。
鸿雁 向苍天，天空有多遥远。
歌声远，琴声颤，草原上春意暖。
酒喝干，再斟满，今夜不醉不还。
渐慢
爱乐制谱
酒喝干，再斟满，今夜不醉不还。

斯卡伯罗集市

Key:**Em**　　Play:**Am**　　Capo:7　　Tempo:4/3　　♩=130

```
‖: 6  —    6 | 3. 3 3    3 | 7 — 1 7 |
```

1,5. Are　　　you　　going　　　　to　　scar——bo-rough
2. Tell her　　to　　makeme　　　a　　cam————bric
3. Tell her　　to　　find me　　an　　acre　　of
4. Tell her　　to　　reap it　with a　sickle　　of

```
| 6  —  —  6 | — — 0  3̇ 5 | 6 — 5̇  3 4 2̇ |
```

Fair
shirt (On the side of a hill in the deep forest green)　Par——sley　sage　rose——ma—ny　and
land (On the side of a hill a sprinkling of leaves)　Par——sley　sage　rose——ma—ny　and
leather (War bellows blazing scarlet in battalions) Par——sley　sage　rose——ma—ny　and

```
3  —  — | 3  —  — | 0  0  0 | 0  0  6̇ | 6 — — 6̇ |
```

thyme　　　　　　　　　　　　　　　　　　　　　　e ——mem————ber
thyme (Tracing of sparrow on snowcrested brown)　　　With ——out　　no
thyme (Washes the grave with silvery tears)　　　　　Be ——tween　the
thyme (Generals order their soldiers to kill)　　　　 And　gather　it

```
5  —  3 | 3  2  1 | 7̲ 5̲ 5 — | 0  0  0 | 6 — 3 |
```

me　　　to　　one who lives　there　　　　　　　　　She　once
seams　nor　nee———dle　work (Blankets and bedclothes the child Then she'll
salt　water　and the　sea　strands (A soldier cleans and polishes a gun) Then she'll
all　in　a bunch of　heather (And to fight for a cause they've long Then she'll

```
| 2̇ — 1̇ | 7 6 5 | 6 — — | 6 — — | 0 0 0 |
```

was　　a　true　love　of　mine
be　　a　true　love　of　mine (Sleeps unaware of the clarion call)
be　　a　true　love　of　mine
be　　a　true　love　of　mine

父亲的草原母亲的河

席慕容 词
乌兰托嘎 曲

1 = F 6/8

深情地、稍慢

6 3 6 6	i 6 7 6 7 5	6· 6·	6·2 2 1 6	2 2 3 5 6 7
父亲曾经	形容草原的清	香，	让 他 在天 涯	海角也 从不能

5 3 3·	3 3 5 6 6·	6 i 6 3·2·6	i 2· 2·
相 忘；	母亲总 爱	描绘那 大河浩 荡，	

i 2 3 2·	i i 2 3 2 3	7 3 3 5 6 7	6· 6·
奔流 在	蒙古高 原我	遥远的 家	乡。

6 3 6 6	i 6 6 7 6 7 5	6· 6·	6 2 1 6 6	2 2 3 5 6 7
如今终于	见到这辽阔大	地，	站在芬芳的	草原上 我泪落

5 3 3·	3 3 5 6 6·	6 i 6 3 2 6	i 2· 2·
如 雨，	河水 在	传唱着祖先的	祝福，

i 2 3 2·	i i i 2 3 2·	7 3 5 6 7	6· 6·
保 佑	漂泊的孩 子	找到 回家的	路。

2· 2 i	6· 6·	i 2 3 6 7 5	3· 3·	3· 6 3
啊 啊 啊		父亲的草	原，	啊 啊

2· 2·	i 6 2 i 2	3· 3·	3 3 3 3·	2 3 i·
啊	母 亲 的 河，	虽然已经	不 能用	

2 2 i 6 5	6 7 5 3·	2 2 3 6 6	5 6 2·	3 7 5 6 7
不能用母语 来 诉 说，	请接纳我 的	悲 伤，	我的欢	

6· 6·	6 6 6 3 3 3	2 2 3 2·	2 2 2 2 1 2	3· 3·
乐。	我也是草原的	孩 子 啊！	心里有一首	歌，

3 3 3 3·	2 2 3 i 2·3 2	3 7 5 6 7	6· 6·	6 6 6 3 3 3
歌中有我	父亲的草原	母亲的河。		我也是草原的

2. 结束句

2 2 3 2·	2 2 2 5 5 6 5	3· 3·	3 3 3 3·	2 2 3 i 2·3 2
孩子啊，	心里有一首 歌，		歌中有我	父亲的草原

rit

3 7 5 6 7	6· 6·	3 7 5 6 7	6· 6·	6· 6·
母 亲的河		母 亲的河。		

第二章 提高语言表达能力

第一节 说说口才

"说的比唱的还好听！"往往人们对能说会道者给予如此的褒扬。有人运用口语声情并茂地表达思想、抒发感情时，听众会脱口而出"这个人真有口才！"

所谓"口才"，简单地说是指人们运用口语表达思想、进行沟通的才能。在现代汉语交际活动中，它表现为以一个人的综合素养为基础的规范化的口语表达形式，即一个人在交谈、演讲、辩论时综合运用思想品德、思维辨析、知识学问、语法修辞、文学艺术等多方面的修养，从而得心应手地用来表情达意的一种语言表达能力。它是一种以口头语言为外壳的德、才、学、识的综合体，是现实社会生活中最普遍的有意识的交流活动。

一、口才的衡量标准

人们一张开嘴巴就可以发出声音，说话对每一个人来讲都是非常简单的事儿，因为掌握并运用语言的能力是人类与生俱来的天赋。但是，能够掌握并运用语言是否就意味着有口才，甚至是好口才？答案显然是否定的。人生来不具备口才，没有哪一个婴儿的第一声啼哭是玉润珠圆的辞章。

口才是恰当的语言与熟练的应用技巧的结合，"能说话"只是形成口才的一种基本条件，"会说话""说得好"才是口才的突出特征，它的形成还有重要的素质条件。那么，良好的口才应具有什么样的特征？要求怎样的目标呢？

（一）出口成章，有较强的感染力

人们常赞美才学渊博的人为满腹经纶，并说"腹有诗书气自华"。一个人若能熟悉经典的诗词歌赋、名言警句、成语俗话、歇后语，等等，交谈中定能才思敏捷、妙语连珠、尽显文采。人们常说："与君一席话，胜读十年书。"

（二）语音规范、清晰流畅

口语是交际的工具，具有较强的生活气息。从其实用性和普遍性讲，必须要求语言规范。特别是在改革开放的今天，市场经济、信息社会飞速发展，人们每天都要接触社会各界、各行、各地形形色色的人物，家乡话、本地话会严重影响交际的沟通。所以，良好口才的前提是语音规范，使用普通话是最佳选择。

汉语发音要求字正腔圆、有板有眼、清晰流畅。发音时气息通畅、吐字准确、句式完整，切不可吞吞吐吐、含糊其辞、逻辑混乱。同时还要注意语速、语调、停顿以及语句的轻重缓急，从而做到得心应手、驾驭自如，以达到"声情并茂"的极佳效果。

（三）语言幽默

所谓幽默，即语言含义风趣、愉悦，意味深长。它是思想、学识、品德、智慧和机敏综合运用的最佳效果。演讲者运用意味深长而诙谐的语言抒发感情、传递信息，以引起听众快慰的情绪，从而达到感化听众、启迪听众的目的。

在公共关系实务中，幽默的语言是事业成功的润滑剂，极其难得，但在运用的过程中，要因时、因地、因人、因事地谨慎为之，格调要高雅，切忌低俗。

（四）语言富有哲理

富有哲理是指用名言、警句、哲言来论述或说明问题的方法。警句、哲言反映了人们对自然、社会以及对人生的深刻认识和理性上的高度概括。如此哲理的光芒，能给人以简洁、凝练、深远、高雅的美感，能使人联想深远、回味无穷，具有强烈的感染力和号召力。

（五）委婉含蓄

委婉又叫"婉转""婉曲"，是指在交谈或演讲时，不直述本义，而用迂回曲折的语言加以暗示的方法。

含蓄，是不直接说明而用隐约曲折的语言把意思表达出来。

委婉含蓄是语言交际中的一种"缓冲"方法，它能使本来难以应付的问题轻而易举地加以解决，变得轻松愉快。因此，委婉含蓄是公共关系语言中的"软化"艺术。委婉含蓄的方法有很多，需要在实践中体会应用，才能使公关口才"慧于心而秀于口"。

二、口才的基本要素

当今人们公认的是德、识、才、学是口才家的必备要素。人们要想具有一流口才，就必须"铸就"好德、识、才、学这四大基石。四者之间，学是基础，德是灵魂，识是方向，才是核心。语言取决于学问和知识，学可以丰才、可以增识、可以益德，这就是四者的辩证关系。

（一）学是口才的基础

古人云："工欲善其事，必先利其器。"要会说话、说好话，首先必须充实知识，掌握好这个锐利的武器。人的才能是建立在知识的基础之上，由知识转化而来的，知识是才能

的元素和细胞。一个人才能的大小，首先取决于自身知识的多寡、深浅和完善程度。古今中外的口才家无不以有渊博的知识而著称。

"知识就是力量。"英国哲学家培根所以这样说，是因为他认为，口才的魅力是深深扎根于土壤之中的。作为口才家，必须拥有丰富的知识。只有拥有丰富的知识，才能信手拈来、即兴发挥，使谈吐高雅、论辩精彩、出口成章、字字珠玑。

（二）识是口才的方向

凡口才家必是"有识之士"，具有一览众山、远见卓识，见人所未见、讲人所未讲。优秀口才家的表达具有一定的预见性、前沿性，能产生震撼人心、付诸行动、催人奋进的力量。

口才是一门综合性的艺术，影响表达效果的不仅仅是清晰、生动的口语，还有仪表、体态和神情动作。所以，口才是要兼顾各个方面的问题，才能有所特色的。

（三）德是口才的灵魂

口才家需要培养审美情趣以提高鉴赏能力，通过语言所创造的听觉艺术、视觉艺术来感染人、打动人。

（四）才是口才的核心

"才"是一个优秀口才家的标志。并不是掌握了语言表达才能的人，就可以称为口才家。因为口才是人的综合才能，除了语言表达外，还得培养记忆、观察、思维、想象、创新和应变等才能。多种才能的有机结合才会孕育出一个出色的口才家。

三、演讲与口才的关系

语言是一种特殊的社会现象，它依存于社会，随社会的产生而产生、发展而发展。同时，语言还是重要的交际工具。语言的艺术纷繁复杂，异彩纷呈。演讲与口才都属于艺术范畴，都是运用声音，辅以体态语言将说话主体的思想、观点、主张、情感等信息传递给对方。

演讲的成功与否和口才的优劣有着密切的关系。关键都在于知识的积累、提炼与升华。

演讲是演讲主体对多人同时进行的语言表达活动，而口才是表达主体在学习、工作、生活中所形成的一种语言表达上的综合素质。演讲是一种正在进行的语言活动，而口才是在交流过程中对语言表达、表达效果等所形成的综合素质的一种评价。

口才的外延很大，它几乎涉及社会生活中的各行各业，如主持口才、销售口才、领导口才、演讲口才、公关口才、论辩口才，等等。而演讲只是口才展示的形式之一，虽然也有广泛的使用空间和较高的使用频率，但它必定是在特定的环境中才能进行。口才却不受时间、空间影响，随时都能得以展现。没有干练的口才，成功的演讲只能是一种空想。要想演讲得精彩、成功，必须有意识地锻炼自己的口才。

必须强调的一点是，无论是说话的口才，还是演讲的口才，都要以普通话为先决条件。随着社会的进步、对内、对外改革开放的不断扩大，人员的流动面无论是国内、国外都前

所未有。在国内，神州大地数以百计、数以千计的说方言的人很有可能会聚于某个城市。这些说方言的人也有可能相聚在国外，如果大家各吹各的号，各唱各的调，那将是一个怎样的"一锅粥"呀！国人应该从《南腔北调》相声中，让人捧腹大笑的"吃西瓜"段子顿悟：说好普通话的意义太大了！

口才是用来演讲的。综合性演讲又称为演说，"讲"是讲明道理，诉说对某个问题的看法。

（一）演讲的生动性

"演"是借助声音、表情、动作来加强演讲的生动性。演讲以讲为主，以演为辅，运用有声语言，加上"无声"的动作、体态、表情，两者相辅相成，巧妙结合，融为一体。要"讲"得好，必须有逻辑、修辞、音韵、朗读等方面的知识和修养。成功的演讲应当首先字正腔圆、抑扬顿挫、悦耳动听。

（二）演讲的独白性

演讲者是演讲活动的主体，在整个演讲过程中，听众始终处于接受地位。因此真正意义上的演讲，是高度个性化的产物，是一个人的性格、气质、形态、口才的综合反映。一些演讲者站在讲台上虽然侃侃而谈，旁征博引，有时还能插入一些令人捧腹的俏皮话儿，说理似乎也很透彻，但演讲却往往不能激起听众热烈的反响。听众既不动心，也不动情，原因何在？这就是因为他们的演讲只有客观的叙述，而没有自己的喜怒哀乐，缺乏自己独特的观点与感受，没有鲜明的个性，也就是缺少感染力和号召力。

（三）演讲的时间性

演讲直接诉诸听众的听觉视觉感官，有很强的时间性。首先在内容上，古今中外的著名演讲，都切中时代脉搏，属于那个时代的声音。

思考与练习

1. 什么是口才？口才表现哪些方面的才能？
2. 衡量好口才的标准应从哪五个方面进行？
3. 口才的基本要素有哪些？
4. 演讲与口才有着怎样的关系？

第二节　口才素质的形成

前面我们讲过，只要不聋哑，人人都会说话，但要把话说好绝非易事。刘大请客把请来的人都说跑了，搞得不欢而散。粤语把西瓜的"大片""小片"说成"大便""小便"，成为人们茶余饭后的笑料。看来，要掌握好说话的本领，进而成为演说家、口才大师，在学好前面知识的基础上，还要努力提高语言素养。

古希腊演说家德摩斯梯尼患有严重发音不清的口吃症。他从小体弱多病，发育不健全，

双肩歪斜而驼背，七岁时父亲不幸去世，百万家产被黑心的伯父侵吞。德摩斯梯尼在威严的法庭上申辩时，口吃得难以应答，惹得哄堂大笑、无地自容。从此他发奋努力、苦练语言，独自到海边口含石子大声呼喊，正口型、练发音、真情投入。天道酬勤，苦心虔诚的德摩斯梯尼终于成为了出色的辩才、大律师、大演说家。

因为口才是恰当的语言与熟练的应用技巧的结合，随意"能说话"只是形成口才的基本条件，"会说话""说得好"才是口才的突出特征，它的形成还有更重要的众多素质条件。

一、语言的素养

口语表达成功的关键是运用语言的能力，具有较高的语言素养，才有可能表现出较强的运用语言的能力。口语表达所需要的语言素养，主要从以下三种途径获得。

（1）系统地学习语法、修辞、逻辑以及布局谋划等方面的知识、法则，以提高口语表达的正确性、生动性和严谨性。

（2）系统地学习和掌握副语言的特征和体态语言等方面的知识，以便更好地展现表达者的精神面貌、情绪感受和个性特征。副语言特征主要包括音质、音强、音色、语气、语调、语速、节奏等。体态语言主要包括表情、神态、动作、身姿、手势等。

（3）坚持积累和吸收优秀的语言养料，譬如学习和借鉴经典名家的演讲，大量阅读中外名著，在现实生活中，与时俱进地学习那些有生命力的活话语等，都是行之有效的办法。古今中外的实践证明，不断地在生活中为自己补充新鲜的语言信息，是提高语言素养永不枯竭的源泉。

二、思维能力

思维是人的大脑对客观事物的一般特性和规律性的一种概括的、间接的反应过程。人的思维取决定于外界的客体，但是外界的客体并不是直接地、机械地决定着思维，而是通过人的内部条件，通过人脑对感性材料进行加工的过程而间接地决定着思维。

思维能力主要包括逻辑思维、形象思维和灵感思维三种能力。逻辑思维是以提示和把握事物的内在本质为根本任务，依据一定的系统知识，遵循特有的逻辑程序而进行的思维活动。形象思维是通过感性形象，运用想象、联想和幻想等手段来把握事物的思维活动。灵感思维是一种通过某种下意识或潜意识直接把握对象的思维活动，是在人的知识经验积累的基础上，在目的明确、意识高度集中的思维中，在外界事物的参考和诱导下，产生形象、概念思维的快速撞击而出现的认识突变的思维过程，因此带有顿悟性、突发性和意外性。

思维能力的高低对口语表达的优势、成败往往起着决定性的作用。这主要表现为思维的选择性与创造性制约着语言活动，思维的内容决定了语言的表达意义。思维的质量决定了语言表达的效果。

"语言是思维的物质外壳"，恩格斯在《自然辩证法》中既肯定了语言推动思维发展的作用，同时又强调"脑髓为它服务的感官、越来越明白的意识以及抽象力"。由此可见，语言的发展可以促进思维的发展，而思维的发展又可以反过来促使语言更进一步发展。

三、知识积累

知识积累是一个漫长而复杂的过程，它需要一个人有持之以恒的毅力和奋发努力的决心。只有积累起宽厚坚实的"塔基"，才可能有冲入云霄的独特风景——"塔身"，无限风光在险峰。

（一）品德修养

品德是指人的思想品质和高尚的观念，人的世界观、人生观、价值观、审美观、幸福观、使命观以及责任观等都包括在内。前面讲过"道德"是才的灵魂，它威力巨大，是一个顶天立地的而永远不败的脊梁，更是潜在的学问、激活思维品质的保障。孔子名言"其身正，不令而行；其身不正，虽令不从。"这充分说明了"德"的重要意义及影响。

品德修养高低的判断标准表现在四个方面：崇高的理想信念、高尚的道德情操、优良的心理素质、美好的仪表风度。

（二）知识素养

知识是人们在社会实践活动中认识和经验的总和，是口语表达内容的坚实基础，也是形成优秀口才的必需。"在这个世界上，全新的事物实在太少了。即使是伟大的演说者，也要借助阅读的灵感和来自书本的资料。"一个人知识素养的形成，主要体现在对专业知识、社会人文知识和科学知识的综合掌握上。下面我们具体说说这三方面的知识。

1. 专业知识

专业知识包括理论指导方法和专业理论知识两个层面。

理论指导方法主要是指世界观和方法论。要学会全面、深入、发展地看问题，防止片面性、主观性和简单化，要学会对具体情况具体分析，要学会用比较的方法观察和分析事物等。也就是说，好的口才要求表达者要有正确的世界观和是非判断标准。

专业理论知识是行业性的专业基础知识理论。俗话说"干啥的吆喝啥""隔行如隔山"，作为一名优秀的口才家要扎实熟练地掌握所从事专业的全面的而不是杂乱无序的知识。作为一个专业上的"内行"人，最重要的是对专业知识能形成自己消化后的理论体系，只有这样，在语言表达时，才可能做到信手拈来、左右逢源、得心应手、驾驭自如。

2. 社会人文知识

专业知识只能表现一个人口语表达上的科学性，口才的形成还必须有更加宽泛的社会人文知识，才可能做到得心应手、恰如其分。社会经验、生活常识、天文地理、乡土人情、风俗习惯、名人名言、成语典故、名篇习作、逸闻趣事、街谈巷议，等等，都属于社会人文知识范畴，每一位优秀的口才家、演说家都应有所涉猎。

此外，口语交际的对象是人，表达者还应了解有关人的心理学、行为学、教育学以及人际关系等方面的知识，只有这样才能在交流表达过程中，做到谈笑风生、侃侃而谈。

3. 自然科学知识

自然科学是研究大自然中有机事物和无机事物现象的科学。

自然科学包括物理学、化学、地质学、生物学等。系统地、要点式地掌握一定的自然科学知识会对人的口才形成具有不可忽视的重要作用，它会让人的表达游刃有余、神采飞扬、增强意想不到的表达效果。

思考与练习

1. "会说话"与"说得好"的区别在哪里？
2. 口语表达成功的语言素养主要体现在哪些方面？
3. 思维能力主要包括哪三种能力？具体说说各种能力的内容。
4. 简要写出知识素养主要体现的三方面内容。

第三节　口才心理素质的培养（上）

前面在讲解的过程中，我们经常提到人的"气质"，心理学上所论的气质，是指心理活动表现在强度、速度、稳定性和灵活性等方面的心理特征。气质不同，说话的特点也不同。有的人说话节奏快、起伏大、音量较强、言语铿锵有力，像大海的波涛，汹涌澎湃，势不可当。有的人说话节奏慢、语调平缓、音量很弱，平静得像一湖秋水。对于外界的刺激，有的人反应积极迅速，有的人反应消极缓慢，不同的人有不同的反应方式。倘若两个人同时受到同样的批评，有的可能当场就接受不了而暴跳如雷；有的则一声不吭、生闷气。如此之大的差别原因就是人与人的"气质"不同。

一、气质类型

传统心理学将人的气质类型分为胆汁质、多血质、黏液质、抑郁质四种。

（一）胆汁质

胆汁质又可称为不可抑制型。其最典型的特点是直率、热情、精力旺盛，但脾气暴躁、兴奋性高、易冲动、抑制力差，反应迅速而不灵活，心境变化剧烈，具有明显的外向性。

具有这种性格特点的人，在口才交际中能给人以强烈的热情感染，但稍不留意就会让人感到热情过分。要特别注意情感表达的适度性与适量性，要特别注意在音速、音调、音势在符合内容的情况下，缓急有度、轻重得当。具有这种性格特点的人由于感受性高，一般也能注意到听众的反应，但塑造自我形象方面有一定的难度。往往由于心气浮躁而出现主观之变、客观之变时，又容易急躁，因此更要沉着稳健，处变不惊，抑制情绪，然后采取正确、果断的措施。

（二）多血质

多血质又称为活泼型。其最典型的特点是活泼好动、敏捷迅速、喜好交往，但注意力容易转移，兴趣和情绪容易变换，外部表露明显，具有可塑性和外向性。

　　具有这种性格特点的人，在口才交际中思想活跃、反应敏捷，但往往以一己为中心，导致"一言堂"。他在演讲时，音速、音调和音势灵活多变，能给人优美的音乐感，但也要做到有时尖锐泼辣，有时含蓄委婉，有时激越高亢，有时平和从容。这种性格特点的人一般具有良好的控制能力，具有引起听众注意的良好素质，能塑造良好的自我形象，能把握演讲的艺术分寸。一般不会出现怯场、忘词等主观之变，即使出现也能灵活处理。如果出现诸如停电、听众骚乱等客观之变，多血质者也能敏捷反应、果断处理。

（三）黏液质

　　黏液质又称为安静型。其最典型的特点是安静、稳重、反应缓慢、沉默寡言、情绪不易外露，注意力稳定但难以转移，善于忍耐，具有明显的内向性。这种类型的人在口才交际中沉着、冷静、有自制力，但有时不够敏捷，而且话语表述中往往缺乏应有的热情。黏液质类型的演讲者情绪不够外露，所以感情表达不充分，缺乏变化，需要在动真情的基础上充分地表达出自己的内心情感，并探索情感表达的变化性和感染力。

　　这种类型的演讲者要注意使音速、音调和音势不那么单调乏味，要根据具体内容调节音速、音调和音势，使其灵活多变。在应对主客观之变时，不要太常规，要尽量想一些新颖独特、效果良好的处理办法。

（四）抑郁质

　　抑郁质又称为抑制型。其最典型的特点是情绪体验深刻，感受性强，容易觉察他人忽视的细节，行动较迟缓又不强烈，有孤僻感。在口才交际中表现敏感而随和，富有同情心，但有时表现热情不足，会给人以压抑感。这种类型的演讲者情绪不易外露，不够大胆表达真情实感，有些扭捏怯场的表现，因此应该注意这些方面的不足，力求以感情充沛的形象展现在听众面前。适当加快音速，音调多用上声调，音势要加强，避免压抑低沉，敢于表现自己。出现主客观之变时则要镇定精神，分清原因，沉着应对，拿出处理措施。

　　总体来看，以上类型也并不是绝对的，经常是介乎两者之间的类型，有的以黏液质型为主，以抑制型为辅。有的以胆汁质型为主，以黏液质型为辅。所以应清楚了解自己的长短，取长补短，极大地发挥自己的优势。

二、口才与心理素质

　　良好的口才取决于良好的心理素质。具体情况可从以下几方面体现。

（一）坚定的自信心

　　坚定的自信心是口才表达成功最重要的方面。缺乏自信心的人事情做不好，公关难成功，演讲很难受欢迎。满怀自信就会精力充沛、神态自若、思维敏捷、语言流畅，从而更好地展示口语技能。真正的自信源于正确的自我评价基础上的科学的自信，才能促进语言表达的成功。树立自信心，一要有充分的心理准备，胜不骄败不馁，始终保持良好的心理状态。二要充分准备讲话内容，了解听众，做到心中有数。三要加强口语表达训练，明确自身的不足，有针对性地加强练习，逐步增强自信心。

（二）良好真诚的心态

魅力来自语言的真诚，无病呻吟绝对打动不了听众（真假肚子疼两者的表现不妨自己试验一下，便能体会得到）。演讲者能用得体的语言来表达自己的真诚时，必能赢得听众的信任，听众就有可能对说者产生信赖而心悦诚服。滔滔不绝、一泻千里的语言尽管流畅优美，但倘若是空话连篇、缺乏诚意，必然会失去吸引力。因此，口语表达者首先考虑的是如何将自己的真诚注入讲话中，如何把自己的心意传递给对方，彼此之间才能实现沟通与共鸣。

（三）坚强的自控力

自控力是根据需要对自我情绪和情感进行调节控制的良好心理适应能力，这种适应能力是保证口语表达者正常跳动的思维、组织及运用语言的决定因素。

交际过程的进行不可能按人们预想的情况那么顺利，有时会因时、因地、因人等情况产生意想不到的变化，或使表达者愉快兴奋，或使表达者忧虑甚至恐惧。面对如此情况，表达者应处变不惊，不能乱了阵脚，不能感情用事。要有坚定的自控能力，理性地作出决断。在稳定局面的前提下，得体恰当地支配自己的言行举止，决不能灰心丧气、意志崩溃。即使在顺利成功的状况下，也要保持清醒的头脑，不失常态。坚强的自控力是演讲者心理素质良好的重要表现。

因此，演讲者不仅要有好口才，还必须善于运用自己的意志力量，合理调节自己的情感和情绪。这是一种极为重要的心理能力。

（四）强烈的成功欲

口才成功欲主要表现为获得表达效益的欲望和快感，它在演讲行为中起着巨大的推进作用。美国人本主义心理学家马斯洛的需要层次理论，把自我实现的需要，即强烈的成功欲作为衡量个体心理需要得到满足的最高标准。一个人，当自我实现的需要获得了满足时，就标志着他最大限度地发挥了自己的潜能而获得了成功。"成功欲越强，付出力越大！"在这方面，每个大学生或成年人都会有切身体会。

口才技能已成为人生不可缺少的追求目标，培养口才的成功欲并为之实现，更需要多方面的努力，必须坚持不懈、持之以恒，决不懈怠！

（五）敏锐的观察力

好口才要有好的观察力。"观察"涉及面很广，如对演讲材料的感知与发现，对演讲环境的调查与了解，对演讲对象的知识水平、心理活动以及行为的洞察与掌握程度等。表达者的观察要有目的性、敏锐性、准确性、自觉性、全面性等特点。观察力提高，不仅会增强表达能力，还会促进智力结构的综合发展。在这里要强调的是自觉性。要提高观察能力，首先要养成自觉观察的习惯，在生活中，要有一颗善于观察、善于比较、善于思考、善于总结的心。俗话说"眼观六路，耳听八方。"只有善于把自己看到的烙印在大脑里，并把信息加以条分缕析、归纳综合，到用的时候，才能适时地跳出来，才能为演讲和交流很好地服务，才能使口才达到较高的艺术层面。

（六）良好的记忆力

记忆力是以个人智力构成的重要因素，也是口才必不可少的一种素质。一个人的大脑里倘若没有足够的知识与信息储备，当面对广大听众怎能出口成章、滔滔不绝、左右逢源、能言善辩呢？大脑中一片空白的人，即使再伶牙俐齿也无济于事。记忆与口才一样，都不是上天赐予的，后天的锻炼才是登堂入室的桥梁。因此要想有个好口才，平时要学会巧妙地运用记忆规律，掌握记忆技巧，尽可能多地增加知识与信息储备，增强记忆力。这样才有利于演讲的临场发挥。"腹有诗书气自华，学富五车走天涯"，古人所言极是！

思考与练习

1. 何谓"气质"？"气质"有哪四种？
2. 四种"气质"的各个特点主要表现如何？
3. 口才与心理素质主要表现有哪些？概括叙述之。
4. 说说良好记忆力的作用。

第四节 口才心理素质的培养（下）

本节着重探讨性格与口才的关系、口才表达时的主要心理障碍两大主题，旨在帮助同学们更进一步地掌握口才的有关知识，以提高口才表达能力以及演讲水平。

一、性格与口才

性格是一个人在对现实的稳定态度和习惯化了的行为方式中表现出来的个性心理特征。从组成性格的各个方面来分析，可以把性格分解为态度特征、意志特征、情绪特征和理智特征。

（一）态度特征

态度特征主要表现在对现实的态度上，包括对社会、对他人、对周围事物、对工作以及对自己等各方面的态度。如有的人自尊自信，有的人却自卑自馁。

（二）意志特征

意志特征是指一个人能否根据确定的目标，对自己的行为自觉地进行调节，克服各种困难的心理特征。如有的人有锲而不舍的品质，而有的人总是遇难而退。

（三）情绪特征

情绪特征是指一个人的情绪对其活动的影响，以及他对自己的情绪的控制能力。如有的人一触即发，而有的人则善于忍耐。

（四）理智特征

理智特征是指一个人在感知、记忆、思维、想象等认知活动中所表现出来的性格特征。如有的人观察认真、精细、深思熟虑，看问题全面，可有的人则马虎、粗心、缺乏主见、人云亦云甚至钻牛角尖儿。

关于性格与气质的关系，苏联心理学界惯于区分气质与性格，强调它们之间的性质不同，而西方心理学界则更多地看到它们在行为中的融合，即强调它们之间的共同性。性格与气质是有着密切关系的，气质可以使人的性格带上一种独特的色彩。如同样都有谦虚品质的人，黏液质类型的人带有自制的色彩，抑郁质类型的人则带有胆怯的表现。

气质对性格的形成和发展有较大影响，而性格对人的气质又具有改造的作用。由于气质本身带有先天遗传的特点，这些特点在人的性格发展中具有重大的影响。比如胆汁质类型的人由于行动迅速而猛烈，便争强好胜、事事抢先，往往容易形成夸张吹嘘的毛病；抑郁质类型的人则由于不善交际，挫折感强，往往不太关心集体等。良好的性格倾向可以克服气质中某些不良的或消极的方面。比如，具有自觉参与意识的人可以克服抑郁质特点带来的不善交际的消极因素，在与各种人打交道的过程中养成与人交往的良好特征。

鉴于以上情况，我们应该在了解自己的性格特点的前提下，努力塑造有助于口才发展的良好性格特征，从而克服气质中某些对口才发挥不利的因素。

二、口才表达的心理障碍

在口才表达的过程中，由于气质类型的不同，往往会产生情况各异的心理障碍，阻碍口才水平的正常发挥乃至失败。常会出现的心理障碍有以下几种。

（一）羞怯心理

羞怯是常见的心理障碍之一，一个人在任何情况下从不羞怯是极少见的，可以说没有。我们这里所说的羞怯，是指在口语表达过程中因害怕而胆怯，以致无法清楚地表达自己的意思和感情。如我们平时经常可以看到这样的现象：有的同学回答课堂提问时不敢抬头，声音低微；有的同学在与陌生人讲话时面红耳赤，语无伦次；有的同学站在讲台上讲话，结结巴巴，表情十分尴尬，等等。

羞怯心理产生的原因主要有三种。

1. 气质性羞怯

气质性羞怯的人天生性格内向，说话总是顾虑重重、低声细语，见到生人就脸红而讲不出话来，必须通过后天的适应与锻炼加以改善。

2. 认识性羞怯

认识性羞怯的人，过分注重自我，患得患失，生怕自己的言行不当而被人耻笑，一言一行都要有充分把握才敢进行，不冒风险、缺乏主动，这类人更要争取说话机会，加强锻炼。

3. 挫折性羞怯

挫折性羞怯的人，由于种种主客观原因，一度遭到口语表达失败或挫折而很难走出阴

影，担心重蹈覆辙而失掉了再讲话的勇气，此类人更需要他人鼓励帮助才能走出阴影。

良好的口才多是后天锻炼形成的。英国现代杰出的戏剧家萧伯纳以幽默的演讲才能著称于世，可他 20 岁时还羞于见人，胆子小到去别人家时徘徊多时也怕按响门铃。第一次演讲时曾受到听众的讥笑，蒙受了莫大的耻辱。后来，他竟壮起胆子，无论是在学校、市场、公园、码头等地方，还是成千上万听众的大厅，或者寥寥几个人的地下室，人们都可看到他慷慨陈词的身姿，最终，他成为一名杰出的世界级的演讲大师。

（二）紧张心理

讲话时心理紧张也是常见的心理障碍之一，一个人在任何讲话情况下从不紧张也是极少见的，可以说没有。事实上适度的紧张是必要的，因为口才表达活动需要说话者具备一定的兴奋度，但过度的紧张又会造成表达不能正常发挥乃至失败。比如在演讲活动中，过度紧张者会出现一系列心率、血压、呼吸等方面的生理反应，上台后，会出现眉毛紧缩手冒汗、两腿发软涨红脸、语调失常音发颤等现象。这样的演讲效果可想而知。

很多成功的演讲者，在他们最初演讲时，都曾经出现过以上不同的紧张情况。如英迪拉·甘地夫人初次登台时，吓得连一点儿声音也发不出来。美国著名作家马克·吐温首次演说时，他说他嘴里仿佛塞满了棉花，脉搏跳得像赛跑的运动员。对于缺乏经验和锻炼的人来讲，再正常不过了。罗斯福对此情况曾说过："每一位新手，常常都有一种心慌病。心慌病并不是胆小，乃是一种过度的精神刺激。"因此，不必过分担心自己的紧张心理。经过不断的练习和实践，掌握一些自我调节的科学方法，过度的紧张感就可以很快地加以消除。

（三）自卑心理

自卑心理是一种在社会比较过程中，因认知歪曲而形成对自我价值的消极评价，并由此产生自我否定的态度和自惭形秽的情绪体验。

自卑心理往往是由以下两方面的原因产生的：一是身体缺陷，如身高、体重、相貌等；二是能力缺陷，是指因自己语言不够标准、音色不好听等而产生的。长期消极的暗示往往会导致临场表达失常，甚至害怕成为别人的笑料而不敢在公众面前口语表达。如此一来，难以提高口语水平，也会因此产生极度的抑郁心理，影响心理健康。

自卑是心理暂时失去平衡的一种心理状态，对此可以通过积极的补偿方法来加以调节，其方法如下：一是形成正确的自我评价，实事求是地评价自己，正视自己的不足，也能善于发现自己的长处；二是给自己设立恰当的目标，在自信的基础上，建立符合自己实际情况的口语表达目标，目标既不要太低，也不要过高；三是要扬长避短，要善于发掘和发展自己的优势，并尽量发挥，抓住可能成功的实践机会，大胆地展现自己的口才。同时又要加强学习锻炼，以弥补某些能力的不足。

（四）过度的表现欲

表现欲是人们有意识地向他人展示自己的才能、学识、成就等的欲望。实践证明，积极的表现欲是一种促人奋进的内在动力。谁拥有它，谁就会争得更多机会发展自己，接近到达成功的彼岸。适当的表现欲，既能享受成功的幸福与乐趣，又能激励自己百尺竿头，更进一步。但是，倘若表现欲过了头、过了度，就会适得其反、事与愿违。有的演讲者为了炫耀自己的知识才能，在演讲中滔滔不绝、忘乎所以，结果招来的却是喝倒彩欢呼声，最终如泄了气的皮球，自食其果。

克服这种过度的表现欲，必须端正动机，正确看待荣誉，对自己的实力有客观的认识。一旦遭遇挫折，当以"失败是成功之母"的名言激励自己，总结教训、虚心学习，为下一次获得成功做好扎实的准备。

思考与练习

1. 何谓"性格"？"性格"有哪四种特征？
2. 性格的四种特征主要表现如何？
3. 口才表达的心理障碍主要表现在哪几个方面？概括叙述之。
4. 说说如何克服口才表达的表现欲。

第五节　态势语言的作用（上）

态势语言是一种最古老、最原始、最悠久的交际方式，它源远流长。具体是指通过体态、手势、眼神等方式来表情达意的一种语言辅助形式，包括人的动作、神态、表情等各个方面，也叫体语、体态语等。它具有交流思想、传递感情、暗示心理、描摹形态、渲染气氛等多种功能。研究体态语言的学科称为体态学（又叫身动学），是一门年轻的学科。但这门学科已经为我们提供了丰富多样的观察范例和有说服力的研究成果。

人们在进行信息与感情交流的过程中，不仅要用有声语言，同时还要以无声的态势语言辅助之。所谓态势语言是指面部表情、手势和身体姿态等。无声语言还被人们称作体态语言、可视语言。态势语言在与对方交流的过程中，在传输情绪、传递信息方面，具有特别重要的意义，有时甚至会起到"此时无声胜有声"的作用。

语言是人类最重要的交际和思维工具，是一套音义结合的符号系统。说起有声语言，人们容易理解，但对于态势语言就会感到生疏了，这是由于过去对此的研究宣传不够造成的。俗话说"人心隔肚皮、虎心隔毛衣"说的是人的内心难以揣测。其实不然，人们的表现即使在有声语言方面有所掩饰，但往往会在无声语言中透露出来。因为态势语言具有习惯成自然的下意识特性，所以它比有声语言更能表现出人的心理状态，两者用得恰当，就会彼此互补、相得益彰。

一、态势语言的含义

在人们的交往和信息传递中，有两种语言：一是口头语言，即我们所说的话；另一个就是态势语言。前者以人耳接听，后者通过眼看接收（所以称为可视语言）。如点头"yes!"、摇头"no!"，竖起大拇指谓之"好!"；用微笑表示满意、赞同，用咬牙切齿表示愤恨；聋哑人不就是全靠态势语言来表情达意的吗？口头语言与态势语言往往是不可分割、同时存在的，两人在相互交谈的过程中，很难想象彼此只有语言而没有一丝表情与动作的。倘若如此，不就成了两台"录音机"在对话吗？

二、态势语言的组成

态势语言与有声语言一样，在漫长的历史过程中，其含义约定俗成。在世界大多数地区，点头、摇头伸出大、小拇指的意思几乎都是一样的。态势语言主要由仪表、头部动作、面部表情、手势、体态等组成。

（一）仪表

仪表是一个人自我形象的外部展现，是在交际中最好的个人"名片"，也是传递信息的第一种态势语言。人的仪表主要包括身材、容貌、服饰等方面。其中既有先天条件，也有后天条件；既有内在美，也有外在美。两者相辅相成、不可分割。用"腹有诗书气自华"名言最好理解两者关系。

人的仪表给人的是第一印象，非常重要。仪表出众的人，往往未曾开口就能赢得周围人对其的好感，从而创造了良好的交际环境，奠定了成功的基础。

倘若是演讲，在这个公开的场合里，演讲者衣着得体、协调大方，必能获得意想不到的表达效果。

（二）头部动作

头部动作是态势语言中一个不可缺少的组成部分。除了上面讲的点头、摇头外，头部左右摇摆往往表示否认、不满意、拒绝或者强调，头部向前表示同情、期望、倾听等，头部向后表示惊吓退让等，头部端正表示自豪、威严、自信、喜悦等，头部向上表示希望、祝愿、祈祷等，头部向下表示害羞、谦逊自责、思考等。

（三）面部表情

"面部表情是多少世纪培养成功的语言，是比嘴里讲的更复杂千百倍的语言。"罗曼•罗兰一语中的，极其深刻地说明面部表情感染力之大的程度。可以设想得到，如果讲话者鲜明准确地将内心情感体现在脸上，再加上有声有色的语言以及恰当的肢体态势密切配合，必然会产生极大的感染力，收到表情达意的极佳效果。面部表情是凭借眉、眼、嘴及面部肌肉的瞬间变化体现的，内容极其丰富。既能表现肯定、否定、积极、消极，又能表现强烈与轻微、接纳或拒绝等情感。由于它可控、易变、效果明显，表达对人的兴趣，显示对事物的理解，表明自己的叙述、判断、推理、抒情等，都能在瞬间应对自如、恰如其分。所以，面部表情是人们运用较多的态势语言形式之一。

生理学家研究表明，人的面部肌肉组织是由 24 对肌筋交错构成的，其中有 6 对通过舒展来表示愉快的感情，有 18 对用来表示不愉快的感情。其所有肌筋产生的感情表现，皆不受国界、地区、人种的限制，是对任何社会的人都通行的交际手段。一般地说，表现愉悦的关键部位是嘴、颊、眉、额，表现厌恶的是鼻、颊、嘴，表现哀伤的是眉、额、眼睛及眼睑，表现恐惧的是眼睛及眼睑。

在所有面部表情中，眼睛是重中之重。眼睛是"心灵的窗户"，这说明它最能坦露人的内心世界。"存乎人者莫良于眸子。"——孟子所言极是。心理学家苏赞也说："眼睛能够暴露一个人心中最大的秘密。"在现实生活交际中，凡是有经验的领导者，总是注意恰如其分地巧妙运用眼神与有声语言相协调，来表达千变万化的思想感情，调节交际现场气氛。

面部表情中又必须提到的方面就是微笑。微笑是所有交际语言中最有感染力的，是人际交往的高招儿。微笑可以缩短人与人的距离，一个微笑可以使原本素不相识的人很快成为朋友。但运用微笑应注意以下几点：笑得要真诚，笑得要自然，笑要分场合，微笑的对象要合适，微笑的程度要适当，否则，传达出的意味、意义、作用等就可能适得其反。

总之，面部表情的作用之大，是容易理解的，也极其重要。雨果说过，"脸上的神气是心灵的反映"。人的面部表情极其丰富，它能准确传达各种不同的心态和情感，所以讲话者恰当使用自己的面部表情，能更有效地传达丰富的内心情感。

思考与练习

1. 何谓态势语言？它在传递信息中起着怎样的作用？
2. 态势语言的组成主要表现在哪些方面？
3. 说说面部表情的具体内容，为什么说眼睛是面部表情的"重中之重"？

第六节　态势语言的作用（下）

一、手势

有人称"手势是人们传递信息的第二语言"。当众讲话时的手势不仅能够强调和解释语言所传达的信息，往往还能使讲话的内容更丰富、形象、生动，让听众可听、可看、可语。能否恰当地使用手势语言，将直接或间接地对讲话效果产生不同程度的影响。

但要说明的是，口语表达中的手势不同于舞台表演中的手势，前者只能适可而止，后者动作的手势要比前者幅度要大得多，具有明显的夸张成分、色彩。日常生活中的表述的语言又要比演讲时的幅度小，要表现得优雅、灵活、适度、自然、得体。

手势动作多种多样，具体大致可分为以下几种。

（一）手掌的手势

仰手式，即指尖向上拇指张开。其余手指微曲。手部抬高表示欢欣褒扬、申请祈求；手部放平表示诚恳地征求听众的意见以取得支持；若手部降低则表示无可奈何之态。

覆手式，即掌心向下，手指状态同上，这是审慎的提醒手势，演说者有必要抑制听众的情绪，进而达到控制局面的目的，也可表示否认、反对等。

切手式，即手掌挺直全部展开，手指并拢，像一把斧子飕飕地劈下，表示坚决、果断、快刀斩乱麻一样等。

推手式，即指尖向上、并拢，掌心向外推出。这种手势常表示排除众议，一往无前的态势，显示出内心的坚决和力量。

剪手式，即切手式的一种变异。掌心向下，然后同时向左右分开。这种手势常表示强烈的拒绝，毋庸置疑，演说者也可以用这种手势排除自己话题中涉及的枝节。

（二）拳头的手势

举拳式，即举起双拳在空中晃动。表示号召人们起来斗争、奋发的意义。

握拳式，即五指收拢、紧握拳头。这种手势有时表示示威、报复；有时表示激动的情绪、坚决的态度、必定实现的愿望。

（三）手指的手势

啄手式，即手指并拢，呈簸箕形，指尖向着听众。这种手势具有强烈的针对性、指示性，有时也容易形成挑衅性、威胁性，一般是对相识的听众或与演说者有某种关联时才使用。

包手式，即五指相触，指尖向上，就像一个收紧了的钱包。这种手势一般是强调主题或重要观点，在遇到具有探讨性的问题时使用。

伸指式，即指头向上。单伸食指表示专门指某人、某事、某意，或引起听众注意；单伸拇指表示自豪获称赞；数指并伸表示数量、对比等。

另外，握手也是人们日常生活中最常见、运用最广泛的手势语言之一。两手一触，所有的思想情感便渗透其中，如表示友情、诚意、祝愿、谅解、合作、期待、鼓励、欢迎、告别、热情、充满信心、达成协议、消除误会等，尽揽其中。

手势在讲话过程中是内在情感的自然流露，而不应是生硬的做作。否则，不仅达不到表情达意的正确效果，反而会画蛇添足。

手势在运用上需要注意以下几点：首先，手势要简单明确以防产生误解；其次，手势要适宜，与演讲内容搭配协调；最后，手势要富于变换，不要反复单调、乏味。

二、体态

体态是态势语言中另一个重要的组成部分，对一个人整体形象的塑造有着很重要的作用，可以说与人的相貌起着同等重要的作用。两者不同的是一个是天生的，一个是后天通过训练可以达到理想的效果状态。

体态主要靠腿部来表现，它虽属身体的下端，但它往往最先表露潜意识。不论坐着还是站着，腿部常常呈现出三种姿势：两腿分开、两腿并拢、两腿交叉。两腿分开是一种开放型的姿势，显出稳健、自信，并有接受对方的倾向；两腿并拢则显示过于正经、严肃和拘谨，如立正、正襟危坐，虽然慎重，却令人紧张、压抑，自己也不舒服；两腿交叉是一种防御的姿势，往往显得害羞、忸怩、胆怯，或者随便散漫、不热情、不融洽，如跷二郎腿，在公共场合不适宜，尤其是女性。

下面再具体分析坐姿、站姿、走姿的具体要求。

（一）坐姿语

坐姿语是通过各种坐的姿势来传递信息语言，包括就座和落座的姿势。入座轻缓，走到座位前转身，不急不忙地坐下，挪动就座工具要轻手轻脚不发出声音。坐姿的手腿要自然下垂，不做多余动作，两脚平掌着地。男子两膝间的距离以松开一两拳为宜，女子最好不留间隙。非正式场合，允许坐定后双腿叠放或斜放。无论哪种坐姿都要自然放松、面带

笑容，礼貌地与左右邻位打招呼。坐定后，不要仰头欠身、前俯后仰或歪向一边，更不要把两腿伸出去或不断抖动，双手不要做多余动作。因为这些都是缺乏教养和傲慢的表现。女子要比男子更为优雅端庄稳重。

（二）站姿语

站姿语是通过各种站的姿势来传递信息语言。一般地说，在人多的场合宜站着说话，既出于礼貌，也表示对听众或对方的尊重；既便于展示体态语言，又能充分显示演讲者的气质、风度和力量。我国当代著名演讲家曲啸说："要想从语言、气质、风度、神态、感情、意志、气魄等方面充分地表现演讲者的特点，也只有在站立的情况下才有可能。"

站立是人们生活、工作以及交往中最基本的举止之一。正确的站姿是端正稳重、自然、亲切。上身正直，头正目平，微收下颌，肩平胸挺，腰直腹收，两臂自然下垂，两腿并拢相靠直立，脚尖呈"V"字形。

（三）走姿语

走姿语是通过行走的步态传递信息的语言。与站姿语、坐姿语所不同的是，走姿语是动态的。有过舞台表演实践经验的人，无不把台步看得非常重要，演讲者当然也不例外。演员练基本功，首先都是从台步开始的。日常交际中，人的走姿语可分以下几种类型。

1. 稳健自得型

稳健自得型走姿即行走的时候，步履稳健、昂首挺胸、仰视阔步、步幅较大、步伐轻缓。这种走姿表达的是轻松愉快、悠然自得、充满自豪感。

2. 轻松自然型

轻松自然型走姿即行走时轻松自然、步幅适中、步速不慌亦不忙；上身直立，两眼平视，两手自然摆动；倘若手臂摆动幅度过大，会显得呆板，过小又显得猥琐。这种走姿所表达出来的含义是"轻松自如、平静如流"。

3. 庄重礼仪型

庄重礼仪型走姿即行走时抬头挺胸，收腹轻捷，两眼平视，步幅步速适中，双膝微弯，步伐与手的摆动有较强烈的节奏感。"庄重、热情、自信、有礼"是这种走姿所要表达的主要旨意。

总之，有声语言作用于人的听觉器官，态势语言则作用于人的视觉器官，当两种信息同时产生而又规律地有机配合，将信息恰如其分地传递给听者或听众，必然会增强讲话内容的感染力、说服力；与此同时，听众在潜移默化中不仅会受到教育，还会有艺术享受的乐趣，从而收到事半功倍的效果。

如此推论，人们在工作生活中若能恰当地运用有声语言、态势语言，在一颦一笑、一招一式、一举手一投足之间，都能将自己的学识、风度、气质、涵养、品位，乃至于情操、德行淋漓尽致地展露无遗。

思考与练习

1. 为什么说"手势是人们传递信息的第二语言"？它在传递信息中起着怎样的作用？
2. 手势动作多种多样，具体可分为哪些方面？
3. 手势在运用上需要注意哪几点？
4. 体态是怎样的态势语言？主要有哪几种？
5. 有声语言与态势语言的恰当配合会起到多大的作用？

第三章　交谈的实际应用

交谈是一门艺术，它与所有的技巧手段一样，是通过反复实践和不断总结经验而得到提高的。在人际交往中，为了特定目的的相互交谈是必不可少、十分重要的。恭敬有礼的话语暖人心，刻薄冷淡的恶语必伤人。国人对说话的境界认识归纳起来有三种。一是"妄言"，如禅宗所谓的"开口便错"，所以言说，到头来全是废话，不如无语。二是"慎言、寡言、讷于言"。慎言是小心说话，少说话少出错，寡言和讷于言多半是性格生成的，说话少的寡言表现的是一种深沉安静的性格或品德；讷于言是说不出话，是一种浑厚诚实性格品德的表露。三是修辞或辞令。说话有"术"，"能说会道"确是一种本领。古语有"一语千金"之说，也有"妙语退敌兵"之事。在日常生活中，注意语言的学习与积累，针对不同的场合与对象，选用最得体、最恰当的语言来表情达意，力争获得最佳的表达效果。

试举例释义，加深理解。

含沙射影式的交谈艺术。姑苏才子唐伯虎，他很看不起住在他家对门的那户人家。因为那户人家并不是世代书香，而是在半途上发迹的。那户人家家里有一位老母亲和五个儿子。

有一天，这五个儿子为母亲祝嘏。亲朋毕集，热闹非凡。只因不是书香人家，在这祝寿之中，少有文墨的点缀，未免是美中不足。这时候大家想起对门的唐伯虎是一位才子，如果能够有他在这里书赠一些什么，一定可以增光不少。正在这样想的时候，唐伯虎居然备了一些薄礼前来庆寿了。那户人家的主人自然十分高兴，就连许多亲友也十分高兴。

在席间，大家请唐伯虎题诗。唐伯虎毫不推却，立刻拿起笔来，第一句写的是"对门老妪不是人"，第二句尚未写下，主人亲朋，个个都对他怒目而视了。因为今天祝嘏，大家应该十分快乐，说着吉利话才对，现在请他题诗，他竟骂起人来，这怎么会不惹人愤怒呢？因为唐伯虎是有名的吴门才子，所以大家只是怒目而视，不以非礼举动对他，准备看他第二句怎样骂法，再来发作。但是，唐伯虎一看周围的环境，知道骂人骂下去一定没有好结果，不能不使大家的情绪缓和一下，所以第二句接下写道"西方王母转凡身"。这样一写，主人亲朋，个个面现笑容，觉得他真不愧是才子，把第一句骂人的话也变成了不是骂人的话。可是唐伯虎是善于作弄人家的，他感觉到周围的人都在啧啧称赞，所以第三句的诗题

为"生养五子俱做贼"，这可不对了，又使大家的情绪紧张起来了。因为大家觉得他先前骂人家的母亲，现在再骂到人家的儿子，把一家人都骂到了，这一腔的怒火势必要爆发出来了。但是，大家还是暂时地忍耐着，看他末一句究竟怎样题。唐伯虎感觉到大家的怒火立刻就要爆发了，因此第四句题为"偷得蟠桃奉母亲"。这一来，又把大家的情绪缓和了下来，大家都觉得他真是一位才子，用一种像骂人的口吻写出了一首极好的祝嘏诗。

在上面的一段故事中，唐伯虎并不真是真心来给他所看不起的老妪祝寿的，要骂一下那位寿婆倒是他的真心。可是，他看了周围的环境，知道骂了人不会有好处，所以虽然脱口骂了出来，还是立刻改变了口吻，使已经骂出的话也成为不是骂人的话，因为他是才子，所以能够有这样灵敏的手腕。

第一节　交谈及其适应

一、交谈概述

（一）交谈的概念

交谈是由两个或两个以上的人围绕一个或几个共同感兴趣的话题交替发言、相互承接、双向反馈、交流看法，以达到沟通思想或愉悦神情为目的的口语表达活动。交谈的范围十分广泛，包括日常聊天、谈心、讨论、对话、推销、规劝等。

人类是群居社会的动物，相互依靠并赖以生存，人与人之间产生着复杂的人际关系，在当今现代社会中，成为人们广为关注的人缘，俗称"人脉"，其间的沟通主渠道就是语言。有钱比不过"有人"，事业从"人脉"开始，人缘变财源；在人脉网中提升直至打造黄金人脉组合等。所有这些，都要通过语言沟通渠道，都意味着人际沟通中的交谈绝不等于无谓的闲聊。

（二）交谈的特点

1. 随机性

话题、程序、人员都不确定。彼此交谈用词面广、语汇丰富。交谈是随意性很强的反应性言语活动，它具有临时性、突发性、不可预测性。会话的双方由于临时性受到对方发言的制约，在表达和理解方面都对心智提出了较高要求。所以，交谈也是锻炼口才应对的初级阶段。

2. 互动性

双向交流，需要理解、反馈。即使是人的尊重价值也只有在人的互动之中才能实现，而不可能自己独立表现。参与者要注意别人的讲话并及时回应，在听取他方的前言后语之后，随其言辞所涉而谈，即所谓话赶话。如此顺承而下，即对讨论的话题内容不断补充，逐渐深化其思想。

3. 简缩性

采用日常口语，句子短小、简洁，浅显易懂；辅以神态、语境，使口语精炼、传神。有的事情不言而喻，有的意思心照不宣；再加上眉飞色舞的表情，举手投足的动作，都以非语言的形式补充替代着双方会话中省略了的语言成分。

（三）交谈的类型

因工作业务需要而正式组织的专场交谈有以下几种类型。

1. 交互情形

（1）并列式。双边或多边的交谈情形，有明确的相互交流倾向。交谈方平等，都要表述自己的思想情感，如讨论、座谈、洽谈。

（2）主辅式。交谈双方由于目的不同，各自的地位和作用存在差异。其中一方为主要发言人，他方充当受话人，如记者采访、医生问诊、调查询问。

2. 主动情形

交谈一方出于特定目的，游说对方，如谈心、做思想工作、自荐、劝导安慰等。

3. 论辩情形

交谈双方对待特定话题各抒己见，通过辩论来探求真理、分清是非，如学术讨论、法庭辩论等。

二、交谈的适应

（一）聆听

在交谈中，首先要学会聆听别人的谈话，要认真表现出对对方谈话的兴趣。这是起码的礼貌行为，也是交谈取得成功的基础。专心倾听，不仅要用耳，而且要用全身心，不仅要吸收声音，更要理解意义。听者如果对谈话内容漫不经心，采取消极被动的态度，左耳进右耳出，就很难和对方进行沟通，更无法取得较好的谈话效果。

聆听必须有所反应，可通过点头、微笑、手势、体态、语言等做出积极反应，鼓励对方完整地说出要表达的意思。美国有一位外交家曾评价周恩来的交际风格："凡是亲身会见过他的人几乎都不会忘记他，他身上焕发着一种吸引人的力量。长得英俊固然是一部分原因，但是使人获得第一印象的是他的眼睛……你会感到他全神贯注于你，他会记住你和你说的话。这是一种使人一见之下顿感亲切的罕有天赋。"

其实这也说不上天赋，倒是一种洞察他人内心世界的良好态势。俗话说得好："出门管天色，进门看脸色。"如果客人进门后见主人顾左右而言他，心不在客人身上，这时客人就应警觉，明智的处理应是："你一定很忙，我就不打扰了，以后再联系吧！"

（二）平等沟通

成功的交谈需要情感的交流，心灵的融汇。良好的说话态度是交谈获得成功的重要条

件。交谈的各方无论身份尊卑、职务高低都有同等的发言权利，包括人格上的平等和机会上的平等。不仅要当一个发言者，也要耐心倾听别人，让人感到被尊重接纳。如果别人有话要说，应该礼让。

1. 互相尊重

人们都有这样的体会：对一个尊重自己的人，心里会由衷地感到亲近，并情不自禁地以同样的态度给予回报。甚至本来彼此观点差距很大，但在对方的感召下，反而使矛盾淡化，问题变得容易解决，观点也容易接受了。这正是尊重的征服作用。

人总是爱面子的，而爱面子的实质就是关心和爱护自我形象。因此，人一般在出门前要对着镜子正衣冠、观容貌，其作用就是对别人的尊重，怕被嫌弃。可是有的人对日常谈话不认真对待，马虎草率，这是很不聪明的，说到底，是不关心爱护自我形象的表现。

2. 心灵的沟通

与人的日常交谈贵在推心置腹。只要捧出一颗火热滚烫的真心，怎能不使人感动呢？真源于诚，精诚所至，金石为开。俗话说，"感人心者，莫先乎情"，感情的共鸣是沟通成功的钥匙。

（三）适宜的话题

所谓"万事开头难"，好的话题是交谈成功的基础。正式话题，是由寒暄问候语引出的，虽然并不正面表达特定的意义，但它在沟通中是必不可少的。因为寒暄能使本来不相识的人相互认识，使沉默的气氛变得活跃。话题总是多种多样的，人们完全可以结合所处的环境、场所，谈话对象的职业、兴趣，各人的知识、水平，就地取材、引出话题，由浅入深。

思考与练习

1. 为什么说交谈是一门艺术？
2. 交谈的特点有哪些方面？
3. 交谈的类型有哪几点？
4. 何谓平等沟通？主要有哪几种？

第二节　交谈的控制

话总是说给别人听的。话说得好不好，说话人是否有口才，不仅要看话语是否恰到好处地表达了自己的思想感情，尤其要看别人能否理解、乐于接受。如果说的话别人听不懂，或根本不想听，那还有什么意义呢？在实际交谈中还得注意交谈对象、场合、制约和影响交谈的因素，从而掌控交谈的趋向，使其向有利于沟通和现实交谈目的方向发展。

一、话因人异

"见什么人说什么话"。不要从贬义上去理解，还是有它对的方面的，这叫"话因人异"。

任何交谈，都离不开特定的对象。要使交谈达到既定的目的，必须知己知彼、有的放矢，根据交谈对象的实际情况，如年龄、性别、身份、职业、文化教养、性格以及心理因素等，有针对性地确定交谈的内容和方式，做到因人施语、有的放矢。话因人异要注意以下几个方面。

（一）考虑对方的文化教养情况

话因人异，首先要区别谈话对象的文化水平。例如，与农村老太太谈话，说"配偶"不如说"老伴"合适。从事不同职业、具有不同专长的人他们头脑里所具有的信息类型和兴奋点是不一样的。如果谈话人对其一窍不通，便信口开河，他们听了味同嚼蜡或无言以对，交流怎么能继续下去呢？倘若能抓住对方的职业特点和专长来诱发话题，就能较容易触动对方心灵的"热点"，进而产生共鸣。

（二）考虑对方的情感心境

一个人在特定情境中，有特定的心境，与之交谈时，要把握好对方的思想状况和情感需要，这是至关重要的。所谓"一把钥匙开一把锁"，当年"西安事变"时，张、杨部下情绪激动、愤怒异常，极力要杀掉蒋介石。可周恩来面对此情此景劈头反问了一句："杀他还不容易，一句话就行了！"尖锐泼辣的言语一出，既稳定了紧张的局面，又引发了众军官对"杀与否"的深思。在人们头脑尚未形成决断的情况下，周恩来又进一步循循善诱地加以点拨："杀了他以后又怎么办呢？局势会怎样呢？日本人会怎样呢？国家和民族的前途会怎样呢？各位想过么？"周恩来的五个"怎样"发问步步紧逼，将人们应该思考而尚未思考的问题引向深入。紧接着的一段话才彻底解开了人们的"心结"："这次抓了蒋介石不同于十月革命逮住了克伦斯基，不同于滑铁卢擒获了拿破仑。前者是革命胜利的结果，后者是拿破仑军事失败的悲剧。现在虽然捉了蒋介石，可并没有消灭他的实力，在全国人民抗日高潮的推动下，加上英美也希望和平解决西安事变，所以迫蒋抗日不是不可能的。我们要爱国，就要从国家民族的利益考虑，不计较个人的私仇。"如此深谋远虑的一番慷慨陈词，终于解开了众军官的思想"疙瘩"。

（三）考虑对方的性别、年龄和个性特征

不同年龄的交谈对象，由于思想文化基础和心理性格特征差异较大，往往有不同的喜好。少年儿童求知欲强、猎奇心重，喜好故事性、趣味性、知识性的交谈；年轻人往往对前途理想、婚姻恋爱、科学文化、娱乐、旅游类的话题津津乐道；中年人多热衷于专业学术、社会新闻、家庭管理以及人际关系的交流；老年人则对退休生活、健康长寿、文物古迹、诗词书画感兴趣。

在交谈的形式上也要投其所好：对少年儿童应多运用平易性、幽默性、启发性的语言；对中青年应多运用具有科学性、哲理性的语言；对老年人则应多运用带有含蓄性、委婉性的语言。

传说朱元璋做了皇帝，从前相交的一班"苦朋友"，有的依旧过着穷日子。一日，一"苦友"求见后，追忆往事做了一番陈述："我主万岁！当年微臣随驾扫荡庐州府，打破罐州城，汤元帅在逃，拿住三将军，红孩儿当关，多亏菜将军。"朱元璋赞他说得好听，心里高兴，

回想起来也隐约记得他的话里像是暗指了一些从前的事情，所以就立刻封了他做御林军总管。这个"苦友"凭嘴乖心巧竟做起大官来了。另一位"苦友"闻信后也想步其后尘，在拜见皇帝时，他竟说起当年在芦苇荡里偷人家的豆子煮着吃的事，并说在争抢之中打破了瓦罐，还说朱元璋只顾抢撒在地上的豆子吃，不小心连草与豆子一起吃而卡在喉咙里，幸亏他帮助才避免了危险。朱元璋听后大怒，叫人把他推出去"斩首"。

同是叙旧，效果却截然相反，从而说明感情的表达必须看清对象，顾及场合，把握特定场合交际双方的特定关系。否则，其后果就如同这第二个"苦友"的下场。"伴君如伴虎"的说法是必当记取的。

二、话随境迁

俗话说，到什么山头唱什么歌。说话的场合十分重要，朱元璋的两个"苦友"之例就说明了这一问题。说话既要顾及场合，还要顾及语境。

（一）说话要顾及场合

1. 公开场合

对演说者来讲，在公开场合讲话所表达的内容首先要正确先进、积极向上，给社会注入新的理念，以促进社会的发展与进步。其次，要讲究表达方式，卡耐基的观点是，演讲要充满生命力、活力、热情，使听众的情绪完全受演讲者左右。

2. 正式场合

正式场合是为特定目的而设置的、有一定条件和规范的场合，如商贸洽谈、开业庆典、毕业典礼、外事谈判、教室上课、表彰大会等。处于此类场合，无论发表还是接受意见，都不能随心所欲、马虎从事，必须遵从该场合的规定，按特定的目标规范双方行为。其制约因素是很明显的。

3. 私下场合

私下场合是交际双方单独相处的环境，双方都可以敞开思想发送或接受。场面轻松自如、限制性小。这种场合无第三者见证，往往诉说"天知地知，你知我知"的私密话。

非正式场合是一般事前没有特别的规定，也无条件限制的自由场合。可在纳凉的树荫下、购物商场、散步河畔闲聊茶馆等。可谈社会新闻、亲朋姑舅，也可谈天说地、家长里短；但也不是没有丝毫顾忌，如不传流言蜚语、小道消息等。

（二）说话要顾及语境

语境包含两个方面。一方面（也是主要方面）是指环境（社会环境与自然环境），也就是人们常说的"地点"；另一方面是指交谈双方上下文的"语境"，所产生的相互影响。

交谈不要小看"地点"问题，国家级的外事谈判，选择地点是一个敏感的问题，往往在双方领土上轮流进行（或选择合适的第三国内）；CBA 级的球类比赛要在两省市的首府轮流开展才显得公平、公开。为什么这样？大家都有这样的体会，在别人家里，总有一种

客人心态，说话总有些拘谨；在自己家里接待朋友，就无拘无束了。"地点"虽然不属于语言因素，但它能增强或削弱表达效果。

有利的社会环境可以增强表达效果。"地点"本属于自然环境，但它一旦成为附属于某种社会力量所能产生一种影响范围时，它就成了社会环境。例如，领导要与下属谈话，往往都是叫下属到他（她）办公室来；下属的到来在心里总会产生一种上下级关系，"服从"的心态自然萌生。本来是对等的谈话，因为地点的特殊环境的参与，主方便有了"居高临下"的势头。

三、创造环境

人们的言语交际活动需要在一定的环境下进行，但环境对人们的言语交际并不是起着绝对支配作用的。人们不会完全听命于环境的摆布，可以充分发挥人的主观能动性，根据不同需要，选择和利用合适的环境。

根据不同需要，首先服从交际主旨。在明确主旨的指向下，交谈者选择环境，让其合理地成为话题的引线，使自己的发送顺理成章、符合时宜，又易被对方接受。其次是考虑交谈对方的心态。主动创造环境，其目的是让对方容易接受自己的意见。最后，可以借助眼前的景物，提升说话效果。有时话语交谈中产生困境、出现僵局，可灵活地借助眼前的某种事物岔开加以解脱，化被动为主动。

从前某国的总理新上任发表演说。进行中突然腹痛难忍、大汗淋漓，演说被迫中断。当经过医生急救、转危为安后，总理回到会场，镇定自若地说："我们的国家就像我的身体一样，刚刚经历了一场深刻的危机，但现在好了，危机已经过去，希望就在前头。"语音一落，全场为之欢呼，人们的情绪一下子变得热烈而激动。借助环境中的各种现象，或根据随时出现的情况，加以联想，乘势发挥，会使你的讲话主题更突出、论述更有力，甚至产生意外的惊喜。

思考与练习

1. 说话为什么要因人而异？
2. 话因人异，要考虑哪三方面？
3. 说话为什么要顾及场合？试举例说明。
4. 人们在言语交际活动中，如何创造与运用环境？

第三节　交谈需要幽默

汉语中最早出现"幽默"一词，据考证是在《楚辞·九章·怀沙》中有"孔静幽默"的说法，是寂静无声的意思，与现在所说的"幽默"并无相同之处。"幽默"是英语 Homour 的音译，本义为"潮湿"。直到17世纪才产生了近代美学意义上的"幽默"概念，意为"行为、谈吐、文章中以使人逗乐、发笑或消遣的特点，欣赏和表达这些特点的能力"。

在掌握交谈基本功的基础上，还要考虑交谈的内容、目的、背景对象等情况的千变万

化，并根据交谈运用口语的规律，掌握多种策略，才能使交谈获得满意的成功。

一、适时运用幽默的效果

有些幽默可以使人心情愉悦，为生活添彩。

例如，有一个懒汉，什么事都不肯干，他求人给他介绍一个最轻松的工作。后来有人请他去看坟地，说没有比这更轻松的工作了。懒汉去了两天就回来了，他愤愤不平地说："这工作一点都不轻松！""为什么？""别人都躺着，只有我一个站着。"

辩论故事《王元泽分辨獐与鹿》中介绍，王元泽才几岁大的时候，有一个宾客把一头獐子和一头鹿关到同一个笼子里，然后问王元泽："哪个是獐子，哪个是鹿？"王元泽确实不认识这两种动物，过了好一会儿回答说："獐子旁边的那个是鹿，鹿旁边的那个是獐子。"宾客觉得他的回答实在奇妙。

从下面几点能更深入地理解幽默。

二、幽默的内涵

幽默就是用有趣、逗笑而意味深长的言语制造特殊的表达效果。莎士比亚、老舍、高尔基分别认为，"幽默和风趣是智慧的闪现""幽默者的心是热的""幽默是生活中的盐"。契诃夫说："不懂得幽默的人是没有希望的。"幽默的重要性不言而喻。

（一）幽默的基本特征

（1）构成幽默的核心是表象的"乖讹"、矛盾、违反常规常理，明显给人以不可思议的感觉。

（2）在"乖讹"的表象下蕴含并暗示着深刻的道理，耐人寻味。

（3）这种行为或表达方式所获得的直接效果，是引人发笑，即引发听者的联想与会意，在顿悟后发出会心一笑。

（二）幽默的作用

（1）幽默不仅能吸引听众，还大大缩短了说者与听者之间的距离。据心理学研究，笑能刺激肺机能活动，改善呼吸，促进血液循环，提高精神活力，因此就自然能吸引听者的注意力。

（2）幽默可以消除对抗心理。在批评性的谈话中，说者与听者在心理上有时处于对抗或不相容地位，如能巧妙地运用幽默语言，则可使对抗或不相容性消除，甚至变不相容为相容。

（3）以理服人。深刻的道理固然能在庄重严肃的论证过程中阐述，然而一番话语若始终是枯燥无味的，肯定不及生动形象的暗示耐人寻味。

三、幽默的意义

幽默并不是单纯为了制造笑料，而是一种领悟和灵性。理解幽默和培养幽默感，要有对生活的悟性。这就需要对生活的爱、对生活的观察、对生活的认识。因此，幽默是睿智的体现，是思想、学识、智慧、灵感在语言中运用的结果，能引起人感情的愉悦。在人际交往中，有幽默的气质可以形成博学、睿智、高雅的风度，能给人们良好的印象。

幽默作为成熟人格的标志，也是现代人必备的素质。在现代职场高度紧张的环境中打拼，时不时地"幽他一默"，则是减缓竞争压力、消除紧张气氛的最佳"空气清新剂"。

幽默又是一种润滑剂，它可以使人际关系变得宽松、和谐，富有情趣，让人们在一种轻松愉快的气氛中完成社交任务。假如你的幽默感很强，那么，你的言谈举止就能够吸引别人，以致从心理上控制他，而幽默还可以通过诙谐的语言巧妙地缓解尴尬或冲突的局面，使双方摆脱窘困，也为自己的交际铺平了道路。当然，应当注意的是，幽默要适度、得体，太过分就会给人以油嘴滑舌的感觉，使人反感，抑或弄巧成拙。幽默的人应具有豁达的胸怀，广博的学识，机敏的应变能力和良好的修养。只有做这些，才能运用自如。幽默不仅使人乐于接受，也使自己身心愉悦，获益匪浅。

与别人初次见面，幽默的谈话会赢得对方的好感。当双方发生矛盾冲突时，幽默的谈话会冰释前嫌。具有幽默感的批评性谈话，使人乐意接受。在工作劳累的时候，来点幽默的笑话，使人得到积极的休息。所以说，幽默是社交中不可缺少的润滑剂。

举例释义：抗日战争胜利后，著名国画大师张大千要从上海返回四川老家。行前，他的学生糜耕云设宴为大师饯行。这次宴会邀请了梅兰芳等社会名流出席。宴会伊始，张大千先生向梅兰芳敬酒时说："梅先生，你是君子，我是小人，我先敬你一杯。"梅兰芳不解其意，忙含笑问："此作何解？"大千先生笑着答道："你是君子——动口，我是小人——动手。"张大千先生的幽默引得宾客为之大笑。

幽默可以松弛紧张的情绪，现实生活中常常不乏令人碰得头破血流仍然得不到解决的问题，但是，如果来点幽默，往往会迎刃而解，使矛盾化干戈为玉帛。

四、幽默的运用方式

（一）比拟的幽默

抓住事物与人的某些相似点，将事物无意识的活动变成有意识的自觉行为或把人当作动物来写，通过联想和想象而产生特殊的意味就是比拟。

朋友听说马克·吐温要到某一小城，便告诉他说那里的蚊子特别多。马克·吐温到达后正办理入住登记时，一只蚊子便来光顾了。在服务员尴尬地驱赶蚊子时，马克·吐温开了腔："贵地蚊子比传说中的不知聪明多少倍，它竟会预先来看好我房间的号码，以便夜晚光顾饱餐一顿！"店主听后，便动员多位服务人员到他房间驱赶蚊子，以防人们喜爱的作家被"聪明"的蚊子叮咬。结果，马克·吐温一夜睡得十分香甜。

（二）夸张的幽默

夸张是根据表达需要，对客观事物的某些方面或特征加以夸饰铺张，言过其实地进行夸大或缩小，引起听众联想的修辞方法。

举一例可见一斑：1962年，我们把在中国的领空飞行的美国高空侦察机打落。记者向当任的陈毅外交部长发问，我们是用什么武器把美国飞机打落的？这牵涉到国家机密，当

然不能如实回答，但又不能不答。陈毅部长灵机一动来了个极度夸张的回答："噢，我们是用竹竿把它捅下来的！"夸张的幽默一般常采取大词小用或小词大用的方法，并根据语境条件进行夸饰铺张，产生诙谐幽默的效果。

（三）回逆的幽默

回逆好比顺水推舟，以其人之道，还治其人之身。就是依照交际对方在表达中所用言辞的结构、内容、情景、语气等，组织相应的言辞返还给对方。这种技巧一般只用于双向的言辞交流。举例释义：丹麦童话作家安徒生从不讲究穿戴，一日头戴破旧帽子出门。一位绅士嘲笑道："你脑袋上那玩意儿是个什么东西？能算是一顶帽子么？"安徒生立即接过话茬说："你帽子下面那玩意儿是个什么东西？能算是一个脑袋么？"安徒生将对方的话一经转口，既赋予了新意，又产生了揶揄、嘲讽等效果。

（四）语义别解的幽默

把本来不相干的事物巧妙引入上句话叙述的内容中，或者借题发挥，引申出新的认识与体验，造成幽默情趣。举例释义：在抗美援朝后的一个外交场合，一位美国记者不怀好意地对周恩来总理使用的"派克"笔发问："请问总理阁下，你们堂堂中国人，为什么还使用我们美国生产的钢笔呢？"总理听了，笑一笑回答："提起这支笔，还说来话长。这可不是支普通的笔，是一位朝鲜朋友抗美的战利品，作为礼物送给我的。我觉得有意义，就收下了这支贵国生产的钢笔。"

还有一次，同样是一位不怀好意的美国记者挑衅式地向周总理发问："总理阁下，你们中国人为什么把人走的路叫马路呢？"周总理自豪地回答："我们中国走的是马克思主义道路，简称为马路。"两位美国记者在周总理面前，弄巧成拙，都是哑口无言、一副窘态。从而彰显了语义别解的巨大威力。

（五）旁敲侧击的幽默

旁敲侧击其实就是暗示法，含蓄反讽、耐人寻味。举例释义：一天深夜，一小偷摸进了法国作家巴尔扎克的房间，翻动抽屉的声音惊醒了巴尔扎克，于是巴尔扎克说了如下一段话："别翻了，亲爱的。我白天都没能在里面找到一点钱，现在这么黑，你怎么能找得着呢？"清贫的大作家暗示小偷偷错了对象，调侃意味很浓。

有位先生向一位日本学者求教怎样才能成为富翁，学者对记者说："你抬起一条腿来小便看看。"先生不解其意，学者进一步解释："对，就是像狗那样子。如果规规矩矩做人，是没法子成为'富翁'的。"

（六）一语双关的幽默

一语双关就是说话时，故意将某些词语在特定的环境中带上双重意义。例如，美国第38任总统福特在一次回答记者的问题时说："我是一辆福特，不是林肯。"众所周知，"林肯"是美国的一位伟大的总统，又是最高级的名牌轿车。此言既表示了自己的谦虚，又标榜了自己是一位大众喜欢的总统，一语双关。

又如，在课堂上，老师问："亨利，你们在班上用得最多的三个字是什么？"亨利的回

答是"不知道"。老师夸赞亨利："回答得完全正确！"这便是一则很值得回味、很逗笑的幽默小品。

思考与练习

1. 幽默的含义是什么？
2. 幽默的基本特征如何？
3. 如何运用幽默？
4. 幽默的运用多种多样，主要有哪六个方面？

第四节　交谈的说服、赞美与委婉

人们在工作生活中，总是离不开与人进行交谈。无论是赞美与安慰、说服与拒绝、批评与道歉，还是祝寿与拜谒，都需要用到人际交往中常见的交谈形式，它们之间既有相对性，又有联系性。

一、说服与拒绝

（一）说服的含义及注意事项

说服就是让人们放弃自己原有的观点而去接受新的观点。每个人都有自己的影响力，没有影响力的人是不存在的。谁都想努力增强自己的影响力，说服就是其中的方法之一。

要说服他人，需要注意以下几个方面。

（1）要动情明理。

"动之以情，晓之以理"是说服交谈的要领。在交谈的过程中，必须做到观点正确、条理清楚、陈述具体，要综合运用各种说服的方法。

（2）要知己知彼。

"可信度"是让人接受新观点的决定因素。提高"可信度"的方法是多种多样的。首先要从自身着手，做到衣饰恰当、举止大方、谈吐自然、眼神专注、表情沉稳；其次还要明白，不同的人接受他人观点的方式和敏感度都是不同的。只有知己知彼，才可"一把钥匙开一把锁"，收到理想的最佳效果。

有一位中学生离家出走几天后，因后悔自己的行动而主动回家。可一进家门就遭到母亲训斥："你到哪里野去了，你这样混下去能考上大学么！？""考大学、考大学，我就不信不上大学就混不出人样来！"在逆反心理的驱使下，儿子又跨出了家门，母亲的一番苦心又白费了。

总之，在说服之前必须进行周密的准备。对谁讲，讲什么，为什么要讲这些内容，怎么讲，有利和不利因素是什么，怎样处理等，都要通盘考虑。上面那位母亲对这些项目显然是做得不够的。

（二）说服的方法

说服的方法多种多样，仅举五种供大家尝试。

（1）易位法：站在对方的立场上游说，换位思考替对方说话。

（2）褒奖法：先赞美对方的优点，使其在高兴的心境中被说服。

（3）暗示法：通过语言来唤醒对方的潜意识，使其接受说服方的观点。

（4）攻心法：针对对方的心理特点或特殊心境进行说服。

（5）引证法：着重于现实事例和名人名言、经历的权威性，增强说服力。

（三）拒绝的含义

拒绝又叫回绝或推辞，这是使对方要求或建议落空的一种语言行为。人际交往不会永远一帆风顺。有时自己提出的要求被人拒绝，有时又不得不拒绝一些亲朋好友的要求或建议。但有时迫于人情关系、利害关系等，很难说出一个"不"字。这就需要使用"婉拒"，委婉地拒绝。

婉拒能让人轻松愉快地说出"不"字，也能使对方比较高兴地接受拒绝。

（四）婉拒的常用方法

婉拒可以打破人际关系的僵局，常用方法如下。

（1）巧言善语法。先肯定对方的要求，再强调拒绝的理由，即"是……但……"的模式。美国一位读者读了钱钟书的《围城》后，打电话说要见作者。钱钟书回复："假如你吃了一个鸡蛋，觉得不错的话，又何必一定要见那个下蛋的母鸡呢！"

（2）预先埋下伏笔法。预埋伏笔，实施拒绝。拒绝者在充分阐明不利因素后，埋下伏笔，用适当的方法（书面或请人捎口信）拒绝，这样，即使要求没达到，但至少让对方感到已经尽心尽力了。

（3）循循诱导法。诱使对方自我否定。把对方请求的根据，转为拒绝的理由。例如，请求者说："这类工作我很有经验，这次请你一定要帮帮忙。"回复是："能帮忙当然好，上次让那个有经验的人搞反而把事搞砸了，现在的事已不适合用过去的经验了，所以不好帮忙了。无能为力，对不起！"

（4）故意推托法。用拖延表示拒绝。聪明人一听就会知道这是一种故意的委婉拒绝。这比"没空，不去"更婉转一些，更容易让对方接受。例如，要求你去参加某宴会，你回答说："谢谢你的好意，下次有空一定去！"还留有余地。也可以"顾左右而言他"，倘若有人请你去做你不愿意做的事，你可以说："你不觉得今天要做的××事更重要么？"

（5）沉默拒绝法。用沉默表示拒绝。例如，在三个人以上的交流场合，两个人在说别人的坏话，第三个人不同意，也不想参加辩驳，这时沉默是"金"。

（五）减少不愉快的方法

无论什么样的婉拒，遭到拒绝总是不愉快的，要尽量把不愉快减小到最低限度。

（1）态度要真诚，切忌嘲讽及冷落对方。

（2）顾及对方的自尊，给对方留台阶下。向有权威的人表示反对或拒绝，一定要有充分的理由，更要注意技巧。

（3）让对方明白你是赞同他的。

（4）避免只针对对方一人。

（5）以友好、热情的方式拒绝。

二、赞美与安慰

（一）赞美的意义

生活需要赞美。真诚的赞美对人对己都有重要的意义。对别人而言，他的长处因对方的赞美显得更加光彩，对自己而言，表明自己被别人的优点和长处所吸引。这可能就是交往进步或加深的开始。

美国著名心理学家威廉·詹姆士说："人类本性上最深的企图之一是渴望被赞美、钦佩、尊重。"所以，当人们生活在社会中，要想在善意和谐的气氛中形成高潮，就应该去发现别人的价值，并设法告诉他，让他觉得那价值实在值得珍惜，从而创造出一个崭新的自己。这样就等于扮演了鼓励他、帮助他的角色。这就是赞美的意义所在。

赞美别人，仿佛用一支火把照亮别人的生活，也照亮自己的心田。赞美是一件好事，绝不是一件易事。制约赞美的因素有两方面：一是赞美别人，要看赞美者是否真心、真诚，因为虚假的赞美有"拍马屁"之嫌；二是被赞美者，所得到的赞美是否是他所期望的、合乎情理的，否则会引起他的反感。

（二）赞美的方法

第一，要真诚。虚情假意的赞美会使对方反感、不高兴。"久仰大名、如雷贯耳"这些公式化的恭维语言之无物、毫无意义。

第二，要恰当。赞美必须在事实的基础上进行，不夸大、不缩小、实事求是、恰如其分，就连措辞也要适当。

第三，要具体。美的东西应该是能看得见、摸得着的，这就是具体。赞美语越翔实具体，说明赞美者对对方越了解，对对方的长处越看重。恰如其分的赞美，既能促进彼此的友谊，又能加强同一集体的和谐氛围。

第四，要鼓励。赞美鼓励对方，能增强其自信心。尤其是在部门中一向后进者，受到鼓励后就会激发其自信与自尊。因此，最有实效的赞美不是锦上添花，而是雪中送炭。人往往受到第一次赞美的印象最深，会让人终生不忘。鼓励性赞美的要点还在于见机行事、适可而止，真正做到"美酒饮到微醉后，好花看到半开时"。

（三）安慰的原则

安慰也叫劝慰、抚慰。它是调动积极情绪，使情绪低落的人恢复正常人的人际沟通。俗话说"患难见真情"，这是加深友谊的自然之举。给不幸者以安慰，是为人处世的美德，更是应尽的责任。安慰也需要技巧，若把握不好，反而会伤人自尊或感情。安慰的一般性原则有两条。

一是真诚尊重，这是安慰的首要条件。把对方的事当成自己的事，与对方的情感保持同步，让对方感到亲切与欣慰。

二是多向思维。任何事情都有利弊，要引导对方摆脱不良影响，从好的一面来看待人生。例如，要帮助一个因相貌不佳而自卑沉沦的青年，可以针对青年的自卑心理，着重分析相貌和才干的间接关系。古今中外大多数伟人、名人，并非个个相貌堂堂。让青年在绝望中看到希望，起到解除烦恼、振奋精神的作用。反过来，如果一味地讲道理，或者用教训人的口吻批评青年没出息，恐怕只能适得其反。

（四）安慰的一般步骤

（1）认同体谅就是真诚感受对方的心境，感同身受。一个人在遭遇挫折和不幸时，十分需要同情。同情是十分宝贵的感情。真诚的同情不仅能使不幸者的痛苦、懊丧的情绪得以宣泄，而且有助于消除其心理上的孤独感，使其增强战胜困难的信心。

（2）多方宽慰。要认真地开导、帮助人，就要细致地说理，热情地希望，娓娓道来，才能见效。所谓开导，就要针对对方的心理，循循善诱、积极引导、排除忧愁、驱散烦恼，给迷惑者指明前程，让失望者看到希望。要动之以情也要晓之以理。可以使用慢斟细酌、热情感化的劝慰法。例如："果真会那么困难么？别伤心，先说给我听听，说不定我能帮上忙呢。"用这样的话暖人心。

（3）选好时机。不要事过境迁再安慰，更不要火上浇油。在对方情绪失控的情况下，应该待其冷静下来，恢复了理智，再交谈为宜。当然，也可以先同他闲聊，直到话语投机了，再逐渐引入正题、分析开导，给其安慰和鼓励。因此，安慰效果的好坏，在很大程度上取决于能否选择恰当的时机。

（4）变相安慰。安慰中暗暗诱导对方转换立场，使自己成为被安慰者，对方自然也就被安慰好了。有时在安慰中可以使用一些适当的谎言，谎言不一定全是坏话。对于身患绝症的病人，只能把病情如实告诉其家属，而对其本人，仍应病重轻说。如果以真话相告，只能加重对方的精神痛苦，如不算坏话，也该算蠢话。

三、说话要委婉

（一）委婉的含义

彼此交谈不便于直言，而又不得不说时，采用婉曲暗示、含蓄传递的语言方式述说，这种语言方式就是委婉。这种表达艺术往往不是一蹴而就的，有时需要多回合的言辞方能奏效。例如，《战国策》中的"触龙说赵太后""邹忌讽齐王纳谏"都是此法的妙用。

（二）委婉的运用

1. 诱导启迪

交谈中的尴尬与否，有时是相对的，不是相互的。同一句话，自己说出来可能会导致难堪，对方说出来却可以自然流露。这时诱导对方开口，己话他说，无疑是上上策。

举例释义：渡江战役前夕，国共和谈破裂，国民党塌台在即。周总理力劝对方代表留在北平共事，不要做蒋家王朝的殉葬品。可对方代表想探试一下毛泽东能否容忍他们，但直言不讳有乞降之嫌，于是便借打麻将之机，轻描淡写地问毛泽东："是清一色好，还是平和好？"毛泽东心领神会，爽快地回答："还是平和好，我喜欢打平和。"就这样，彼此完

成了一个政治上的重大信息传递，国民党谈判代表全留了下来。

2．委婉明理

不便直接说明的话语，可借形象生动的类比、比拟等婉转的语言方式来表达。

举例释义。

"牛顿坐在苹果树下，忽然有一个苹果掉下，落在他头上，于是他发现了万有引力。"老师话音一落，一个学生立即站起明理："老师，如果牛顿也像我们这样，整天坐在教室里埋头书本，会有苹果掉在他头上么？"

英国外资企业老板接受一位打工仔的两项建议，将生产成本分别降低了 30%、20%。老板说："小伙子，好好干，我不会亏待你的。"可小伙子怕老板的话一文不值，想要点实在的，便对老板说："我想你会把这句话放到我的薪水袋里。"老板会心地一笑，回应："会的，一定会的。"不久，小伙子不仅获得了一个大红包，还加了高薪。

3．必要的闪避

躲闪回避，即委婉作答。对于事关重大又易造成尴尬局面的话题，无法逃避又必须面对，只有讲究策略地设法回避，才是上策。对别人所问，迂回躲闪、巧妙对答，以达到回避的目的。既维护了自己不能直说的原则，又不让问者难堪、下不了台。

4．扬长避短

王僧虔是首屈一指的书法家，齐高帝萧道成也酷爱书法。萧道成要与王僧虔比试看谁的书法好，王僧虔当然不能不从。君臣二人各写一幅楷书，遍示群臣，皆不敢言。齐高帝便问王僧虔："你自己说说看，究竟谁第一？"王僧虔妙答："为臣之书法，人臣中第一；陛下之书法，皇帝中第一。"

思考与练习

1．说服的含义是什么？"说服"要注意哪两方面的问题？
2．说服的方法主要有哪几种？
3．拒绝的含义是什么？
4．婉拒的常用方法有哪五个？
5．说说赞美与安慰的意义。
6．委婉的运用有哪四个方面？

第五节　交谈的批评与预伏

一、交谈的原则

（一）交谈时要放松情绪

许多人不知道如何开始一次对话，特别是同陌生人在一起时，他们常常感到障碍重

重。其实他们拥有丰富而有趣的思想，这些思想随手可得，只需晓得如何把它们表达出来。

威廉·詹姆斯说，如此多的人发现自己难以成为出色的交谈者，原因在于他们担心自己所谈的事或者流于无味的肤浅，或者言不由衷，害怕他所讲的东西对交谈的对方毫无价值，或者方式方法不适合某种场合。他的纠正方法是："无论何时，只要人们消除心理的障碍，并且让自己的舌头自如地活动，交谈就一定会顺畅而友好，并且令人振奋起来。"

约翰·莫菲指出："我们不要硬是通过深思熟虑从头脑中挤榨出一些警句和名言。当我们放松下来，不用恐惧的时候，这些名言妙句就会自然而然地产生出来……"可以这样说，甚至在最具刺激性的谈话中，也有50%的内容不仅是陈俗的，而且毫无意义。至少在谈话的最初阶段是这样的。经过一段加热过程，思想的车轮转动起来了，只要谈话的参与者不急切地使谈话进入正题，全部谈话就会很快言归正传。

（二）使你的交谈变得丰富

每个人在谈话之初都可能只谈些既缺乏机智又毫无意义的事情，其实，这种短暂的交谈对于使"轮子转动起来"是必要的，一旦你认识到这一点，并且不再担心自己是呆板的，你将发现，你也能引发一次交谈，甚至是与一位完全陌生的人。这种情况下你便会惊奇地发觉，在许多情况下，你说的是机智而有趣的事情。

不要期望对方一开始就热情高涨，善言者总是等到对方变得热心以后，才试图从他们那里引导出一些有趣的想法。例如，他们先问："那么，请问您尊姓大名？您是哪里人？您准备在这儿待多久？乘飞机来我市的吧……"以激起对方的谈话兴趣。"谁关心这些？"你也许会这样问。诚然，这些问题似乎没有任何风采和智慧可言，但它们的确能使交谈启动起来。

（三）让对方谈论自己

当你被引荐给某人，并且"不能想出一件事来谈"时，不妨试着用下面这样的问题使对方变得热心起来，以引发出有趣的事情、聪明的观点和幽默的话题来："琼斯先生，你从哪里来？""你打算在我市待多久？""你认为这里的气候怎么样？""你在什么单位工作？"确实有一些能使别人变得热心的人，因为这些人善于使对方谈论自己。他们能打破僵局，感化别人，只因为表现出他们对别人感兴趣。你不必寻找一个对方能谈论的话题，只需马上使他谈论自己——每一个人都是关心自己的专家。

（四）保持谈话顺利进行

成为一位出色的交谈家并不过多地依赖于你能想出多少聪明的事情，或者与你有关的某些传奇般的经历，而在于启发、诱导别人讲话。如果你能激发别人的谈话，你将获得优秀的交谈家的荣誉。更重要的是，如果你能让别人讲话，并使他坚持下来，那么当你讲话时，没有什么能比这更有效地使他对你热心起来，对你更感兴趣和更易于接受你的观点。

值得一提的是，"你"在谈话中是一个前进的信号，而"我"则是一个停止的信号。要设法把谈话引向对方的兴趣点，如多用"为什么""哪里""怎么样"等。当他说"我在河

南老家有一块 25 亩的地"时，你不要匆忙抢着说"啊，我在陕西拥有 60 亩地，还有两家店铺"，而应该问"在河南的什么地方？你在那里有什么财产？"类似的问题，将使你赢得你的伙伴曾经遇到过的人中最有趣的交谈者的荣誉。

（五）谈话切忌以自我为中心

无可否认，人们总是对自己的工作、家庭、故乡、理想表现出浓厚的兴趣。其实，即使像"你从哪里来"这样一个简单的问题也说明你对别人感兴趣，结果会使别人也对你产生兴趣。但你千万别像一位年轻的剧作家那样，向他的女朋友谈论了自己和他的剧本两个小时后，接着说："有关我已经谈得够多了，现在来谈谈你吧。你认为我的剧作怎么样？"

请记住，你也是一个人。对你而言，你的本能使你往往一开始谈话就马上以自己为中心。你想表现自己，想给人留下深刻印象。但事实上，如果你把话锋转向对方，就能赢得别人的更高评价，他会认为你是一个极为聪慧的人。

有关这个问题的一个准则是，你只需在心里给自己提一个问题："通过交谈我究竟想得到些什么？"是想表现和炫耀自己，还是想与别人友好地交往？如果你需要的只是前者，就尽管谈论自己吧。但是，也就不要期望通过交谈得到任何其他的东西。

安慰、赞扬需要交谈，批评与致歉同样需要交谈，所有过程都离不开以上原则。

二、批评与致歉

（一）批评的意义

批评也可以叫责备或指责。它是指出别人的言行违背情理的一种语言行为。批评和其他语言一样，是人际关系中不可缺少的。如果明知对方不对，却不指出来，这是不负责任的。

在生活和交往中，要敢于批评和接受批评。由于人们对接受批评的心理承受能力不同，对批评的理解和接受不同，因此，在应用批评时，应注意以下几点。

（1）要出于善意。出于善意是批评最基本的要求。批评的出发点是解决问题，它和讽刺、挖苦、取笑等是不同的。所以，必须以友善为出发点，只有让对方感到诚意，才不会在思想上产生抵触情绪。

（2）以事实为依据，对事不对人。批评要注意以下几点：一是不夸大其词；二是不故意挑剔；三是一次只批评一件事，不算总账，不积累起来批评；四是不宜用和先进人物比较的方法，因为"人比人，气死人"。

（3）讲究时机。批评要及时，过早和过晚都不恰当，甚至会导致反作用。当对方正等着批评时，一般不宜批评，因为会挫伤对方的积极性；对方情绪正激动的时候不宜批评，因为可能会造成不可收拾的局面；有第三者在场的时候不宜批评，因为这让人难以下台，造成人际关系紧张。

（4）应根据不同的对象采用不同的方式、方法。事实上，批评能否起作用，很大程度上取决于被批评者能否接受，所以批评要因人而异、分别对待。对长者或领导的批评，应充分地考虑对方的形象和尊严，以间接的方式传递批评的信息，让对方感到批评者的真诚；对平辈或朋友的批评，要在批评的同时顾及对方的面子，让对方感到批评者的友善和诚意；

对后辈或下属的批评，要在指出缺点的同时给予出路，让对方感到批评者的大度和宽容。

（二）批评的方式

批评的意义固然重要，但要实现批评的目的，关键在于方式。

例如，"我说儿子啊，你看隔壁家的小李功课好、有礼貌，又听话。你俩同年生，你还比他大三个月，你就不能做个他那样的乖孩子么？""嘴里整天是小李多好、多好，干脆让他做你的亲生儿子算了！"儿子的自尊心受到伤害，母亲的忠告效果适得其反。批评人往往拿别人的长处来比对方的短处，必然会伤害其自尊心。一般来说，批评可采取以下几种方式。

一是用暗示的手段，巧妙地将批评信息传递给对方。可通过以褒代贬、含蓄幽默、巧用省略等方法加以提醒。

二是对惰性、依赖性、侥幸心理较强的人批评，则要用直接触动的方法进行，其措辞较为尖锐，语气比较强烈，给予当头一棒，促使迷途知返。

三是以问答、诱导的方式，让对方自己去体会失误之处，以寻求改正补救的途径。双方在商讨中实现信息交流，增进了理解与信任。

举例释义：一顾客落座酒店，店主以半杯量充当满杯酒敬奉。他饮过两杯后，转身问店主："贵店月售酒量多少？""150 桶。"店主自豪地回答。"我有个办法能让你每月卖出300 桶，你愿意么？""若能如此给你提成分红！"店主喜出望外地问，"什么方法？""这很简单，你只要将每个杯子里的酒都装满就行了。"

请问这是用的什么方式的批评呀？

（三）致歉的意义

致歉是对他人表示歉意，并请求对方谅解的一种语言行为。它是情感交流的一个重要环节，在人际交往中起着重要的作用。

在人际交往中，与其等别人批评指责，不如主动认错、道歉，容易获得谅解与宽容。真心实意地认错、道歉，就不必找客观原因或多余的解释。当由于自己的过错给别人造成损失或伤害时，真诚而不自卑地向对方表示歉意，多用"打扰""得罪""指教"等礼貌词语，言语简洁、切记啰唆，才容易获得谅解。

举例释义：自由职业者美工师王君曾有一次道歉奇遇：我被广告部主任电话召见，只见对方非常愤怒，好像要狠批我一顿，我连忙先致歉。对方打算插嘴说话，我却不容他说，我有生以来第一次批评自己，我很愿意这样做。我不闭嘴继续说："我实在应该小心，你给我的工作很多，你理应得到满意的东西，所以我想把这画重新画一张。""不！不了！"他坚决地说，"我不打算太麻烦你。"他倒夸奖起我的画来，说只需要稍加修改就可以了，而且这一点小错，亦不使公司受损失，仅是一点小节不必太过虑了。我又急于批评自己，使他的怒气全消。最后他邀请我一起吃点心，在告别之前，他开给我一张支票，并又委托我再画另一幅新的广告。

此例，充分表明了道歉的主动性、真诚性的作用之大。

三、预伏的运用

（一）预伏的含义

预伏就是交谈中说话者言辞里含有前提性的意思，对听者有心理暗示作用，不经意间影响其选择与判断。有这样一个经典的案例：茶室内，有些客人喝可可奶茶时有放鸡蛋的习惯，所以侍者在客人要可可奶时必问一句："要不要鸡蛋呢？"后来心理学家建议该问"您要一个鸡蛋还是要两个鸡蛋"，结果鸡蛋的生意提高了一倍以上。这就是"预伏"运用的效益作用。

（二）预伏的种类

预伏有触发式预伏与限制式预伏两种。

（1）触发式预伏是指讲话者事前并无预伏的企图，后被交往的语境触动而萌生出预伏的观念。罗斯福出任总统之前，曾在海军担任要职。一天，一位朋友问起要在加勒比海建立潜艇基地的计划。罗斯福问朋友："你能保密么？""当然能！"朋友回答后罗斯福接着说："我也能！"先"请君入瓮"，再借对方之口说出自己要说的话。

（2）限制式预伏是发送者的目的非常明确，有明确限制，如果接受者有所反应，往往下意识地在限制范围之内考虑。

举例释义。

一位顾客到一商场买羊皮大衣时，担心经不住雨淋，便对售货员说："我经常外出，怕这羊皮大衣经不住雨淋。"售货员应答得好："哪里会呢，你听说过满山遍野跑的羊要打雨伞的么？"

一位记者登门采访，突然蹿出一条大狗对他狂吠，主人出来后说："不要怕，你没听说过'爱叫的狗不咬人'么？"记者立即反唇相讥："你我都听说过这句话，可你这狗它知道有这句话么？"

据说，一位商人见到诗人海涅（海涅是犹太人）便说："我最近去了塔西提岛，你知道在岛上最能吸引我注意的是什么吗？"海涅说："你说吧，是什么？"商人说："在那岛上呀，既没有犹太人，也没有驴子！"海涅回答说："那好办，要是我们一起去塔西提岛，就可以弥补这个缺陷。"结果自然是那商人自讨了没趣。

思考与练习

1. 应用批评时，应注意哪几点？
2. 批评可采取哪几种方式？
3. 预伏的含义是什么？
4. 预伏的种类有哪几个？举例说明。

第四章　朗读训练技巧

第一节　朗读的意义、要求与准备

一、朗读的意义

朗读就是发声读书，即用普通话把书面语言清晰、响亮、富有感情地读出来，变文字这个视觉形象为听觉形象。朗读也可以说是朗读者在理解作品的基础上，用自己的语音再现作者思想感情的再创造过程。

朗读是口语交际的一种重要形式。它不仅能提高阅读能力，增强艺术鉴赏能力，更为重要的是，朗读还可以陶冶情操、开阔眼界、文明行为、增强理解，有效地培养对语言词汇细致入微的体味以及鉴赏能力。因此，要想成为口语表达与交际的人才，绝不能漠视朗读。

二、朗读的语音要求

朗读不是说话，它首先要求朗读者必须忠于作品的原貌，不添字、漏字、改字、回读外，还要求在声母、韵母、声调、轻声、儿化音，以及语句的表达方式等方面都符合普通话语音的规范。欲达到以上要求，必须在以下几方面努力。

1. 注意普通话与自己方言在语音上的差异

普通话与方言在语音上的差异，大多数情况是有规律的。其规律又有不同，规律之中往往又包含一些例外，这些情况都要自己根据方言的具体情况加以纠正。除此以外，还要靠自己通过查字典、词典，去摸索、总结。单靠总结纠正尚不够，还要加强记忆、反复练习。

2. 注意多音字的读音

朗读中最容易误读的就是多音字，必须十分谨慎。例如，"说" shuō又有 shuì、yuè的

读法；"乐"lè 又有 yuè 的读法；"落"luò 又有 lào、là 的读法等。可以从两方面注意学习：一是意义不同的多音字，要着重弄清各个不同的意义，从各个不同的意义记住它们的不同读音；二是意义相同的多音字，要着重弄清其不同的使用场合，如"与""于""予"等。这类多音字大多数情况是，一个音使用场合"宽"，如"与"；一个音使用场合"窄"，如"予"（用于"给 jǐ 予"）只要记住"窄"的就行。

3. 注意由字形相近或由偏旁类推引起的误读

由于字形相近，将甲字张冠李戴地读成乙字，这种误读十分常见。由偏旁本身的读音或者由偏旁组成的较常用的字读音，去类推一个生字的读音而引起的误读，也很常见。所谓"秀才认字读半边"闹出笑话，就是指的这类误读。

4. 注意异读词的读音

普通话词汇中，有一部分词（或词中的语素），意义相同或基本相同，但习惯上有两个或几个不同的读法，这些被称为"异读词"。为了使这些读音规范，国家于 20 世纪 50 年代就组织了"普通话审音委员会"，并对普通话异读词的读音进行了审定。历经几十年，几易其稿。1985 年，国家公布了《普通话异读词审音表》，要求全国文教、出版、广播及其他部门、行业所涉及的普通话异读词的读音、标音均以这个新的《普通话异读词审音表》为准。在使用《普通话异读词审音表》时，最好是对照着工具书（如《新华字典》《现代汉语词典》等）来看。先看某个字的全部读音、义项和用例，再看《普通话异读词审音表》中的读音和用例。比较之后，如发现两者有不合之处，一律以《普通话异读词审音表》为准。这样就达到了读音规范的目的。

三、朗读前的准备技巧

（一）正确理解作品的意义

朗读者要把作品的思想感情准确地表现出来，需要透过字里行间理解作品的内在含义。一要清除障碍，搞清楚文中生字、生词、成语典故以及语句等的含义，不能望文生义、一知半解、囫囵吞枣；二要把握作品创作的背景、作品的主题和情感基调；三是对于抒情性的作品应着重熟悉其抒情线索和情感格调；四是对叙事性作品则应着重熟悉作品的情节与人物性格；五是对于议论文的作品，需要通过逐段理解，抓住中心论点和分论点，明确文章的论据及论证方法，或者抓住文章的说明次序和说明方法。

总之，只有掌握了不同作品的特点，熟悉了作品的具体内容，才能准确地把握不同的朗读方法；只有准确地掌握作品的节奏，才不会把作品读得支离破碎，甚至歪曲原作的思想内容。

以高尔基的《海燕》为例，朗诵前必须搞清楚，此文是以象征的手法，通过对暴风雨到来之前、逼近和即将来临三个画面的描写，塑造了一只不怕电闪雷鸣、浪高风急，勇敢驰骋于大海之上的海燕——"胜利预言家"的伟大形象。而这部作品诞生之后不胫而走，被广大工人群众所接受，被视为传播革命信息、坚定革命理想的战歌。综合分析后，朗读时就不难把握其主题：满怀激情地呼唤革命高潮的到来。因此，只要在朗读前掌握了这篇作品的基调（革命者对革命高潮的向往与企盼），朗读时就会将急风暴雨就要来临的激情呼喊得淋漓尽致。

（二）预设朗读方案

预设朗读方案是在深刻理解作品内容的基础上，考虑如何通过语音的具体形象把原作的思想感情表达出来。具体做法是：一要根据不同文体、不同题材、不同语言风格以及不同听众等因素，来确定朗读基调；二要对整个作品的朗读方案应有一个通盘的考虑，如作品中写景的地方、高潮的地方以及其他地方怎么读，作品中的快慢、高低、重音以及停顿等如何安排。

（三）仔细体味，进入情境

我们在平时欣赏朗读时，虽然有的朗读者也有抑扬顿挫的语调，但就是打动不了听众。如果是这样，不是作品本身的缺陷，就是朗读者对作品的感受太肤浅，没有真正进入作品，而是在那里故作感情，或不客气地讲是在"无病呻吟"。要知道，虚情假意绝对打动不了敏感的听众。要使听众与朗读者同喜、同悲产生共鸣，就必须仔细体味作品，进入情境，进入角色。

当年，孙道临朗读李贺的《金铜仙人辞汉歌》时，完全沉浸在诗人艰难凄苦的处境中，积蓄已久的悲恸之情如火山般迸发而出，悲怆激昂地喷涌出"天若有情天亦老"，然后又以低沉凝重的声调读出"携盘独出月荒凉，渭城已远波声小"，最后又将"波——声——小"重复吟咏，并将声音、气息渐次减弱，细致入微地传达了诗中忧伤怅惘的思绪。

（四）展开丰富逼真的想象

在理解感受作品的同时，往往伴随着丰富的想象，只有如此才能使作品的内容在自己的心中及眼前活动起来，如身临其境、亲身经历，有如此感觉说明自己已进入角色。以陈然的《我的自白书》为例，朗读者若能达到上述境界，就会设身处地地认为自己就是陈然（重庆《挺进报》的特支书记）。"我"被捕后，在狱中备受折磨，但信仰毫不动摇。最后，敌人把一张白纸放在"我"面前，让"我"写自白书，于是"我"自豪地写下了"怒斥敌酋"式的《我的自白书》。这样通过深入的理解、真挚的感受和丰富的想象，使自己动情，从而引起听众的共鸣使之感动。

（五）用普通话语音朗读

要想在朗诵过程中获得优美动听的效果，就必须使用普通话进行朗诵。因为朗诵作品都是运用汉民族共通语即普通话写成的，只有用普通话语音朗诵，才能更好地、更准确地表达作品的思想内容。同时，普通话是汉民族的共通语，也便于不同方言区的人理解和接受。

另附《海燕》全文及有关"如何朗诵"的详细释义。

海燕

在苍茫的大海上，狂风卷集着乌云。在乌云和大海之间，海燕像黑色的闪电，在高傲地飞翔。一会儿/翅膀碰着波浪，一会儿箭一般地直冲向乌云，它/叫喊着，——就在这鸟儿勇敢的叫喊声里，乌云听出了欢乐。

在这叫喊声里——充满着对暴风雨的渴望!在这叫喊声里,乌云/听出了愤怒的力量,热情的火焰和胜利的信心。

海鸥/在暴风雨来临之前呻吟着,——呻吟着,它们在大海上飞窜,想把自己对暴风雨的恐惧,掩藏到大海深处。海鸭也在呻吟着,——它们这些海鸭啊,享受不了生活的战斗的欢乐:轰隆隆的雷声就把它们吓坏了。蠢笨的企鹅,胆怯地把肥胖的身体躲藏在悬崖底下……

只有那高傲的海燕,勇敢地,自由自在地,在泛起白沫的大海上飞翔!乌云越来越暗,越来越低,向海面直压下来,而波浪一边唱歌,一边冲向高空,去迎接那雷声。雷声轰响。波浪在愤怒的飞沫中呼叫,跟狂风争鸣。看吧,狂风紧紧抱起一层层巨浪,恶狠狠地将它们甩到悬崖上,把这些大块的翡翠摔成尘雾和碎末。看吧,它飞舞着,像个精灵,——高傲的、黑色的暴风雨的精灵,——它在大笑,它又在号叫……它笑那//些乌云,它因为欢乐而号叫!这个敏感的精灵,——它从雷声的震怒里,早就听出了困乏,它深信,乌云遮不住太阳——是的,遮不住的!

狂风吼叫……雷声轰响……一堆堆乌云,像青色的火焰,在无底的大海上燃烧。大海抓住闪电的箭光,把它们熄灭在自己的深渊里。这些闪电的影子,活像一条条火蛇,在大海里蜿蜒游动,一晃就消失了。——暴风雨!暴风雨就要来啦!

这是勇敢的海燕,在怒吼的大海上,在闪电中间,高傲地飞翔;这是胜利的预言家在叫喊:——让暴风雨来得/更猛烈些吧!

——值得注意的读音:

高傲地 gāo'àode　　一会儿 yīhuìr　　鸟儿 niǎo'er　　上面 shàngmian　　波浪 bōlàng
火焰 huǒyàn　　似的 shìde　　蜿蜒 wānyán　　晃 huǎng

"如何朗诵"的详细释义:

《海燕》是一篇著名的散文诗,它是高尔基早期的代表作品,写于1901年,那时正是俄国1905年革命前夕最黑暗的年代,俄国工人运动不断高涨,动摇着沙皇统治的根基。来自社会底层、深谙底层人民疾苦的高尔基,触摸到刚刚开始跳动的新时代脉搏,以敏锐的艺术感悟力创造出了"海燕"的艺术形象,来欢呼即将来临的革命风暴,为无产阶级唱出了一曲充满战斗激情的颂歌。全文情感热烈奔放,场面波澜壮阔,基调高亢有力。本文按海面景象的发展变化可分为三部分。这三部分描绘了大海面临狂风暴雨,波涛翻腾的壮丽图画。

第一个画面(从开头到"在泛起白沫的大海上飞翔"):写暴风雨将要来临,海燕"高傲地飞翔",以乐观的激情和胜利的信心"渴望"着暴风雨的到来。

第二个画面(从"乌云越来越暗"到"是的,遮不住的"):写暴风雨逼近之时,海燕搏风击浪,以必胜的信心迎接暴风雨的到来。

第三个画面(从"狂风吼叫"到篇末):写暴风雨即将来临之时,海燕以胜利的预言家的姿态热情呼唤着暴风雨。

开头先简洁地写出暴风雨即将来临的前兆,点明海燕所处的环境。开头一句中速进入,音色灰暗,通过"苍茫"体现。"黑色的闪电"比喻海燕矫健高傲、锐不可当的雄姿,应处理为重音,勾勒出海燕的形象。"箭一般的"写海燕的行动之快,应读重,读快。"暴风雨的渴望",是海燕的伟大抱负,应重读。"乌云听出了愤怒的力量、热情的火焰和胜利的信

心"，排比句式渲染了海燕朝气蓬勃、斗志昂扬的气概，这里并列的成分应重读。

接下来，写了海鸥、海鸭、企鹅的形象，用鄙夷的语气。写海鸥的有气无力、惊恐难耐，破折号后的内容读出一种哀婉无告、低沉颓败的情绪。这里破折号是贬义性说明，破折号后面的内容要有鄙夷不满的语气。"生活的战斗的"肯定性重音，用高昂的语气。"吓"强调性重音，读出对海鸭的不屑一顾的语气。企鹅的形象通过重读"躲藏"表现出来。接下来又写到海燕的形象，在我们头脑中更加清晰了。"勇敢地，自由自在地"重读。"飞翔"拉长，重读。这里，一方面要营造环境的恶劣，另一方面，突出海燕的勇敢。因此，写乌云的句子速度放慢，气提声凝，突出压抑的气氛，而写波浪的句子速度加快，重读"冲向""恶狠狠""摔成"突出欢快的气氛。这段内容的重复，是对海燕形象的又一次深化，两个破折号中间的内容应重读。而最后面的一句，"欢乐而号叫"要更加读得大气，突出革命者的英雄气概。写海燕理想信念的坚定，重读"深信"，破折号后语气进一步坚定，"是的"语气肯定，"遮不住的"要读高、读强，语气高亢。"风""雷"后区分性停顿，交代环境的变化。描写环境，放慢速度，语气要压抑。"青色的火焰""闪电的箭光""一条条火蛇"重读，营造当时的环境。连用两个感叹号，气势一个比一个紧张。

尤其是后面的一句，"暴风雨就要来啦"的气势，"来"字是重读的字。"怒吼的"对比性重音，突出海燕的形象。最后一句是全文的主题，破折号起总结全文的作用。这句是作者的伟大号召，一定要读得高亢有力。但是，这句的起句一定要低，防止太高后面反而升不上去。全句的最高点应落在"烈些"两个字上，"吧"落下来，语调稍扬。

思考与练习

1. 朗读的意义是什么？
2. 朗读的语音要求有哪四个方面？
3. 朗读前的准备技巧有哪五个方面？
4. 朗读前怎样展开丰富逼真的想象？

第二节　朗读的基本技巧（上）

（声音、停顿与重音）

朗读时，既要深刻透彻把握作品内容，又要合理地运用各种艺术手段，准确地表达作品的内在含义。常用的基本表达手段有声音、语调、语速、停顿。对表达手段的探讨与研究，虽然不能等同于语句或词语的表达，但常常影响着口头表达的实际效果，所以被称为副语言。

一、声音

（一）呼吸

能否自如地控制自己的呼吸十分重要，因为要使朗诵的声音洪亮，中气十足，就要有饱满的气息。呼吸要深入、持久，要时刻保持一定的呼吸压力，这样发出的声音坚实有力，音质优美，而且传送得较远。有的人朗诵时显得呼吸急促，甚至上气不接下气，这是因为它使用的是胸式呼吸，不能自由地控制。朗读需要充足的气流，一般采用的是胸腹式呼吸。它的特点是胸腔、腹腔都配合着呼吸进行收缩或扩张，尤其要注意横膈膜的运动。我们平时要做一些深吸缓呼的练习，从中体会用腹肌控制呼吸的方法。最好在练习说话的时候站起来，这样容易寻找到呼吸状态，即使要坐，也要坐直，上身微微前倾。运用气息的时候，千万不要"泄气"，要在上述的呼吸压力中缓缓地释放，并且要善于运用嘴唇把气拢住，这样来保持胸腹和嘴唇的压力平衡。

（二）吐字

吐字的技巧不仅关系到音节的清晰度，而且关系到声音的圆润、饱满。要吐字清楚，首先要熟练地掌握常用词的标准音。朗读时，要熟悉每个音节的声母、韵母、声调，按照它们的标准音来发音。其次，要力求克服发音含糊、吐字不清的毛病。发音含糊、吐字不清的原因主要有三点：一是声母的成阻阶段比较马虎，不太注意发音器官的准确部位；二是在韵母阶段不大注意口型和舌位；三是发音吐字速度太快，没有足够的时值。朗读跟平时说话不同，要使每个音节都让听众听清楚，发音就要有一定的力度和时值，每个因素都要到位。平时多练习绕口令就是为了练好吐字的基本功。

但首先要明白读绕口令的基本方法：在要说某段绕口令前，先深吸一口气，保持胸腹部饱满充实的吸气感觉，轻快而有弹性地读绕口令。需注意的是，尽可能一口气读到100个字以上，中间不换气，也不要在标点符号上停顿。每次感觉不够气时，都要努力再坚持一会，这样才能更好地体会肚子的用力方式，更好地锻炼腹肌自觉节制气息流量的控制能力。

（三）发音

发音的关键是嗓子的运用。朗读者的嗓音应该是柔和动听和富于表现力的。为此首先要注意保护自己的嗓子，不要长期高声喊叫，也不要吃过烫或过辣的食物刺激嗓子。其次要注意提高自己对嗓音的控制和调节能力。声音的高低是由声带的松紧决定的，音量的大小则是由发音时振动用力的大小决定的，朗读时不要自始至终地高声大叫。再者还要注意调节共鸣。

二、停顿

停顿是指在朗读过程中，语句或词语之间声音上的间歇。人们在朗读时，既不能一字一停，断断续续地进行，也不能字字相连一口气读到底。无论是对朗读者还是听众，无论是出于生理要求还是心理要求，朗读中的停顿都是必不可少的。它既是显示语法结构的需要，更是明晰地表达语义、传递感情的需要。同时，也可给听者一个领略和思考、理解和接受的余地，帮助听者理解文章的含义，从而加深印象。

（一）停顿与标点符号的关系

1. 一致关系

书面语中的标点有不可忽视的作用，朗读的停顿必须服从标点。多数情况下，书面语

中有点号的地方同朗读时需要有停顿的地方是一致的。

一般来说，句号、问号、感叹号的停顿比分号长些；分号的停顿要比逗号长些；逗号的停顿要比顿号长些；而冒号的停顿则有较大的伸缩性，它的停顿有时相当于句号，有时相当于分号，有时只相当于逗号。

例如，山是墨一样黑，//陡立着，//倾向江心，//仿佛就要扑跌下来；///而月光，//从山顶上，//顺着深深的、/直立的谷壑，//把它那清冽的光辉，//一直泻到江面。///……（斜竖线的多少表示停顿时间的长短，"/"表示很短的停顿而不换气）需要注意的是，标点符号虽是停顿的重要标志，但也不能生搬硬套，还要根据语意的表达和语气的需要灵活处理。

2. 不一致关系

有时，书面语中的标点同朗读中的停顿常常有不一致的地方。具体有两种情况。一是虽没有标点也要停顿，如"在苍茫的大海上，狂风/卷集着乌云。在乌云和大海之间，海燕/像黑色的闪电，在高傲地/飞翔。"又如，"始终微笑的和蔼的刘和珍君/确是/死掉了。

按照语法关系所做的停顿，比逗号停顿的时间要短些。一般来说，主谓之间、动宾之间、修饰成分与中心语之间，都可以有停顿。

二是句中有标点，却不停顿。例如，"风，你咆哮吧！咆哮吧！尽力地咆哮吧！"这几句对风的呼喊，流露了屈原对风的急切的渴盼。风即是改变黑暗的变革力量，对风及后面雷、电的呼唤实际也就是对变革现实的巨大力量的呼唤。朗读时应把握急切、渴望之情。句中的前两个感叹号可以不停顿，一气呵成。

（二）不同性质的停顿

1. 顺应语法的停顿

这类停顿可依据标点来处理，有时也可突破标点的限制。

2. 层次性的停顿

文章的层次可以借助于朗读者的停顿得到显示。一般来说，既包括文章的节或段这样的大层次，也包括一节或一段文字，甚至一句话中更细更小的层次。

3. 呼吸性的停顿

文章中的呼应关系在朗读时主要通过停顿来体现。全篇整体上的呼应容易把握，而文章中的局部呼应关系，往往由于朗诵者的忽略而造成呼应中断，或呼应模糊，因此影响语意的表达。

例如，"在建设中，犯一些错误，有一些缺点，是难免的。问题在于/对待缺点错误的态度。"

"这小燕子，便是我们故乡的那/一对，两对么？"

4. 强调性的停顿

为了突出句中的某些重要词语，以引起听众注意并加深印象，可以在这些词语的前面或后面稍加停顿，这便是强调性的停顿。强调停顿主要是靠仔细揣摩作品，深刻体会其内

在含义来安排的。

例如，"君不见//黄河之水/天上来，/奔流到海/不复/回。//君不见//高堂明镜/悲/白发，/朝如青丝/暮/成雪。///人生得意/须尽欢，/莫使金樽/空对/月。///天生我材/必有用，/千金散尽还复来。//烹羊宰牛且为乐，会须一饮/三百杯。///"前两句应放大时空，第三、第四句压缩时间，夸张时空，灵动飞扬，横空出世。"天上来""奔流到海"要读出扑面而来的浩瀚气势，"悲白发""青丝""成雪"要读出青春难再的悲意，"空对月"要读出诗人的悲叹与愤激，"必有用"要一扫悲叹之消极，勃发强烈自信。

5. 音节性的停顿

朗读诗词时，必须用停顿来表达音节，以加强节奏感。

例如，"北国/风光，千里/冰封，万里/雪飘。望/长城内外，惟余/莽莽；大河/上下，顿失/滔滔。山舞/银蛇，原驰/蜡象，欲与/天公/试比高。须/晴日，看/红装素裹，分外/妖娆。"

6. 语意性的停顿

书面语中的某些歧义短语和句子，可以用朗读的停顿来揭示其不同的语法结构，从而表达不同的意义。

例如，"改正/错误的意见"（动宾短语）、"改正错误的/意见"（偏正短语）；"通知到了"（补充短语）、"通知/到了"（主谓短语）；"我不相信他是坏人"（他不是坏人）、"我不相信/他是坏人"（他是坏人）。

（三）停顿的表达方法

从语句的停顿和链接来看，主要有以下四种方式。

一是落停，即停顿的时间相对较长，句尾声音顺势而落，声止气也尽。这种停顿多用在相对完整的意思讲完之后，多用在句号、问号、感叹号处。

二是扬停，即停顿的时间相对较短，停之前声音稍上扬或持平，声虽止但气未尽，一听即晓得只说了半句话，还有下文。多用于一个意思还未说完，而中间又需要停顿之处。多用在分号、逗号、顿号处。

三是直连，即顺势而下，连接迅速，不露连接的痕迹。多用于内容联系紧密，持续抒发感情的地方。一般与扬停配合使用。

四是曲连，即在连接处有一定的空隙，但又连环相接，迂回向前。多用于既要连接又要有所区分处，常与落停配合使用。

举例释义："梅雨潭是一个瀑布潭。//仙岩有三个"瀑布，/梅雨潭最低。//走到山边，/便听见花花花花的声音；/抬起头，/镶在两条湿湿的黑边里的，/一带白而发亮的水便呈现于眼前了。//（//为落停、/为扬停）

三、重音

在朗读中，为了准确地表达语意和思想感情，有时为了强调那些起重要作用的词或短语，被强调的这个词或短语，要用重音来读。

在由词或短语组成的句子中，组成的句子或短语，在表达基本语意和思想感情的时候，

不是并列地处在同一个位置上。有的词、短语在表达语意和思想感情上显得十分重要，而与之相比较，另外一些词和短语就处于一个较为次要的地位上，所以有必要采用重音加以区别。

同样一句话，如果把不同的词和短语确定为重音，整个句子的意思会发生很大的变化。举例释义（黑体字为重音）：

我请你跳舞。（请你跳舞的人不是别人）

我**请**你跳舞。（怎么样，给点面子吧）

我请**你**跳舞。（不是别人）

我请你**跳舞**。（不是请你唱歌）

（一）确定重音的依据

1. 结构

有些句子平平常常，没有特殊的思想感情色彩，也没有特别强调的意味。这种句子的语音可以依据其语法结构来确定。一般情况下，需要重读的有短句中的谓语、宾语、定语、状语、补语、有些代词。这类重音叫作语法重音或意群重音。这类重音在朗读时不必过分强调，只要比其他音节读得重些就可以了。

2. 寓意和感情

有些句子由于构造复杂，或由于表意曲折，或由于感情特殊，它的重音往往不能马上确定，必须联系上下文，对它细加观察，进行认真推敲，尤其要把它放到特定的语言环境中加以考察，才能确定重音。通常把这类重音叫作逻辑重音（强调重音）和感情重音。它与语法重音有时是一致的，有时则是不一致的。当逻辑重音（感情重音）与语法重音不一致时，后者必须服从前者。

（二）重音的类型

1. 突出语意区别的重音

（1）并列性重音，如"当然，能够只是送出去，也不算坏事情，一**者**见得丰富，二**者**见得大度。"

（2）对比性重音，如"我爱**热闹**，也爱**冷静**，爱**群居**，也爱**独处**。"

（3）排比性重音，如"他既不要谁来施肥，也不要谁来灌溉。**狂风**吹不倒它，**洪水**淹不没它，**严寒**冻不死它，干旱旱不坏它。它只是无忧无虑地生长。"

2. 突出句子关系的重音

（1）转折性重音，如"我掩着面叹息。**但是**新来的日子的影儿又开始在叹息里闪过了。"

（2）呼应性重音，如"用**什么**来表达自己的心意呢？战士们又有**什么**呢，他们只有一双结着老茧的**手**，一颗赤诚的**心**。"

3. 突出修辞色彩性的重音

（1）比喻性重音，如"过去的日如**轻烟**，被微风吹散了，如**薄雾**，被初阳蒸融了。"

89

（2）夸张性的重音，如"每年特别是水灾、旱灾的时候，这些在日本厂里有门路的带工，就亲身或派人到他们家乡或者灾荒区域，用他们多年熟练的，可以将**一根稻草讲成金条**的嘴巴，去游说那些无力'饲养'可又不忍让他们的儿女饿死的同乡……"

（3）借代性的重音，如"你杀死一个李公朴，会有**千百个李公朴**站起来！"

（4）双关性的重音，如"繁漪：好，你去吧！小心，现在，（望窗外，自语）**风暴**就要起来了！"

（5）反语性的重音，如"中国军队屠戮妇婴的**伟绩**，八国联军惩创学生的**武功**，不幸全被这几缕血痕抹杀了。"

（6）是反复性的重音，如"盼望着，**盼望着**，东风来了，春天的脚步进了。"

（三）重音的表现方法

重音的表现方法有很多种，常见的有以下四种。

（1）加强音量。即有意识地把某些词语读得重一些，响一些，使音量增强。

（2）拖长音节。即有意将音节拖长一些，用延长音节的办法使重音突出。

（3）重音轻读。表现重音不一定非要增加音量，有时用减轻音量的办法，将重音低沉地轻轻吐出，效果反而会更好。一般在表达极为复杂而细腻的感情时，使用这种方法。

（4）停顿强调。在要强调的词后面做一短暂的停顿。

思考与练习

1. 朗读时的基本表达手段与哪些方面联系密切？
2. 不同性质的停顿有哪六种？
3. 确定重音的依据有哪两点？
4. 突出修辞色彩性的重音有哪六种情况？
5. 重音的表现方法有哪四种？

第三节　朗读的基本技巧（下）

（语速与语调训练）

一、语速

语速，是指朗读节奏的快慢。

说话的速度是由说话人的感情决定的，朗读的速度是与作品的内容紧密联系的。一般来说，热烈、欢快、兴奋、紧张的内容，朗读的速度要快一些；平静、庄重、悲伤、沉重、追忆的内容，朗读的速度要慢一些；而一般的说明、叙述、议论则宜用中速。

世间一切事物的运动状态和一切人在不同情境下的思想感情总是千差万别的。即朗读各种作品时，要正确地表现各种不同的生活现象和人们各种不同的思想感情，就必须采取与之相应的朗读速度。

举例释义："其间有一个十一二岁的少年，项带银圈，手捏一把钢叉，向一匹猹尽力地刺去，那猹却将身一扭，反从他的胯下逃走了。"

"月亮地下，你听啦啦的响了，猹在咬瓜了。你便捏了胡叉，轻轻地走去……"

这两段文字写的是两种不同的动态。这两种不同的动态在读者和听者的心理所引起的感觉不会是相同的。朗读时必须体现出前者"将身一扭，反从他的胯下逃走了"的快速；而后者中的"你便捏了胡叉，轻轻地走去"要体现行动小心谨慎、慢步前行。

（一）决定语速的因素

1. 场面

场面不同，语速各异。急剧变化发展的场面要快速朗读，平静、严肃的场面要慢朗读。请看下面的作品应该如何转朗读速度为好。

例一：《听潮》（鲁彦）。

海在我们脚下沉吟着，诗人一般。那声音仿佛是朦胧的月光和玫瑰的晨雾那样温柔；又像是情人的蜜语那样芳醇；低低地，轻轻地，像微风拂过琴弦；像落花漂在水上。

海睡熟了。

大小的岛拥抱着，偎依着，也静静地恍惚入了梦乡。

许久许久，我俩也像入睡了似的，停止了一切的思念和情绪。

不晓得过了多少时候，远寺的钟声突然惊醒了海的酣梦，它恼怒似的激起波浪的兴奋，渐渐向我们脚下的岩石掀过来，发出汩汩的声音，像是谁在海底吐着气，海面的银光跟着晃动起来，银龙样的。接着我们脚下的岩石上就像铃子、铙钹、钟鼓在奏鸣着，而且声音愈响愈大起来。

没有风。海自己醒了，喘着气，转侧着，打着呵欠，伸着懒腰，抹着眼睛。因为岛屿挡住了它的转动，它狠狠地用脚踢着，用手推着，用牙咬着。它一刻比一刻兴奋，一刻比一刻用劲。岩石也仿佛渐渐战栗，发出抵抗的噪叫，击碎了海的鳞甲，片片飞散。

海终于愤怒了。它咆哮着，猛烈地冲向岸边袭击过来，冲进了岩石的罅隙里，又拨刺着岩石的壁垒。

音响就越大了。战鼓声，金锣声，呐喊声，叫号声，啼哭声，马蹄声，车轮声，机翼声，掺杂在一起，像千军万马混战了起来。

银光消失了。海水疯狂地汹涌着，吞没了远近大小的岛屿。它从我们的脚下扑了过来，响雷般地怒吼着，一阵阵地将满含着血腥的浪花泼溅在我们的身上。

——（鲁彦的《听潮》）

例二：《雷电颂》（郭沫若）。

风！你咆哮吧！咆哮吧！尽力地咆哮吧！在这暗无天日的时候，一切都睡着了，都沉在梦里，都死了的时候，正是应该你咆哮的时候，应该你尽力咆哮的时候！

尽管你是怎样的咆哮，你也不能把他们从梦中叫醒，不能把死了的吹活转来，不能吹掉这比铁还沉重的眼前的黑暗，但你至少可以吹走一些灰尘，吹走一些沙石，至少可以吹动一些花草树木。你可以使那洞庭湖，使那长江，使那东海，为你翻波涌浪，和你一同地大声咆哮啊！

啊，我思念那洞庭湖，我思念那长江，我思念那东海，那浩浩荡荡的无边无际的波澜呀！那浩浩荡荡的无边无际的伟大的力呀！那是自由，是跳舞，是音乐，是诗！

啊，这宇宙中的伟大的诗！你们风，你们雷，你们电，你们在这黑暗中咆哮着的，闪耀着的一切的一切，你们都是诗，都是音乐，都是跳舞。你们宇宙中伟大的艺人们呀，尽量发挥你们的力量吧。发泄出无边无际的怒火，把这黑暗的宇宙，阴惨的宇宙，爆炸了吧！爆炸了吧！

雷！你那轰隆隆的，是你车轮子滚动的声音？你把我载着拖到洞庭湖的边上去，拖到长江的边上去，拖到东海的边上去呀！我要看那滚滚的波涛，我要听那鞺鞺鞳鞳的咆哮，我要漂流到那没有阴谋、没有污秽、没有自私自利的没有人的小岛上去呀！我要和着你，和着你的声音，和着那茫茫的大海，一同跳进那没有边际的没有限制的自由里去！

啊，电！你这宇宙中最犀利的剑呀！我的长剑是被人拔去了，但是你，你能拔去我有形的长剑，你不能拔去我无形的长剑呀。

电，你这宇宙中的剑，也正是，我心中的剑。你劈吧，劈吧，劈吧！把这比铁还坚固的黑暗，劈开，劈开，劈开！虽然你劈它如同劈水一样，你抽掉了，它又合拢了来，但至少你能使那光明得到暂时的一瞬的显现，哦，那多么灿烂的，多么眩目的光明呀！

光明呀，我景仰你，我景仰你，我要向你拜手，我要向你稽首。我知道，你的本身就是火，你，你这宇宙中的最伟大者呀，火！你在天边，你在眼前，你在我的四面，我知道你就是宇宙的生命，你就是我的生命，你就是我呀！我这熊熊地燃烧着的生命，我这快要使我全身炸裂的怒火，难道就不能进射出光明了吗？

炸裂呀，我的身体！炸裂呀，宇宙！让那赤条条的火滚动起来，像这风一样，像那海一样，滚动起来，把一切的有形，一切的污秽，烧毁了吧！烧毁了吧！把这包含着一切罪恶的黑暗烧毁了吧！

把你这东皇太一烧毁了吧！把你这云中君烧毁了吧！你们这些土偶木梗，你们高坐在神位上有什么德能？你们只是产生黑暗的父亲和母亲！

你，你东君，你是什么个东君？别人说你是太阳神，你，你坐在那马上丝毫也不能驰骋。你，你红着一个面孔，你也害羞吗？啊，你，你完全是一片假！你，你这土偶木梗，你这没心肝的，没灵魂的，我要把你烧毁，烧毁，烧毁你的一切，特别要烧毁你那匹马！你假如是有本领，就下来走走吧！

什么个大司命，什么个少司命，你们的天大的本领就只有晓得播弄人！什么个湘君，什么个湘夫人，你们的天大的本领也就只晓得痛哭几声！哭，哭有什么用？眼泪，眼泪有什么用？顶多让你们哭出几笼湘妃竹吧!但那湘妃竹不是主人们用来打奴隶的刑具么？你们滚下船来，你们滚下云头来，我都要把你们烧毁！烧毁！烧毁！

哼，还有你这河伯……哦，你河伯！你，你是我最初的一个安慰者！我是看得很清楚的呀！当我被人们押着，押上了一个高坡，卫士们要息脚，我也就站立在高坡上，回头望着龙门。我是看得很清楚，很清楚的呀！我看见婵娟被人虐待，我看见你挺身而出，指天画地有所争论。结果，你是被人押进了龙门，婵娟她也被人押进了龙门。

但是我，我没有眼泪。宇宙，宇宙也没有眼泪呀！眼泪有什么用呀？我们只有雷霆，只有闪电，只有风暴，我们没有拖泥带水的雨！这是我的意志，宇宙的意志。鼓动吧，风！咆哮吧，雷！闪耀吧，电！把一切沉睡在黑暗怀里的东西，毁灭，毁灭，毁灭呀！

2．心情

心情不同，语速各异。紧张、焦急、慌乱、热烈、欢畅等心情要快读；沉重、悲痛、缅怀、悼念、失望等心情要慢读。例如，"发泄出无边无际的怒火，把这黑暗的宇宙，阴惨的宇宙，爆炸了吧！爆炸了吧！""电，你这宇宙中的剑，也正是，我心中的剑。你劈吧，劈吧，劈吧！把这比铁还坚固的黑暗，劈开，劈开，劈开！"一连串的反复，"爆炸了吧！爆炸了吧！""劈吧，劈吧，劈吧！"、"劈开，劈开，劈开！"一个比一个强烈，一个比一个坚决，在朗读时的语气要不断加快、加重，以表达屈原迫切想要冲破黑暗的急切而又果断的决心。

又如，"在一个深夜里，我站在客栈的院子中，周围是堆着的破烂的什物；人们都睡觉了，连我的女人和孩子。我沉重地感到我失掉了很好的朋友，中国失掉了很好的青年，我在悲愤中沉静下去了，然而积习却从沉静中抬起头来，凑成了这样的几句：

惯于长夜过春时，挈妇将雏鬓有丝。梦里依稀慈母泪，城头变幻大王旗。

忍看朋辈成新鬼，怒向刀丛觅小诗。吟罢低眉无写处，月光如水照缁衣。"

3．谈话方式

谈话方式不同，语速各异。辩论、争吵、急呼等要快读；闲谈、絮语、聊天等要慢读。请看下面一段激烈的争吵对话。

周朴园：鲁大海，你现在没有资格跟我说话，矿上已经把你开除了。

鲁大海：开除了？

周　冲：爸爸，这是不公平的。

周朴园：（向冲）你少多嘴，出去！——（周冲由中门走下）

鲁大海：好，好，（切齿）你的手段我早就领教过，只要你能弄钱，你什么都做得出来。你叫警察杀了矿上许多工人，你还——

周朴园：你胡说！

鲁侍萍：（至大海前）别说了，走吧。

鲁大海：哼，你的来历我都知道，你从前在哈尔滨包修江桥，故意叫江堤出险——

周朴园：（低声）下去！

仆人们：（拉大海）走！走！

鲁大海：（对仆人）你们这些混帐东西，放开我。我要说，你故意淹死了二千二百个小工，每一个小工的性命你扣三百块钱！姓周的，你发的是绝子绝孙的昧心财！你现在还——

周　萍：（忍不住气，走到大海面前，重重地打他两个嘴巴）你这种混帐东西！（大海立刻要还手，倒是被周宅的仆人们拉住。）

周　萍：打他。

鲁大海：（向周萍高声）你，你（正要骂，仆人一起打大海。大海头流血。鲁妈哭喊着护大海。）

周朴园：（厉声）不要打人！（仆人们停止打大海，仍拉着大海的手。）

鲁大海：放开我，你们这一群强盗！

周　萍：（向仆人）把他拉下去。

鲁侍萍：（大哭起来）哦，这真是一群强盗！（走至萍前，抽咽）你是萍，——凭，——凭什么打我的儿子？

4. 叙述方式

叙述方式不同，语速各异。作者的抨击、斥责、控诉、雄辩等要用快读；一般的记叙、说明、追忆等用慢读。

前者如："反动派暗杀李先生的消息传出以后，大家听了都悲愤痛恨。我心里想，这些无耻的东西，不知他们是怎么想法，他们的心理是什么状态，他们的心是怎样长的！（捶击桌子）其实很简单，他们这样疯狂地来制造恐怖，正是他们自己在慌啊！在害怕啊！所以他们制造恐怖，其实是他们自己在恐怖啊！特务们，你们想想，你们还有几天？你们完了，快完了！你们以为打伤几个，杀死几个，就可以了事，就可以把人民吓倒了吗？其实广大的人民是打不尽的，杀不完的！要是这样可以的话，世界上早没有人了。"

后者如："我怀念从故乡的后山流下来，流过榕树旁的清澈的小溪，溪水中彩色的鹅卵石，到溪畔洗衣和汲水的少女，在水面嘎嘎嘎地追逐欢笑的鸭子；我怀念榕树下洁白的石桥，桥头兀立的刻字的石碑，桥栏杆上被人抚摸光滑了的小石狮子。那汩汩的溪水流走了我童年的岁月，那古老的石桥镌刻着我深深的记忆，记忆里的故事有榕树的叶子一样多……"

5. 人物性格

人物性格不同，语速各异。

年轻、机警、泼辣、快言快语的人物语言、动作要快读；年老、稳重、迟钝的人物语言要慢读。

前者如："'这有什么依不依。——闹是谁也总要闹一闹的，只要用绳子一捆，塞在花轿里，抬到男家，捺上花冠，拜堂，关上房门，就完事了。可是祥林嫂真出格，听说那时实在闹得利害，大家还都说大约因为在念书人家做过事，所以与众不同呢。太太，我们见得多了：回头人出嫁，哭喊的也有，说要寻死觅活的也有，抬到男家闹得拜不成天地的也有，连花烛都砸了的也有。祥林嫂可是异乎寻常，他们说她一路只是嚎，骂，抬到贺家坳，喉咙已经全哑了。拉出轿来，两个男人和她的小叔子使劲地捺住她也还拜不成天地。他们一不小心，一松手，阿呀，阿弥陀佛，她就一头撞在香案角上，头上碰了一个大窟窿，鲜血直流，用了两把香灰，包上两块红布还止不住血呢。直到七手八脚地将她和男人反关在新房里，还是骂，阿呀呀，这真是……。'她摇一摇头，顺下眼睛，不说了。"

后者如："'冬天没有什么东西了。这一点干青豆倒是自家晒在那里的，请老爷……'我问问他的景况。他只是摇头。

'非常难。第六个孩子也会帮忙了，却总是吃不够……又不太平……什么地方都要钱，没有定规……收成又坏。种出东西来，挑去卖，总要捐几回钱，折了本；不去卖，又只能烂掉……'

他只是摇头；"脸上虽然刻着许多皱纹，却全然不动，仿佛石像一般。他大约只是觉得苦，却又形容不出，沉默了片时，便拿起烟管来默默地吸烟了。"

（二）语速的转换

朗诵任何一篇文章，都不能自始至终采用一成不变的语速。朗读者要根据作者感情的起伏和事物的发展变化随时调整自己的朗读速度。在朗读过程中，实现朗读速度的转换是取得朗读成功的重要一环。

（三）语速表达需要注意的问题

读得快时，要特别注意吐字的清晰，不能因为读得快而含混不清，甚至出现"吃字"的现象；读得慢时，要特别注意声音的明朗实在，不能因为读得慢而拖拖沓沓、松松垮垮。总之，在掌握朗读的速度时，要做到"快而不乱""慢而不拖"。

二、语调

为适应思想感情表达的需要，说话或朗读时，句子总是要有高低升降变化的，这种变化就形成了语调。

语调是有声语言所特有的，它是句子的语音标志，是口语表达各种语气的声音色彩。任何句子都带有一定的语调，借助语调，有声语言才有极强的表现力。同样一个"你说过"，采用不同的语调可以表达出不同的情绪：

你说过。（语调平稳，句尾稍抑）

你说过？（语调渐升，句尾稍扬）

你说过！（语调降得既快又低）

你说过？！（语调曲折）

（一）基本语调

语调是千变万化的，它的基本类型有以下四种。

1. 语调平直

朗读时始终平直舒缓，没有显著的高低变化。一般多用在叙述、说明，或表示迟疑、深思、冷淡、悼念、追忆等的句子里。

例如，"住所近边的土坡上，有两棵苍老葱郁的榕树，以广阔的绿阴遮蔽着地面。烈士们的英明和业绩将永垂不朽！"

2. 语调高升

语调前低后高，语气上扬。多用在疑问句、反诘句、短促的命令句，或者是在表示愤怒、发出呼唤、号召的句子里使用。

例如，"我大胆地设想：如果去掉这些荷叶将会怎样？如果光剩下一枝枝光杆荷花茕茕孑立，景色还能这样迷人么？""让暴风雨来得/更猛烈些吧！"

3. 语调降抑

语调逐渐由高降低，末了的字低而短。一般多用在感叹句、祈使句，或表示肯定坚决

自信、赞扬、祝愿等感情的句子里。

例如，"秋天，无论在什么地方的秋天，总是好的。""他们像荷叶一样，也只有两个最简单的名称：人民、群众。可是，荷叶的风格就深深蕴含在他们之中。荷叶的风格不就是人们的伟大的精神的象征！"

4. 语调曲折

语调曲折变化，对句子中某些音节，特别地加重加高或延长，形成一种升降曲折的句子。这种语调常用来表示特殊的感情，如讽刺、讥笑、夸张、强调、反语等。

例如，"'友邦人士'"，从此可以不必惊诧莫名，只请放心来瓜分就是了。""但段政府就有令，说他们是暴徒。"

（二）语调问题需要说明的几点

（1）朗读中的语调是一个涉及面很广的较为复杂的问题，上面分的四种基本类型，只是一个大体上的分类，或者说是对语调的基本情况的一个大体描述，只是一个框框，给语调分类也绝不是硬要把丰富多彩的语调变化强行纳入到一些简单的分类。

（2）不要把这里说的语调类型同书面中的陈述句、祈使句、疑问句、感叹句等句子类型完全等同起来。书面语中句子的句子类型远不能概括口语中千变万化的语调。

（3）朗读中的语调在表现时，始终是同断和连，快和慢，轻和重等联系在一起的。

（4）朗读是一种艺术。这种艺术主要是通过语调加以体现的。朗读语言同生活语言的区别就在于语调。生活语言当然也有语调，但那种语调一般是没有多少起变化的，显得自然、从容。而朗读语言的语调有明显的起伏变化，能使语言表达得更加顺畅、明晰、突出。朗读中一旦失去这种富于变化的较为明显的语调，就无异于一般的生活语言了，实际上朗读也就没有存在的意义了。

（5）朗读中的语调的表现又不同于艺术表演（如朗诵、话剧表演）中的语调的表现。表演语言的语调带有明显的夸张性、表演性。如果把这种夸张性的语言搬到朗读中来，使朗读时的语调奔突跳跃、大起大落，这就会使朗读显得极不自然，也不真实。反过来，朗读中的语调如果介入到生活语言和表演语言之中，那也会叫人感到不伦不类；没有语调的起伏变化固然不行，可起伏变化过大同样也会失去朗读的特点。

以"我去过上海"句子为例，其重音着重点不同，意义也就大相径庭：

我去过上海。——"谁去过上海？"的回答。

我去过上海。——"你去没去过上海？"的回答。

我去过上海。——"北京、上海等地你去过么？"的回答。

思考与练习

1. 朗读节奏的快慢应怎样掌握语速？
2. 朗读的语速要求有哪五个方面？
3. 朗读的基本语调有哪四种？
4. 朗读中的语调问题需要说明的是哪五点？

第四节　朗读综合练习（上）

整篇训练范文——《荷塘月色》

这几天心里颇不宁静✓。今晚在院子里坐着乘凉✓，忽然想起/日日走过的荷塘，✓在这满月的光里，✓总该另有一番样子吧。✓月亮/渐渐地升高了，✓墙外马路上孩子们的欢笑，✓已经听不见了；✓妻在屋里/拍着闰儿，✓迷迷糊糊地哼着眠歌。✓我/悄悄地披了大衫，✓带上门/出去。

这是文章开头的一段，也是定下基调的一段。根据文章的意思内容，以深沉平稳为宜，起调要低一些。共有四个句子，每句交代一个内容。其中不宁静的心情，想起月下的荷塘和末句离家外出这三处要读得更清楚一些。字下加线的词语只需稍加突出，不能过重。有句号或逗号的地方几乎全是降抑调的，为的是反映当时压抑的心情，不能读得太冷。

沿着荷塘，是一条/曲折的小煤屑路。这是一条幽僻的路；白天也少人走，夜晚更加寂寞。荷塘四面，长着许多树，蓊蓊郁郁的。路的一旁，是些杨柳，和一些/不知道名字的树。没有月光的晚上，这路上/阴森森的，有些怕人。今晚却很好，虽然月光也还是/淡淡的。

首句承上而来，在语气和语调上不要有明显的变化。这段文字主要是介绍荷塘周围的情景。小路是"曲折……'幽静'"的，它"小"，又是"煤屑"铺就的。这些介绍相对来说带有客观性，读清楚些即可。"寂寞""阴森森"是以前的感觉，末句虽有一种不足之感，却无怨悔之情。

路上/只我一个人，背着↑手踱着。这一片天地/好像是我的；我也像超出了/平常的自己，到了另一世界里。我/爱热闹↑，也爱冷静✓；爱群居↑，也爱独处↑。像今晚上，一个人/在这苍茫的月下，什么都可以想↑，什么都可以不想✓，便觉是个自由的人。白天里一定要做的事，一定要说的话，现在都可不理。这是/独处的妙处，我且受用这无边的荷香月色好了。

这是全文中最直接地表露自己感情的一段，必须认真把握住感情，力求反映得准确。首句既是交代，又是产生观后情感的"环境条件"，朗读时可以放松些，稍慢些，以突出"踱"的意味。分号前后两句话，要突出后面一句，这一句表明了对"平常的自己"是不满的，有自责的感情。"热闹""冷静"和"群居""独处"是意义相对的两组词语，要读出对比来，可以一扬一抑。有"什么"的两句，强调的是"想"与"不想"，重音不宜落在"什么"上，"不理"不是气话，语气不能过火。末句是点示，为下文描写荷塘月色做了很好的过渡。

曲曲折折的荷塘上面，弥望的是田田的叶子。叶子出水很高，像亭亭的舞女的裙✓。层层的叶子中间✓，零星地点缀着些白花，有袅娜地开着的，有羞涩地打着朵儿的；正如/一粒粒的明珠，又如碧天里的星星✓，又如刚出浴的美人。微风过处，送来/缕缕清香，仿佛远处/高楼上渺茫的歌声似的。这时候/叶子与花也有一丝的颤动，像/✓闪电般，霎时传过荷塘的那边去了。叶子/本是肩并肩密密地挨着，这便宛然有了一道/凝碧的波痕。叶子底下/是脉脉的流水，遮住了，不能见一些颜色；而叶子/却更见风致了。

从这一段开始，文章进入正题了。写时很注重条理，先写"月色下的荷塘"。"曲曲折折"是说荷塘的总体情况是不规则的，读得慢些。"上面"与末句的"底下"相对，而且是作者着重描写的部分，这两个词读起来刻意强调一些。以后是按叶子、花、水的顺序分写的。由于句子的抒情味很浓，所以要特别注意感情的节制。读"叶子"句的时候，重在反映它高和美的特点，不要把感情处理得太浓。读"花"的时候，感情色彩开始加重，"羞涩"

一词应极力反映出情态。由于句子形成比较整齐，要读得灵活些，有适当的变化。"微风过处"开始，是景物的"动态"描写，是抒情味最重的句子，读时似乎能让人闻到花的清香，听到渺茫的歌声，轻、柔、缓结合，易于出现这样的效果。"闪电"虽是短暂的，读时却不能急。再接读"叶子""流水"时，感情渐渐趋于平和。

（平和）

月光/如流水一般，静静地泻在这<u>一片</u>/叶子和花上。<u>薄薄</u>的青<u>雾</u>/浮起在荷塘里。叶子和花/仿佛在<u>牛乳中洗</u>过一样；又像笼着轻纱的梦。虽然是满<u>月</u>，天上却有一层<u>淡淡</u>的云，所以不能<u>朗照</u>；但我以为这恰是到了好处—酣眠固不可少，<u>小睡</u>/也别有风味的。月光/是隔了树照过来的，高处<u>丛生</u>的灌木，落下/<u>参差的斑驳的</u>/黑影，峭楞楞如鬼一般；弯弯的/杨柳的稀疏的<u>倩影</u>，却又像是画在荷叶上。塘中的<u>月色</u>并不均匀；但光<u>与影</u>有着和谐的<u>旋律</u>，如梵婀玲上奏着的名曲。

接写"荷塘上的月色"。

"月光"二字位于段首，标志着内容的转换，可以适当地读重些，再做些延续后接读下文。"流水""轻纱""静静地""淡淡"等词，以读得柔和来突出它们，如果重读就和意境不符。"泻""浮"和"笼"是三个用得精妙的动词，不能忽视。"虽然"一句与前面的情调不同些，具有补充上文的作用，就可以与前文区别开来。"酣眠"与"小睡"两句，不能读得一样，要突出的是后者，要读得比前句慢些。"黑影"和"倩影"前面的修饰语较多，要有间隔，但又不能完全割断。"弯弯"是修饰"杨柳"的，这中间不能断开。末句写的是"月光"，内容不同，这个词要读得分明。

荷塘的<u>四面</u>，远远近近，高高低低都是/<u>树</u>，而杨柳最多。这些树/将一片荷塘重重围住；只在小路<u>一旁</u>，漏着几段空隙，像是<u>特为</u>月光留下的。树色/一例是阴阴的，乍看像一团烟雾；但杨柳的<u>丰姿</u>，便在烟雾里也辨得出。树梢<u>上</u>/隐隐约约的是一带远山，只有些<u>大意</u>罢了。树缝里也漏着一两点路灯光，<u>没精打采</u>的，是<u>瞌睡人的眼</u>。这时候/<u>最</u>热闹的，要数树上的<u>蝉声</u>与水里的<u>蛙声</u>；但热闹是它<u>们</u>的，我/<u>什么</u>也没有。

再写"荷塘的四面"。

仍侧重于抒情，但与前面两段相比，已有所减弱。首句可保留前段的感情，不能陡然下降。"四面""树""杨柳"依然要读清楚。"远远近近""高高低低"不能呆板，也不能过于强调，以防主要内容受到影响。"阴阴的"与"烟雾"相合，读得低缓些。"但杨柳的丰姿"一句要适当昂起，以突出姿态之美，不含糊。"树梢上"的"上"，"只有些大意"中的"大意"要有点力度，因为指的是"上方"和"大概的意思"。"没精打采""瞌睡人"要反映的是情趣，不要受字面的感情读下来，分号后在"但"和"我"后面做一较短的停顿，读得缓慢些。

忽然想起采莲的事情来了。采莲是江南的旧俗，似乎很早就有，而六朝时为盛；从诗歌里可以约略知道。

于是又记起《西洲曲》里的句子：

采莲南塘秋，莲花过人头；低头弄莲子，莲子清如水。今晚若有采莲人，这儿的莲花也算得"过人头"了；只不见一些流水的影子，是不行的。这令我到底惦着江南了。——这样想着，猛一抬头，不觉已是自己的门前；轻轻地推门进去，什么声息也没有，妻已睡熟好久了。

从这里开始，在内容上与"荷塘月色"已无直接关系了，反映的是一种思乡的感情。但在处理上还是要注意联系的，以与荷塘有关的采莲来转换内容，所以"采莲"与"江南"要重读突出。"采莲"以下的句子可以用"讲述"的语气，显得客观些。四句诗可以用一般朗读古诗的口气，不要做作，拖腔不要太明显。最后文章已处于完全收势状态，朗读也便在平缓中结束。

《荷塘月色》赏析：

采莲的是少年的女子，她们是荡着小船，唱着艳歌去的。采莲人不用说很多，还有看采莲的人。那是一个热闹的季节，也是一个风流的季节。梁元帝《采莲赋》里说得好：

于是妖童媛女，荡舟心许；鹢首徐回，兼传羽杯；櫂将移而藻挂，船欲动而萍开。尔其纤腰束素，迁延顾步；夏始春余，叶嫩花初，恐沾裳而浅笑，畏倾船而敛裾。

可见当时嬉游的光景了。这真是有趣的事，可惜我们现在早已无福消受了。

《荷塘月色》文之所以美，就在于作品营造出了一个深邃清幽的意境。散文的意境有三个必备的要素，即语言的真切、景物的真实、情感的真挚。本文正是以真切的语言描绘了一幅真实的景物，抒发出了长期郁积于内心深处的真挚的情感。赏析本文也就必须从这"三真"入手，而在这"三真"中，对语言的真切的分析又当为揭示其他"二真"的必由门径。

1. 以真言写真景

《荷塘月色》描写了哪些景物呢？文题标得明白：一是荷塘，一是月色。在历代诗文中写荷塘的不少，写月色的更多。但本文的"荷塘""月色"绝对区别于其他的"荷塘""月色"。这里的荷塘不会是"接天莲叶无穷碧，映日荷花别样红"；这里的月色也不能是"玉户帘中卷不去，捣衣砧上拂还来"。这里的荷塘是"月下的荷塘"，这里的月色是"荷塘的月色"。正因为作品鲜明地突出了景物的特色，生动真实地再现了特定环境下的特定景物，文章所要抒发的真挚感情才有可靠的寄托，才让读者感到真实亲切。

先看对荷叶的描写："叶子出水很高，像亭亭的舞女的裙。"如果我们抛开特定的环境，用"青翠的玉盘"来比喻荷叶行吗？当然行，而且表现力相当强。这样的描写既绘出了荷叶的色，又表现了荷叶的质，还状摹了荷叶的形。然而这种比喻只好在朝霞、夕照里，或蒙蒙细雨中，绝不能在淡淡的月光下。夜不辨色，更难辨质，月色中所见的荷叶，主要是其自然舒展的形态，与裙十分相似。

写荷花，原文连用了三个比喻："层层的叶子中间，零星地点缀着些白花，有袅娜地开着的，有羞涩地打着朵儿的；正如一粒粒明珠，又如碧天里的星星，又如刚出浴的美人。"文章在收入教材时删去了最后一喻。这一喻有什么不妥呢？荷花娇艳华贵，堪以美人作比。宋代诗人杨成里的《莲花》诗中就有"恰如汉殿三千女，半是浓妆半淡妆"的句子。但在这里不行。朦胧的月色中把荷花看成美人，而且是刚出浴的，这样的感觉肯定不是真实的。相反，若不是在朦胧的月色中，而将荷花比作"明珠"和"星星"也有几分牵强。

文章这样描写荷香："微风过处，送来缕缕清香，仿佛远处高楼上渺茫的歌声似的。"这种断断续续，似有似无的感觉绝不会产生于书声琅琅的清晨，也不会产生于阳光刺目的中午，只能产生于"墙外马路上孩子们的欢笑，已经听不见了"的寂静的月夜。我们再看另一个写花香的句子："这里除了光彩，还有淡淡的清香，香气似乎也是淡紫色的，梦幻一般轻轻地笼罩着我。"（《紫藤萝瀑布》）这是灿烂阳光下的花香，紫色的花儿正"在和阳光

99

互相挑逗"着，满目耀眼的紫色刺激的作者生出"香气也是淡紫色的"这样的感觉显得十分自然。

直接描写月光的只有一句，本文多是以影写月，这也是被历代文人所称道的表现技法。"高处丛生的灌木，落下参差的斑驳的黑影；弯弯的杨柳的倩影，却又像是画在荷叶上。塘中的月色并不均匀；但光与影有着和谐的旋律，如梵阿玲上奏着的名曲。"这里的黑影参差且斑驳，给人一种摇荡起伏的去感。为什么？就因为它落在荷塘里。荷塘里"微风过处……叶子与花也有一丝的颤动，像闪电般，霎时传过荷塘那边去了，叶子本是肩并肩密密地挨着，这便宛然有了一道凝碧的波痕。"黑影落在这波痕上面，当然更显参差和斑驳。也正因为荷塘处于这种动态，杨柳的倩影才像"画"而不是"印"在荷叶上。也正因为有了那道凝碧的波痕，光与影才现出条条五线谱似的曲线，让人联想到梵阿玲上奏着的名曲。

2. 以真言抒真情

文坛许多作家为了写出不朽之作，都刻意追求作品能反映自己的真情实感，但文章写出来，又往往给人矫揉造作之嫌。这其中的原因当然是多方面的，而一个重要的原因则是缺乏精深的语言功力，以至造成一字不稳，真情尽失的遗恨。《荷塘月色》一文则能以准确贴切的语言，抒发出作者因置身于良辰美景而生出的"淡淡的喜悦"，以及社会带来的又终究难以排遣的"淡淡的哀愁"。

荷塘月色是美妙温馨的，这样的景色当然能给人以喜悦。本文少有直接抒情的句子，但透过写景的词语便不难体察作者当时喜悦的心情。叶子像裙，裙又是"亭亭的舞女的"；花是"袅娜"地开着，"羞涩"地打着朵儿；花香似"歌声"，光与影如"名曲"。这些词语哪个不饱含喜悦色彩？但这种喜悦毕竟是"淡淡的"，没有激动和狂喜。上节提到的删去的"刚出浴的美人"一喻，除了它有悖于特定的环境外，也与"淡淡的喜悦"这一特定的情感不谐。试想，面前立一群"刚出浴的美人"，表现出的喜悦还能是"淡淡的"吗？

在整个写景过程中一直充溢着这种"淡淡的喜悦"，但原文在"落下参差的斑驳的黑影"后还有一句"峭楞楞如鬼一般"；仅此一句，就足以搅扰了温馨的美景，破坏了喜悦的心情。峭楞楞的鬼影带给人的只有恐怖，没有喜悦，就连那"淡淡的哀愁"也不会由此产生，更不会生出"梵阿玲上奏着的名曲"如此美妙的联想。尽管身处良辰美景，到底无法排遣"淡淡的哀愁"。"一个人在苍茫的月光下，什么都可以想，什么都可以不想，便觉是个自由的人。"语中置一"觉"字，文章便增添了无穷意味；少这一字，则真成了自由的人，那就只有喜悦，没了哀愁。还有，"白天一定要做的事，一定要说的话，现在都可以不理"中的两个"一定"，更能表现出作者内心深处难言的苦衷。

在对美景的描写过程中应该尽是喜悦了吧？也不尽然。看这句："树缝里也漏着一两点路灯的光，没精打采的，是瞌睡人的眼。"描写路灯，尽选消极的词语和事物，而且句式舒缓，语调低沉，读者从字里行间似乎能听到作者无可奈何的叹息声。同是写灯，《我的空中楼阁》是这样的语言："山下的灯把黑暗照亮了，山上的灯把黑暗照淡了，淡如烟，淡如雾，山也虚无，树也缥缈。"句式整齐，节奏明快，在这如歌的行板中洋溢着作者按捺不住的喜悦。以上两段描写，词语当然不能互换，就连句式也绝不能互调。

当然，课堂教学不同于单纯的文学欣赏，它不能仅仅局限于评价某篇文章的美学意义，而是重在激发学生学习散文的兴趣，传授赏析这类散文的方法，即自觉地运用比较的方法

认识散文的语言美，并在分析语言的过程中，去神游文中描写的美景，感受其抒发的真情，以得到美的熏陶、情的感染，有效地提高学生欣赏以至写作散文的能力。

第五节　朗读综合练习（下）

整篇训练自习——《白杨礼赞》

一、原文

白杨树实在不是平凡的，我赞美白杨树！

汽车在望不到边际的高原上奔驰，扑入你的视野的，是黄绿错综的一条大毡子。黄的是土，未开垦的荒地，几十万年前由伟大的自然力堆积成功的黄土高原的外壳；绿的呢，是人类劳力战胜自然的成果，是麦田。和风吹送，翻起了一轮一轮的绿波，——这时你会真心佩服昔人所造的两个字"麦浪"，若不是妙手偶得，便确是经过锤炼的语言的精华。黄与绿主宰着，无边无垠，坦荡如砥，这时如果不是宛若并肩的远山的连峰提醒了你，你会忘记了汽车是在高原上行驶，这时你涌起来的感想也许是"雄壮"，也许是"伟大"，诸如此类的形容词，然而同时你的眼睛也许觉得有点倦怠，你对当前的"雄壮"或"伟大"闭了眼，而另一种味儿在你心头潜滋暗长了——"单调"。可不是，单调，有一点儿吧？

然而刹那间，要是你猛抬眼看见了前面远远地有一排——不，或者甚至只是三五株，一二株，傲然地耸立，像哨兵似的树木的话，那你的恹恹欲睡的情绪又将如何？我那时是惊奇地叫了一声的！

那就是白杨树，西北极普通的一种树，然而实在是不平凡的一种树。

那是力争上游的一种树，笔直的干，笔直的枝。它的干通常是丈把高，像加过人工似的，一丈以内，绝无旁枝。它所有的丫枝一律向上，而且紧紧靠拢，也像加过人工似的，成为一束，绝不旁逸斜出。它的宽大的叶子也是片片向上，几乎没有斜生的，更不用说倒垂了；它的皮光滑而有银色的晕圈，微微泛出淡青色。这是虽在北方风雪的压迫下却保持着倔强挺立的一种树。哪怕只有碗那样粗细，它却努力向上发展，高到丈许，两丈，参天耸立，不折不挠，对抗着西北风。

这就是白杨树，西北极普通的一种树，然而决不是平凡的树！

它没有婆娑的姿态，没有屈曲盘旋的虬枝。也许你要说它不美，如果美是专指"婆娑"或"旁逸斜出"之类而言，那么，白杨树算不得树中的好女子；但是它伟岸，正直，朴质，严肃，也不缺乏温和，更不用提它的坚强不屈与挺拔，它是树中的伟丈夫！当你在积雪初融的高原上走过，看见平坦的大地上傲然挺立这么一株或一排白杨树，难道你就只觉得它只是树？难道你就不想到它的朴质，严肃，坚强不屈，至少也象征了北方的农民？难道你竟一点也不联想到，在敌后的广大土地上，到处有坚强不屈，就像这白杨树一样傲然挺立的守卫他们家乡的哨兵？难道你又不更远一点想到这样枝枝叶叶靠紧团结，力求上进的白杨树，宛然象征了今天在华北平原纵横决荡，用血写出新中国历史的那种精神和意志？

白杨不是平凡的树。它在西北极普遍，不被人重视，就跟北方的农民相似；它有极强的生命力，折磨不了，压迫不倒，也跟北方的农民相似。我赞美白杨树，就因为它不但象

征了北方的农民，尤其象征了今天我们民族解放斗争中所不可缺的朴质，坚强，力求上进的精神。

让那些看不起民众，顽固的倒退的人们去赞美那贵族化的楠木，去鄙视这极常见，极易生长的白杨吧，我要高声赞美白杨树！

二、相关知识简介

1. 写作背景

《白杨礼赞》写于 1941 年 3 月，是茅盾根据自己 1940 年从新疆归来赴延安途中的见闻和感受写的一篇散文。当时，抗日战争正处于艰苦的相持阶段，日本帝国主义正加紧对国民党的诱降。国民党反动政府阴谋制造了"皖南事变"，进犯抗日根据地；日寇也因此肆无忌惮地向我敌后抗日根据地进行疯狂扫荡。面对这种严酷的现实，全国人民，特别是抗日根据地军民在中国共产党与毛泽东的领导下，毫不妥协，坚持抗战。从 1940 年 5 月起，茅盾在延安生活了五个月，他耳闻目睹在中国共产党领导下抗日根据地人民的沸腾生活，从根据地人民身上看到中华民族远大的前途，因此在 1941 年写下了这篇文章热烈地歌颂他们。

这篇散文是作者以昂扬的革命激情，通过对白杨树的赞美，歌颂了在中国共产党领导下坚持抗战的北方农民，及其所代表的我们民族的质朴、坚强、力求上进的精神。茅盾的作品大部分是着力暴露旧社会黑暗的，正面歌颂党领导的革命斗争的作品并不多，这与作者的生活经历有关。但是，当他一踏上解放区的土地，便深深地被那里的一切所感动。于是，他不顾国民党反动派的白色恐怖，把解放区的新鲜空气带给了国统区的广大人民，用笔表示了他对共产党、对根据地军民的衷心赞美，写下了《白杨礼赞》这样热情洋溢的赞歌。

《白杨礼赞》选自《见闻杂记》。在新中国成立前夕出版的《茅盾文集》后记中，作者这样写道："祝福这些纯洁而勇敢的祖国儿女，我相信他们不久就可以完成历史赋予他们的使命，而他们的英姿也将在文艺上有更完整而伟大的表现。"可见，作者不仅是在赞颂，而且在他们身上看到了祖国的未来，并寄予了无限的希望。

2. 词语注释

视野：眼睛看到的空间范围。

坦荡如砥（dǐ）：平坦的像磨刀石。

潜滋暗长：暗暗地不知不觉地生长。滋：生长。

恹恹（yān）：精神不好、困倦的样子。

旁逸斜出：意思是（树枝）从树干的旁边斜伸出来。逸，原是"逃"的意思。

晕圈（yùn）：模模糊糊的圈。

虬枝：像龙一样盘曲的枝条。虬（qiú），传说中的一种龙。

伟岸：魁梧，高大。

纵横决荡：纵横驰骋，冲杀突击。

楠（nán）木：常绿乔木，木质坚实，是贵重的木材。

秀颀（qí）：美而高。颀，高。

3. 同义词辨析

鄙视与轻视：两个词都是动词，都有看不起的意思。主要区别是"鄙视"有鄙夷、轻视的意思；"轻视"则有不重视、不认真对待的意思。比较而言，"鄙视"所代表的比轻视的程度要重一些。

本课例句："让那些……去鄙视这极常见、极易生长的白杨树吧，我要高声赞美白杨树！"

4. 整体解读

这是一篇托物抒情的散文，写于1941年。在此之前，作者茅盾在新疆工作一个时期之后，到延安讲学。当时，正是抗日战争的相持阶段，他亲眼目睹了北方军民在共产党的领导下同心同德、团结抗战的情形，从解放区的人民身上看到了民族解放的前途和希望，深受鼓舞，写下了这篇热情洋溢的散文。

5. 本文的写作手法

本文采用象征手法，通过对白杨树不平凡形象的赞美，歌颂了中国共产党领导下的抗日军民和整个中华民族紧密团结、力求上进、坚强不屈的革命精神和斗争意志。

（1）在充分认识白杨树的外形特征及内在气质的基础上，理解景物描写中所蕴含的作者的思想感情，理解白杨树的象征意义。

（2）把握散文的线索，理解作者的思路，读懂课文的关键，紧扣文中赞美白杨树不平凡的抒情线索，提纲挈领，以此带动对全篇的理解分析。

（3）注意朗读，以便更直接地感受本文直抒胸臆的抒情性语言。

三、具体段落解析

第一段：

直抒胸臆，点明题旨——赞美白杨树的不平凡。展示背景，突出主体。描写西北高原的景色，从直观感觉写出白杨树出现在这里的不平凡。

开门见山点明题旨后，读者最迫切想知道的是：白杨树为什么不平凡？作者如何来赞美白杨树？对此，作者并不立即回答，而是从容描写西北高原的景象。

先以比喻勾出西北高原的特有景色，然后分写"黄"与"绿"。不仅讴歌了大自然的伟大创造力，并且对劳动人民改造自然的伟大力量深表赞叹。接着，又用彩笔浓抹出西北高原的特色——"黄与绿主宰着，无边无垠，坦荡如砥"，这就自然令人产生"雄壮"或"伟大"的感觉，但同时也会感到有一点"单调"。

在指出不足之后，笔锋突然一转，由景及树，将白杨树引到读者的眼前。这里，作者为安排白杨树的出现，颇具匠心。白杨树不是生长在南方风和日丽、鸟语花香的沃土中，而是生长在天地开阔、一望无际的西北高原，它以坚强挺拔的英姿傲然耸立着。映入作者眼帘的是"一排""三五株，一二株"，由远而近，看得更真切。这不能不使作者"恹恹欲睡的情绪"为之一振，并发出惊奇的赞叹。

这部分采用了先扬后抑再扬的写法。写高原景色，先写产生"雄壮""伟大"的感觉，后写产生倦怠单调的感觉，再写于"恹恹欲睡"之中猛醒，惊奇于傲然耸立的白杨树的出现，真可谓一波三折。

第二段：

本段先写白杨树的外形特征，再写白杨树的内在气质，全段呈"总—分—总"结构。第一句总写，概括全段的中心内容。"笔直"是白杨树的外形特征，"力争上游"既是白杨树的外形特征，也是白杨树内在精神的外露。第二至第五句从白杨树的干、枝、叶、皮分说，具体描绘白杨树的外在形象，每一细节描绘，都体现了"力争上游"的特征：干，写出其高大正直；枝，写出其团结向上；叶，写出其顽强不屈；色，写出其平凡朴实。最后两句是总说，但内容已经深化，着重写白杨树的内在气质（精神），突出了它"倔强挺立""不折不挠"的个性特征。

第三段：

深入主体，具体描绘白杨树的形象及气质，进一步赞美白杨树的不平凡。

连用四个"难道"，节奏一句比一句强烈，联想一句比一句扩展，内容一句比一句深刻，从而使白杨树的象征意义由浅入深，由含蓄到明朗逐渐展示出来，使主题逐渐深化。

第四段：

揭示中心，点明意义。进一步揭示白杨树的内在气质，从礼赞白杨树进而直接点明其象征意义。

第五段：

照应开头，深化中心。斥责贱视民众的反动派，再次以高度的热情赞美白杨树。

有了以上的详细介绍，同学们再根据前几章节融会贯通的基础知识材料，朗读起来，不会感到有多大困难了。在练习朗读的同时，也是进一步消化、巩固与提高的过程。

思考与练习

1. 《白杨礼赞》有怎样的写作背景？
2. 作者以怎样的激情写下了《白杨礼赞》？
3. 朗读中，怎样整体解读《白杨礼赞》？

附：朗诵经典诗词

1. 见与不见

你见，或者不见我
我就在那里
不悲不喜
你念，或者不念我
情就在那里
不来不去
你爱，或者不爱我

爱就在那里
不增不减
你跟，或者不跟我
我的手就在你手里
不舍不弃
来我的怀里
或者
让我住进你的心里
默然　相爱
寂静　欢喜

2.　一棵开花的树

如何让你遇见我
在我最美丽的时刻
为这
我已在佛前求了五百年
求它让我们结一段尘缘
佛于是把我化作一棵树
长在你必经的路旁
阳光下慎重地开满了花
朵朵都是我前世的盼望
当你走近
请你细听
颤抖的叶是我等待的热情
而你终于无视地走过
在你身后落了一地的
朋友啊　那不是花瓣
是我凋零的心

3.　面朝大海　春暖花开

从明天起，做一个幸福的人
喂马，劈柴，周游世界
从明天起，关心粮食和蔬菜
我有一所房子，面朝大海，春暖花开
从明天起，和每一个亲人通信
告诉他们我的幸福
那幸福的闪电告诉我的
我将告诉每一个人
给每一条河每一座山取一个温暖的名字

陌生人，我也为你祝福
愿你有一个灿烂的前程
愿你有情人终成眷属
愿你在尘世获得幸福
我只愿面朝大海，春暖花开

4. 雨巷

撑着油纸伞
独自彷徨在悠长，悠长
又寂寥的雨巷
我希望逢着
一个丁香一样的
结着愁怨的姑娘
她是有
丁香一样的颜色
丁香一样的芬芳
丁香一样的忧愁
在雨中哀怨
哀怨又彷徨
她彷徨在这寂寥的雨巷
撑着油纸伞
像我一样
像我一样地
默默行着
冷漠，凄清，又惆怅
她静默地走近
走近，又投出
太息一般的眼光
她飘过
像梦一般的
像梦一般的凄婉迷茫
像梦中飘过
一枝丁香的
我身旁飘过这女郎
她静默地远了，远了
到了颓圮的篱墙
走尽这雨巷
在雨的哀曲里
消了她的颜色

散了她的芬芳
消散了，甚至她的
太息般的眼光
丁香般的惆怅
撑着油纸伞
独自彷徨在悠长，悠长
又寂寥的雨巷
我希望飘过
一个丁香一样的
结着愁怨的姑娘

5. 再别康桥

轻轻的我走了，
正如我轻轻的来；
我轻轻的招手，
作别西天的云彩。
那河畔的金柳，
是夕阳中的新娘；
波光里的艳影，
在我的心头荡漾。
软泥上的青荇，
油油的在水底招摇；
在康河的柔波里，
我甘心做一条水草！
那榆荫下的一潭，
不是清泉，是天上虹；
揉碎在浮藻间，
沉淀着彩虹似的梦。
寻梦？撑一支长篙，
向青草更青处漫溯；
满载一船星辉，
在星辉斑斓里放歌。
但我不能放歌，
悄悄是别离的笙箫；
夏虫也为我沉默，
沉默是今晚的康桥！
悄悄的我走了，
正如我悄悄的来；
我挥一挥衣袖，

不带走一片云彩。

6. 回答

卑鄙是卑鄙者的通行证，
高尚是高尚者的墓志铭，
看吧，在那镀金的天空中，
飘满了死者弯曲的倒影。
冰川纪过去了，
为什么到处都是冰凌？
好望角发现了，
为什么死海里千帆相竞？
我来到这个世界上，
只带着纸、绳索和身影，
为了在审判前，
宣读那些被判决的声音。
告诉你吧，世界
我——不——相——信！
纵使你脚下有一千名挑战者，
那就把我算作第一千零一名。
我不相信天是蓝的，
我不相信雷的回声，
我不相信梦是假的，
我不相信死无报应。
如果海洋注定要决堤，
就让所有的苦水都注入我心中，
如果陆地注定要上升，
就让人类重新选择生存的峰顶。
新的转机和闪闪星斗，
正在缀满没有遮拦的天空。
那是五千年的象形文字，
那是未来人们凝视的眼睛。

第六节　绕口令

绕口令又称急口令、吃口令、拗口令等，是一种汉族传统的语言游戏。由于它将若干双声、叠词词汇或发音相同、相近的语、词有意集中在一起，组成简单、有趣的语韵，要求快速念出，所以读起来使人感到节奏感强，妙趣横生。

绕口令的最大特点是"拗口"。它是学习语言艺术，是学相声、快板的必修课。可以锻炼人"舌""唇""齿"的相互配合的技巧，被形象地称为"口腔体操"。 这里精选了一批

流传较早、较广、较经典的绕口令，有的是适合儿童练习的绕口令。

一、绕口令的产生及发展

关于绕口令的产生，可以追寻到 5000 多年前的黄帝时代。古籍中侥幸保存下来的《弹歌》"晰竹，续竹，飞土"，相传为黄帝时所作。据考证，这是比较接近于原始形态的歌谣，其中，已经有了绕口令的基本成分——双声叠韵词。由此推想，很可能在文字出现以前，绕口令就已经萌动于汉族劳动人民的口头语言之中了。

随着语言文字的形成和发展，我们的祖先越来越注意汉字字音前后各部分的异同现象，发现了越来越多的双声叠韵词。这些双声叠韵的关系，处理不好，很容易缠绕混淆；处理好了，又可以产生不同凡响的音韵美。这使得一些人想到寻找规律，练习发音，训练口头表达。于是，他们开始有意识地把一些声韵相同的字组合在一起，故意兜圈子，绕弯子，连续成句子，教儿童念、诵。其中一些音韵响亮而又拗口、诙谐风趣的句子，不仅儿童喜欢，不少青年人也很喜欢。这样，一个人唱出或几个人唱和，就在人民群众中耳口相传，流传开来。在流传过程中，人们又不断修改、加工、充实、完善，使它更近似于一首首幽默诙谐的歌谣，更加妙趣横生。至于谁是绕口令的具体作者和修改者，人们根本没有留意。因此，也就无所谓哪首绕口令是哪个人的作品了。

由于绕口令的逐步完善，在人民群众中日渐流传，一些接近下层人民的文人也开始注意这一通俗的文艺形式。稍后于屈原的楚国作家宋玉，就曾经把双声叠韵的词汇引进了诗歌创作的殿堂。长篇政治抒情诗《九辩》是他的代表作，其中大量采用了声韵相通的词，使得语句音节错综变化，读来音韵谐美，情味悠长。这无疑大大扩展了它的地位和影响。不少文人还在喝茶饮酒的时候，即兴编上几句，当作酒令，或者教给儿童念诵。保留至今的古代绕口令，差不多都是文人模拟汉族民间绕口令作的。我们还可以看到唐代诗人温庭筠在 1000 多年前的《李先生别墅望僧舍宝刹，因作双韵声》："栖息消心象；檐楹溢艳阳，帘栊兰露落，邻里柳林凉。高阁过空谷，孤竿隔古冈，潭庭同淡荡，仿佛复芬芳。"宋代大文学家苏轼作过《吃语诗》（"散居剑阁隔锦官"），明代文学家高启作过《吴宫词》（"筵前怜婵娟"）。从内容上看，这些绕口令大都是酒足饭饱之余的乘兴消遣之作，没有多少价值，从形式上看，几乎都是咬文嚼字的文字游戏，书卷气浓重，晦涩难懂，最广大的下层民众和少年儿童只有敬而远之。这大大影响了绕口令的语言价值和文学价值，影响了绕口令的普及和提高。关于古代的绕口令，明代文学家谢肇淛所撰的《文海披沙》卷五，曾做过一些记载。

另外，汉族民间流传的绕口令保持和发扬了它的通俗浅显的特点，越来越完善，并且被搜集整理出来。清朝末年，意大利驻中国的官员韦大利搜集的《北京儿歌》（1896 年出版，英汉对照本）中，就有绕口令《玲珑塔》。何德兰搜集的《孺子歌图》中，也有绕口令《秃丫头》。

"五四"新文化运动以后，我国现代文学越来越接近下层人民，随之而起的儿童文学也逐渐成为文艺大军的一个支队，这为绕口令的发展又开辟了一条道路。但是，由于社会意识和创作者思想的局限，不少绕口令的基调还是很低的。例如，《螺蛳和骡子》："胡子担了一担螺蛳，驼子骑了一匹骡子。胡子的螺蛳撞了驼子的骡子，驼子的骡子踩了胡子的螺蛳。胡子要驼子赔胡子的螺蛳，驼子要胡子赔驼子的骡子。胡子骂驼子，驼子打胡子，螺蛳也

爬到骡子头上去啃鼻子。"这反映了旧社会"人不为己，天诛地灭"的社会意识，反映了人与人之间赤裸裸的利害关系。新中国成立后，绕口令的思想内容也发生了明显的变化，如20世纪60年代流传的绕口令《赔钵钵》："你婆婆借给我婆婆一个钵钵，我婆婆打烂了你婆婆的钵钵。我婆婆买来一个钵钵，还给你婆婆。你婆婆说什么也不要我婆婆赔钵钵，我婆婆硬要把买来的钵钵还给你婆婆。"这就反映了60年代人与人之间的关系，充满了新的时代气息。

二、绕口令综合练习

1. 哥挎瓜筐过宽沟

哥挎瓜筐过宽沟，
赶快过沟看怪狗，
光看怪狗瓜筐扣，
瓜滚筐扣哥怪狗。

2. 喇嘛和哑巴

打南边来了个哑巴，腰里别了个喇叭；
打北边来了个喇嘛，手里提了个獭犸。
提着獭犸的喇嘛要拿獭犸换别着喇叭的哑巴的喇叭；
别着喇叭的哑巴不愿拿喇叭换提着獭犸的喇嘛的獭犸。
不知是别着喇叭的哑巴打了提着獭犸的喇嘛一喇叭；
还是提着獭犸的喇嘛打了别着喇叭的哑巴一獭犸。
喇嘛回家炖獭犸，哑巴嘀嘀哒哒吹喇叭。

3. 八百标兵奔北坡

八百标兵奔北坡，
北坡炮兵并排跑。
炮兵怕把标兵碰，
标兵怕碰炮兵炮。

4. 四和十

四和十，十和四，十四和四十，四十和十四。说好四和十得靠舌头和牙齿，谁说四十是"细席"，他的舌头没用力；谁说十四是"时势"，他的舌头没伸直。认真学，常练习，十四、四十、四十四。

5. 嘬口音

山前有个崔粗腿，山后有个崔腿粗。
二人山前来比腿，不知是崔粗腿比崔腿粗的腿粗，还是崔腿粗比崔粗腿的腿粗？

6. 白石塔

白石搭白塔，
白塔白石搭。
搭好白石塔，
白塔白又大。

7. 化肥会挥发

黑化肥发灰，
灰化肥发黑。
黑化肥发灰会挥发，
灰化肥挥发会发黑。
黑化肥挥发发灰会花飞，
灰化肥挥发发黑会飞花。

第五章 演 讲

"绝对精彩！他是一个真正的演讲大师！"当巴拉克·奥巴马在 2004 美国民主党全国代表大会上用一番慷慨激昂的主题演讲震撼了全美国之后，人们竟如此赞赏他的演讲魅力。

其实，他的演讲只用了 20 分钟，不到 2300 字，却牢牢抓住了美国人民的心，并赢得全世界的好评。为什么？因为他演讲的观点清晰、语言优美、内涵深刻，堪称形式与内容的完美结合；所传递的信息鲜明、有力，并且用最有效的方式表达出来。各大媒体美其名曰："一颗冉冉升起的新星！"从此，一位非洲后裔的奥巴马以绝对的优势登上了美国总统的宝座。从此，既改变了他个人的命运，也改变了美国的命运。这一位火箭式崛起的政治人物之所以成功，可以说几乎没有什么其他推动力比他无与伦比的沟通能力更重要了。

要说演讲的意义与作用之大，恐怕很难找到比这更有说服力的事例了。

第一节 演讲概述

一、成功演讲的必备条件

1. 文稿讲究口语

演讲稿应该是用口语而不是用书面语言写成的。因为演讲都必须是讲出来的，而不是念出来或者背诵出来的。鲁迅先生说，我们要说现代的、自己的话，用活着的白话，将自己的思想感情直白地说出来。马克思说得更干脆："你怎么说就怎么写，怎么写就怎么说。"

2. 主题必须集中

命题演讲对主题的要求比一般文章更高，尤其对议论性的演讲来说，除了要紧扣命题、立论正确、论据真实而充分、论证严密外，还应做到：角度要小，只能阐述其中的一个方面，切忌面面俱到，全面铺开；思想要深，要有自己的独到见解，演讲者只有具备正确的世界观，才能做到这一点。

3. 情节须能感人

就表现先进人物、先进事迹的叙事性演讲而言，在概述性地交代人物的先进事迹的基础上，必须选择两三个感人的典型事例，要像小说那样，表现人物的语言、行动、内心的思想活动，使听众如闻其声、如见其人。这样的演讲才能感染听众、打动听众，从而达到教育听众的目的。

4. 演讲要有魅力

演讲不仅是口语表达的艺术，而且是演讲者品格修养、知识经验、思想情操和风度仪态的综合体现。听众不仅听其声、解其义，还要观其形、悟其情。只有通过对有声语言和体态语言的恰当处理，才会产生感人的艺术魅力。

5. 内容新颖、独特

所谓新颖，是指演讲的内容要具有时代的特征。要注意针对性，要讲听众普遍关心和迫切需要的热点问题。独特也叫独创，是指演讲者要有自己独到的见解，"言前人所未言，发古人所未发"，不能因袭别人的观点，也不能生搬硬套别人的语言，要形成自己的风格。"善学邯郸，莫失故步，善学仙术，不为药误，我有佛灯，独照独明，不取亦取，虽师勿师。"

二、演讲的定义

演讲的一个比较全面、准确的定义：演讲者在特定的时境中，借助有声语言为主和态势语言为辅的艺术手段，针对社会的现实和未来，面对广大听众发表意见抒发情感，从而达到感召听众并使其行动的一种现实的信息交流活动，这就是演讲。演讲者要发表自己的意见，陈述自己的观点和主张，从而达到影响、说服、感染他人的目的，那么我们演讲时就要用有声语言、态势语言和主体形象。

演讲又叫演说。演讲是一种对众人有计划、有目的、有主题、系统的、直接的、带有艺术性的社会实践活动。亦可以说为"扩大的"沟通。演讲学是研究演讲的发生和发展规律，以及演讲方法和技巧的一门社会科学；并且是一门带有方法论性质的科学，也是一门具有很强的实践性的科学。

具体来说，演讲是演与讲的有机结合。它是一种在特定的时空环境中，演讲者凭借着有声语言和相应的态势语言，郑重其事而系统地发表自己的见解和主张，从而达到感召、说服、教育听众的艺术化的语言交际形式。

"演"与"讲"在演讲的过程中，在传递信息的时候，并不是平分秋色、各占一半；而是以"讲"为主，以"演"为辅，互相交织、渗透、促进，从而达到和谐统一。"讲"起主导作用，是决定因素；而"演"则必须建立在"讲"的基础上，否则它就失去了存在的意义。所以，只有既"讲"（听觉）且"演"（视觉），以"讲"为主，以"演"为辅，兼有时间性和空间性的艺术特点的综合的现实活动，才是演讲的本质性。这是演讲区别于其他现实口语表达形式和艺术口语表达形式的关键所在。

三、演讲的本质

演讲是要组成一个综合的、统一的完整的传达系统，达到演讲的目的。在这综合的传达系统中，缺少任何一个因素也构不成演讲活动。如果只有讲而没有演，只作用于听众的听觉效果而不作用于听众的视觉效果，就会缺少感人、动人的主体形象及表演活动，即缺少实体感，那就如同坐在收音机旁听广播一样。如果只有演没有讲，只作用于观众的视觉器官，而不作用于听众的听觉器官，就犹如在聋哑学校看着哑语的手语，总是令人难以理解。所以，讲与演这两个演讲的要素是缺一不可的，只有和谐地、有机地统一在一起，才能构成完整的演讲手段，并能圆满地完成演讲的任务。

演讲，是以讲为主演为辅的，既是听觉的，又是视觉的，兼有时间性和空间性艺术特点的综合的现实活动。

现在，可以给演讲的本质下一个定义了：演讲者在特定的时境中，借助有声语言和态势语言的艺术手段，针对社会的现实和未来，面对广大听众发表意见，抒发情感，从而达到感召听众并促使其行动的一种现实的信息交流活动。

四、演讲的特征

1. 现实性

这是因为演讲属于现实活动的范畴，不属于艺术活动的范畴。它是演讲家通过对社会现实的判断和评价，直接向广大听众公开陈述自己主张和看法的现实活动。

2. 艺术性

这里的艺术性是现实活动的艺术。它的艺术性在于它具有统一的整体感和协调感，即演讲中的各种因素（语言、声音、表演、形象、时间、环境）形成一种相互依存、相互协调的美感。同时，演讲不单纯是现实活动，它还具备着戏剧、曲艺、舞蹈、雕塑等艺术门类的某些特点，并将其与演讲融为一体，形成具有独立特征的演讲活动。

3. 鼓动性

没有鼓动性，就不成为演讲，政治演讲也好，学术演讲也好，都必须具备强烈的鼓动性。这是因为：①一切正直的人们都有追求真善美的渴望，演讲者传播了真善美，自然会引起共鸣，激励和鼓舞听众；②演讲者以自己炽烈的感情去引发听众的感情之火，容易达到影响听众的目的；③演讲者的形象、语言、情感、态势以及演讲词的结构、节奏、情节等均能抓住听众；④演讲的直观性使其与听众直接交流，极易感染和打动听众。可以说，鼓动性是演讲成功与否的一个标志。

4. 工具性

演讲是一门科学，更是一个工具，是人们交流思想的工具。任何思想、任何学识、任何发明和创造，都可以借助演讲这个工具来传播。可以说，演讲是最经济、最实用、最方便的传播工具，任何人都可以利用它。

在现实的演讲活动中，有以下两种倾向很值得注意。一是有的演讲者只"讲"不"演"，只注重演讲的实用性而忽略了演讲的艺术性，使演讲不伦不类、干巴枯燥，因而削弱了演讲的效果。二是有的演讲者一味过分地"演"，追求相声、评书、朗诵、故事等其他艺术表演技巧，冲淡了演讲的现实性、实用性和严肃性，显得滑稽、夹生，起不到演讲应有的作用。这两种倾向都是必须认真加以克服的。

五、演讲的作用

明确了演讲的本质之后，人们会想：为什么演讲从古至今，绵延不衰，方兴未艾呢？其重要原因就是它有着强烈而广泛的社会作用，有着不可估量的社会价值和极其深远的历史意义。正因如此，古往今来，从中到外，演讲无不被人们所重视、所利用，发挥着它独特的、巨大的作用。演讲的作用包括对演讲者本身的作用和对听众的作用。

（一）对演讲者本身的作用

1. 对学生演讲者的作用

对学生来讲，通过演讲，积累了课外材料，开阔了视野，拓宽了知识面；通过演讲，从而懂得演讲是人类交流思想、阐述观点、传播信息的重要手段，是宣传的重要方式、手段之一。

未来的事业对人才有一个共同的要求就是要善于说话。"能言善辩"的口头表达能力是增强竞争能力的重要工具。如果将两个知识水平相当的人放在一起，当然是思维敏捷，能言善辩的受青睐；期期艾艾，语不达意的则会被淘汰。但是在当今的语文教学中，教师又往往只注重"听""读""写"能力的培养，往往忽视了"说"的能力训练。其实演讲的作用是多方面的。

第一，有利于学生胆量的锻炼。

一个人的胆量往往是被逼出来的。当全班每个人都接到必须上台演讲的任务时，他们已无可选择。因此，当他们硬着头皮，战战兢兢地完成了第一次演讲后，教师给他们以表扬性的点评，加上同学们善意的掌声鼓励，使他们的信心就更足了，下一次的机会的到来会更从容，经历一次、两次之后，会惊喜地发现他们的胆量越来越大。

第二，有利于学生语言表达能力的提高。

演讲活动是培养学生语言表达能力的尝试活动。在这个活动中，教师当配角，是指导者、是听众，或者说是导演，学生是主角、演讲者、演员，虽是短短的几分钟，但他们要把一个故事、一个成语或一句名言完整而准确地表达出来，需要课前充分的准备活动：查找资料、组织文字、熟记于心等，因此，课堂演讲是系统而行之有效的口语训练。

第三，有利于学生观察问题、分析问题能力的提高。

常言道："处处留心皆学问""悟性就在你的脚下"，学生在准备演讲稿的过程中，为了能搜集有意义的题材，满足"露一手"的欲望，随时随地会收集、分析、总结对演讲有帮助的所见所闻，这就锻炼了他们观察问题和思考分析问题的能力。

第四，有利于学生的文化常识积累，可以进一步提高文化素养。

对学生精心准备的演讲加以鼓励，让他们养成积累的习惯，这对于演讲者来说也更是一种尊重。演讲内容通过多样化题材的训练，让学生们谈社会，谈理想，讲兴趣，讲故事，说笑话，评时政，从而启发了学生的心智，开阔学生的视野，扩大学生的知识面，提高了学生的语文素养。

第五，有利于师生心灵沟通，提高学习语文的积极性。

当教师点评学生所讲内容，发表看法时，学生就了解了教师的心态及观点看法。教师通过听学生的演讲，也知晓了他们对人生、对友谊、对社会的态度，处理所遇问题的思路。从而拉近了师生的心，正所谓"亲其师，信其道"。师生之间心灵的接近，也是信任的基础，工作的基础。

总之，演讲可以锻炼人的交际能力，还可以锻炼人的勇气，演讲是讲给许多人听的，一般要有勇气。如果是即时演讲，更可以锻炼人的思维反应速度，会对写作有很大的提高。

2. 对成人演讲者的作用

第一，演讲有促进演讲者成长的作用。

只有那些有志者和不畏艰苦的人，才能攀登高峰，并摘下桂冠戴在自己的头上。虽然戴在自己的头上仅仅是一瞬间，但可以想象，就在这前前后后，演讲家是经过多次演讲实践才能取得的。因为，演讲家不是天生的，是演讲的实践所造就的。艰苦的、多方面努力是演讲者成为演讲家的必经之路。

第二，演讲有培养良好人际关系和高尚情操的作用。

现代社会是人们交往日益密切的社会，是信息广为交流和传播的文明社会。演讲者不仅在台上需要有悬河之口和文雅的举止，在台下，其一言一行也要起到表率作用。他们的言谈应是谦逊、高雅的，他们的举止应是得体、大方的。这样的言行举止，不仅有利于创造祥和的气氛，而且有利于人们的交往。

第三，演讲有不断的自我完善的作用。

一个品德高尚、学识渊博、技巧超群的人，如果不善言谈，词不达意也是无法充分展现自己全部聪明才智的。而演讲在人类口语中是最高级、最完善、最具有美学价值的一种口语表达形式。除此之外，演讲还需要综合知识，它既需要演讲学本身的理论和经验，又需要运用哲学、美学、逻辑学、心理学、教育学、语言学和写作学等学科的基本理论和知识。如果我们学习、了解、掌握了演讲艺术并付诸实践，就能使自己增长才干，开阔眼界，陶冶情操，积累知识，加强修养，锻炼口才，培养气质，展示形象，扩大知名度，提高事业的成功率。

第四，学习演讲和演讲实践的过程是一个不断提高口语表达能力、综合素质能力、敏锐的观察能力、深刻的分析能力、敏捷的思维能力、准确的判断能力、超人的想象能力、机智的应变能力和良好的记忆能力的过程，是不断自我完善的过程。

（二）对听众的作用

1. 真理的启迪作用

真理的启迪作用即思想观点上的理性教育作用。演讲是要以理服人的，"理"（社会的、科学的、人生的）的真理性启迪，是演讲最主要的教育作用。

2. 情感的激发作用

演讲对理性的阐述总是伴随着情感激发进行的，以情感人是演讲不可缺少的情感作用。

3. 知识和信息的传播作用

演讲向听众传播它所包含的大量知识和最新的信息，是演讲作用的重要组成部分。

4. 艺术美感作用

有声语言和态势语言表达艺术的综合直观作用，不仅能有效地表达内容，也能给听众以美感愉悦。演讲艺术的表演性，有"以美娱人"的美感作用。

5. 扬善祛邪的作用

人类社会的文明史，就是真、善、美与假、恶、丑的斗争史。而这种斗争不管多么曲折和复杂，最后总是以真、善、美的胜利而告终的。而这种斗争的主要武器之一就有演讲。古今中外一切正义的演讲家，他们都是拿着演讲这个工具和武器，宣传真理、捍卫真理，与一切丑恶的势力，进行着艰苦卓绝的斗争，从而唤醒民众，把社会一步一步推向前进的。演讲家就是用演讲这个工具，去启迪人们获得知识，认识真理，掌握真理，形成正确的舆论，扶正祛邪，把人类社会推向最理想的境界的。

6. 行动的导发作用

演讲的最高宗旨在于最终能导发听众符合演讲目的而行动。听众的行动是演讲一切理想感性作用的最集中、最实际的体现。不能导发行动的演讲，其作用是浅层的、微弱的，不会有更深远的社会价值和历史意义。

以上所列举的演讲的作用，是在古今中外一切优秀的成功的演讲基础上归纳概括出来的。实际上单独一场演讲的作用往往只侧重体现某些方面，并且不同的主题和内容的演讲，其作用也各不相同。因此，对演讲的自身作用和社会作用，应从具体情况出发，实事求是，做出科学的历史唯物主义的评价。

我们大家都可以是聆听者，也可以是演讲者，往往几分钟的演讲胜过读一本厚厚的书，使人终身受益。

六、演讲的基本类别

就其类别而言，大体有如下四种：照读式演讲、背诵式演讲、提纲式演讲，即兴式演讲。

（一）照读式演讲

照读式演讲亦称读稿式演讲。演讲者拿着事先写好的演讲稿，走上讲台，逐字逐句地向听众宣读一遍。其内容经过慎重考虑，语言经过反复推敲，结构经过精心安排，话讲得郑重。它比较适合在重要而严肃的场合运用，如各级党代会、人代会、政协会议等大会报告、纪念重大节日的领导人讲话、外交部的声明等。它的缺点是照本宣科，影响演讲者与听众之间的思想感情交流。据说，在英国下院，照本宣读演讲被认为是愚蠢的表现。在我国，一般场合采用这种演讲方式也不受听众欢迎。

（二）背诵式演讲

背诵式演讲亦称脱稿演讲。演讲者事先写好演讲稿，反复照背，背熟后上讲台，脱稿向听众演讲。这种演讲方式比较适合演讲比赛和初学演讲者，可以在一定程度上检验和培养演讲者的演讲能力。其缺点是不便于演讲者临场发挥，使听众觉得矫揉造作，一旦忘词，就难以继续，往往要当场出丑。据说，英国首相丘吉尔曾有一次因背不出讲稿而栽倒在讲台上。所以，运用这种演讲方式，必须做好充分准备，语言尽量口语化，表达自然，切忌表演的痕迹。

（三）提纲式演讲

提纲式演讲亦称提示式演讲。演讲者只把演讲的主要内容和层次结构，按照提纲形式写出来，借助它进行演讲，而不必一字一句写成演讲方式，其特点是能避免照读式演讲和背诵式演讲与听众思想感情缺乏交流的不足——演讲者根据几条原则性的提纲进行演讲，比较灵活，便于临场发挥，真实感强，又具有照读式演讲和背诵式演讲的长处——事先对演讲的内容有充分准备，可以有一定的时间收集材料，考虑演讲要点和论证方法，但不要求写出全文，而是提纲挈领地把整个演讲的主要观点、论据、结构层次等用简练的句子排列出来，作为演讲时的提示，靠它开启思路。这是初学演讲者进一步提高演讲水平的行之有效的一种演讲方式。

（四）即兴式演讲

即兴式演讲是演讲者预先没有充分准备而临场生情动意所发表的演讲。它是一种难度最大、要求最高、效果最佳的演讲方式，可以根据实际情况，针对听众的心理和需要，灵活机动，迅速调动语言的一切积极因素，以悬河之口生动直观和形象的感染力传递给听众的演讲。是其他各种演讲方式都无法比拟的。

思考与练习

1. 什么样的演讲是成功的演讲？
2. 怎样理解演讲的本质？
3. 演讲的特征主要体现在哪些方面？
4. 演讲就演讲者与听众而言，各有怎样的作用？
5. 演讲的基本类别有哪四种？

第二节　演讲的技巧运用

非凡的演讲家具有德、才、学、识、胆诸方面很高的修养，具有很强的记忆力、丰富的想象力和联想力、敏捷的思维能力、大量的语言和材料储备……如果不具备这些条件，

很难获得理想的演讲效果。相反，往往还会出现信口开河，漫无边际，逻辑混乱，漏洞百出的现象。这样反倒影响了演讲的效果。所以每个演讲者必须高标准、严要求，除了在以上诸方面努力外，还要在演讲的技巧上下功夫。

一、演讲前的准备

要注意主体形象。主体形象是指演讲者的体形、容貌、衣冠、发型、举止神态等。主体形象的美与丑，好与差，直接影响着演讲者思想感情的表达。它要求演讲者在符合演讲思想感情的前提下，注重装饰朴素、得体，举止、神态、风度的潇洒、优雅、大方，给听众一个美的外部形象。除主体形象以外，具体还要从以下几方面着手。

（一）做好演讲提纲

做好演讲提纲是关键的一步：演讲的题目，逐渐深化的论点、论据，结论和提议都是纲要的环节。

（1）要想让演讲吸引听众、调动听众情绪、让人进入演讲人的时态就要尽量使用听众觉得与众不同的词语，如古诗、名句、名言，或者网络、社会、切中时代利弊的新词，做到引人入胜；尽量使用排比句和循环句，可以得到事半功倍、吸引听众注意的效果；尽量使用首尾呼应的方法，突出重点，推出理想的效果。

（2）整个演讲要讲究思维的逻辑性，由浅入深、有条有理地把论点论据讲明白，讲清楚。

事先要进行准备，包括背诵。不带稿纸的演讲要比带上草稿的效果高明得多，要读熟练。

（3）内心要有一个预案，考虑在演讲中听众可能有的异议、提问，万一一时回答不了的也可以用"没听明白，请再讲一遍好吗？"延长自己思考回复的时间；也可以用一些托词（时间问题，不便于在此回答，下面面议等），立即回绝。

（4）懂得托物起兴，有一个好的开头很重要。同时，结尾也要有力而精炼，令人回味无穷。

（5）随时了解听众动态，懂得适可而止和趁热打铁等。

在一切准备就绪时，应注意手稿，如果是一般例会就无所谓了，如果是比较重要的场合，建议使用质地优良的合同专用纸作为手稿，这样手里的东西比较有分量，不至于那么寒酸。

（二）研究演讲对象

口才训练师严建江认为，演讲学的研究对象包括三个方面。

（1）关于演讲对社会生活的作用与反作用的规律问题。诸如演讲在社会生活中所处的地位及其社会作用，演讲自身的特征，以及演讲自身的继承、革新和民族演讲的相互影响等。

（2）关于演讲活动本身的规律问题。诸如演讲的分类，演讲的内容与形式，演讲的准备阶段以及演讲活动的过程等。

（3）关于演讲的鉴赏和批评的一般规律问题。诸如鉴赏的依据和批评的标准，如何通

119

过鉴赏与批评推动演讲自身的发展等。

上述三个方面既有各自的相对独立性，又有相互间的依存性。说它们相对独立，是因为每一个方面都是从某一角度出发的，说它们互相依存，是因为作为一个有机的整体，部分与部分之间存在着密切的联系，缺少哪个部分都将影响整体的完善性。

（三）克服紧张情绪

以下克服紧张情绪的几种物理方法，大家可以试一下。

（1）深深呼吸——眼睛微闭，全身放松，心里默默地数数，这样可以使血液循环减慢，心神就会安定下来，全身有一种轻松感。

（2）临场活动——由于紧张会使体内产生大量的热能，如果在讲话前稍加活动，双手握紧然后放松，让肌肉缩紧再放松，就会促使热量散发。

（3）闭目养神——闭目用舌尖顶上腭，用鼻吸气，可以达到安定神绪，独自幽静，怡然自得的目的。

（4）凝视物体——确定某一物体，专注凝视，并去分析它的形状，观察其颜色与远近。

（5）摄入饮料——讲话前准备一杯开水，这样可以增加唾液，保证喉部湿润，也可以稳定情绪。

（四）保持良好的心态

要保持心态良好，坚信人人都可以成为一个优秀的演讲者。有许多例子证明一个普通的演讲者经过练习，完全能够成为优秀的演讲者、演说家。

要理解你的听众都希望你成功，他们来听你的演讲就是希望能听到有趣的、有意义的、能刺激和提升他们思想的演讲。对自己没有信心或没有兴趣的演讲，如果能推掉就尽量推掉。

二、演讲中的语言艺术

演讲作为人类的一种社会实践活动，它必须具备以下四个条件：演讲者、听众、沟通二者的媒介，以及时间、环境。离开其中任何一个条件都构成不了演讲。演讲的传达手段包括有声语言、态势语言和主体形象。

有声语言是演讲活动最主要的表达手段。它由语言和声音两种要素构成，以流动的声音运载思想和情感，直接诉诸听众的听觉器官。它要求吐字清楚、准确，声音清亮、圆润、甜美，语气、语调、声音、节奏富于变化。

演讲是一门语言的艺术，它旨在调动听众的情绪，并引起听众的共鸣，从而传达出演讲者所要传达的思想、观点、感悟。欲获得好的效果，要从以下几方面努力。

（1）标准的普通话是必需的条件，当然一些大的演讲家（周恩来、闻一多、毛泽东等）不一定都有标准的普通话，但与人沟通中让人听懂是一项十分重要的内容。

（2）注意语句的顿挫，演讲开始，倘若能像一首昂扬的乐曲，不想成功都难。

（3）互动。反问、诘问都是演讲中引起观众思考，提高演讲质量的方法。忘稿时，尽量以圆滑的语言顺随过去，向下接稿，不要想不起下句而卡在那里。

（4）推荐一些演讲的名言，以便运用。

① 如果有一天神秘莫测的天意将我从这里把我的全部天赋和能力夺走，而只给我留下选择其中一样保留的机会，我将会毫不犹豫地要求将口才留下，如此一来我将能够快速恢复其余。——丹尼尔·韦伯斯特

② 便捷的口才将使得你雄辩滔滔，占尽上风。——镌刻于 3000 年埃及古墓上的铭文

③ 一人之辩，重于九鼎之宝；三寸之舌，强于百万之师。——刘勰《文心雕龙·论说》

④ 良言一句三冬暖，恶语伤人六月寒。——中国古谚语

⑤ 一言可以兴邦，一言可以亡国。——中国古谚语

⑥ 可与言而不与言，失人；不可与言而与之言，失言；言不顺，则事不成。——孔子

⑦ 口者，心之门户，智谋皆从之出。——鬼谷子

⑧ 如果让我重进大学，我将修好两门课：演讲和说服。——尼克松

⑨ 简洁的语言是智慧的灵魂，冗长的语言是肤浅的藻饰。——莎士比亚

⑩ 说话和事业的进展有很大的关系，是一个人力量的主要体现。——富兰克林

⑪ 你能面对多少人，未来就有多大的成就。——丘吉尔

⑫ 人们并不想反对你，他们只是在满足自己的需要。——吉恩·福勒

⑬ 世界上更多的麻烦来自于轻率的回答，而不是莽撞的发问。——西德尼·哈里斯

⑭ 听众是水，水能载舟，亦能覆舟。——柏君

⑮ 有思想而不表达的人就等同于没有思想。——李开复

⑯ 不会教育员工的领导充其量就是一个监工。——马云

⑰ 人人都需要赞美，你我都不例外。——林肯

⑱ 演说就是讲故事，就是通过吸引人的故事来说明观点。——林肯

⑲ 说话要足够简短，任何说话都不会是完全糟糕透顶的。——欧文·古柏

⑳ 语言是灵魂的透镜：言如其人。——普布利乌斯·西鲁斯

三、演讲前的心理情感问题

1. "怯场"的压力

第一次站在讲台也许大家都感到过紧张，手心冒汗，脑袋空白，不知道要表达什么，此刻有的人甚至后悔站在讲台上。谁都不是一站在讲台都可以从容不迫的，这需要一个过程。

2. "怯场"的原因

人人都会怯场，这其中最大的两个原因：一是准备不周全；二是得失心太重。

3. 克服"怯场"的方法

（1）首先，我们要有一个认知感。就是上台演讲、表演时的紧张是极普遍的问题，以平常心态去克服演讲的紧张情绪。

世界上最著名的表演者、歌唱家、球员，都有这种"怯场"的压力，一旦成为众人注目的焦点，就会引发如上所说的紧张反应。所以先接受这个状况，明白这是一个普遍现象，并不是因为你内向胆小才会这样，再外向自信的人上了台，都会受到这种"怯场"的影响。全世界著名的男高音都会因为担心紧张而让演出失常，多明戈的最高纪录是一场表演中声音爆了五次。

如果知道上台紧张是一个普遍性的问题，就不必那么凸显自己的不行和困难，努力以平常心看待自己的紧张并接受它，一旦如此做了，你反而能和它和平相处。

（2）充分的准备是克服"怯场"的法宝。

要想有好的演讲能力，平日需要多准备、练习，不要只是私下偷偷练，要在人前光明正大地练，大方地邀请同学、朋友给你回馈，甚至请他们为你录音、录像，让你更有效、客观地评估自己，做出有利的修正。逃避并非上策，不如把逃的力量用来加强自己，使自己能够迎头赶上。

四、演讲时的技巧

演讲有许多不同类型，有专业的、大众的等，这些演讲在表达方式及内容上都有很不同的安排。演讲者可以从练习中磨炼出自己的风格，不过最重要的还是回归演讲的目的，想要给听众什么？有没有达到目标？演讲前好的心态和充分的准备可以大幅度降低你的紧张，下面的几个演讲技巧也会进一步帮助你克服紧张情绪。

（1）坚定成功的信心。

自信度越高，演讲的表现就会越好。要坚信人人都可以成为一个优秀的演讲者。有许多例子证明一个普通的演讲者经过练习，完全能够成为优秀的演说家。

（2）理解你的听众。

要理解你的听众都希望你成功，他们来听你的演讲就是希望能听到有趣的、有意义的、能刺激和提升他们思想的演讲。

（3）对自己没有信心或没有兴趣的演讲，如果能推掉就尽量推掉。

（4）充分练习。

① 多做练习是最好的准备。练习时，请亲人和朋友作为观众，然后给予回馈。如果没有亲人和朋友，一面镜子或你的宠物都可以成为你的听众，尽量想象自己就站在听众面前。

② 录音、录像，然后自己通过自我批评实现进步。每一次演讲至少练习两次，最好一直练习到滚瓜烂熟为止。要确定能够在时限之内讲完。

③ 如果怕脑海一片空白，就准备一份演讲稿，多次练习，在脑海里多过几次。如果仍担心，就把笔记带进场，以便在忘记时当场查看。如果还担心，就把你的演讲写出来，然后现场念。

（5）如果可能，演讲者在上台前先和前面几排的听众聊聊天。

一方面，可以让局面更友善，帮助你减轻压力；另一方面，也可以多给你几个和善的脸让你讲得更轻松。

① 如果你担心讲得不够激情，演讲前多喝几杯咖啡，但如果喝多了会发抖，就不要喝了。

② 在上台前做深呼吸可以降低血压和澄清头脑。也请参考大脑体操中的交叉动作，有意识地借由放松伸展动作，让左右脑进行较佳的整合。不过千万不要被他人看到。

五、演讲时的注意事项

（1）如果演讲中忘了演讲词，不要紧张，直接跳到下面的题目，很可能根本没有人注意到你的失误。

（2）停顿不是问题，不要总是想发声以填满每一秒钟。最优秀的演讲者会利用间隔的停顿来把他的重点更清晰地表达出来。

（3）如果看听众的眼睛会让你紧张，就看听众的头顶(听众不会发现的)。

（4）眼睛直视听众，可以随机地更换注视的对象。不要左右乱看，不要往上看，因为这会让你看起来不值得信任。

（5）如果看观众会让你感觉紧张，那么眼睛可以多看那些比较友善的或常笑的脸。

（6）演讲最好用接近谈话的方式进行，用简单的语句表达清晰的思路，不要太咬文嚼字。

（7）最好适当地使用肢体语言，做些手势，不要太死板。

（8）如果你会发抖，不要拿纸在手上，因为纸会扩大你发抖的程度，而把手握紧成拳头，或扶着讲台。

（9）演讲时千万不要提到自己的紧张，或对自己的表现道歉，那只会让你更失去自信。

（10）如果能在开场白时吸引到听众的兴趣，整场演讲便会变得更容易和顺畅。

思考与练习

1. 非凡的演讲家应具有怎样的素养？
2. 演讲前的准备有哪些方面？
3. 如何克服"怯场"的心理因素？
4. 演讲时的技巧主要从哪些方面用心？

第三节 演讲的分类与方式

一、演讲的分类

演讲的分类没有固定不变的规定，只有分类标准的不同，但每次分类都必须采用同一种分类标准。一般有三种分类标准。

1. 按演讲内容分类

（1）政治演讲，包括竞选演说、就职演说（或称施政演说）、会议辩论、集会演说等。
（2）教育演讲，包括知识讲座、学术报告等。
（3）宗教演讲。
（4）经济演讲，包括商业广告演讲、投标介绍演讲等。
（5）军事演讲等。

2. 按演讲的目的分类

（1）娱乐性演讲。

（2）传授性演讲（或称学术演讲）。

（3）说服性演讲。

（4）鼓动性演讲。

（5）凭吊性演讲（或称葬礼性演讲）等。

3. 按演讲场所分类

（1）游说性演讲，巡回演讲。

（2）街头演讲。

（3）宫廷演讲。

（4）法庭演讲（或称司法演讲）。

（5）课堂演讲。

（6）教堂演讲。

（7）大会演讲。

（8）宴会演讲。

（9）广播演讲和电视演讲等，如斯大林于 1941 年 7 月 3 日在莫斯科发表的关于"反法西斯斗争"的演说。

二、演讲的方式

演讲方式大致可归纳为五个类型，即读稿式演讲、背诵式演讲（或叫脱稿演讲）、提纲式演讲、即兴式演讲、辩论式演讲。

1. 读稿式演讲

演讲者事先准备好稿子，然后在大会上逐字逐句地向听众念一遍。其优点是演讲者对所讲的内容能事先加以慎重考虑，反复推敲，这样写成的演讲稿结构严谨，措词得当，因此，它比较适合在比较重大的场面中运用，如全国人民代表大会的政府工作报告、外交部的声明、迎接贵宾的欢迎词等。它的缺点是演讲者低头读稿，眼睛一直盯着稿纸，限制了演讲者与听众的感情交流。

2. 背诵式演讲

背诵式演讲也叫脱稿演讲，要求演讲者事先写好稿子，并且反复练习，背熟后脱稿向听众演讲。它是我国演讲比赛中运用最广泛的一种方式。其优点是，演讲者事先能够在演讲稿上精雕细琢，然后认真练讲，反复背诵，默记于心，有了一定的把握才上台演讲。这种方式比较适合初学者。这种方式的缺点是，因为演讲者事先在口头语言和态势语言的表达方面做了详细周密的准备，装饰太多，正式演讲时往往有表演的痕迹，甚至使人感到哗众取宠，矫揉造作。

3. 提纲式演讲

提纲式演讲不要求演讲者一字一句写成完整的演讲稿，只要把演讲的层次结构按提纲形式写下来，然后就借助提纲进行演讲。它的特点是能避免读稿式演讲和背诵式演讲共同的毛病——与听众感情交流太少；演讲者根据几条原则性的提纲，当即发挥，阐述论题，他可以根据听众的反应等临场情况来调整演讲内容，真实感强。此外，提纲式演讲也保持了读稿式演讲和背诵式演讲的优点——对所演讲的内容可以事先有所准备。可以有一定的时间收集材料，考虑演讲要点和论证方法，但不必写出全文，而是采取提纲挈领的方法，把整个演讲的结构层次、主要例证用简练的句子排列出来，以便演讲时利用它来开启思路。

4. 即兴式演讲式

即兴式演讲式指演讲前没有充分准备而临时组织语言的演讲，有主动和被动两种。所谓主动，是指没有外力的推动和督促而发表的，演讲者一般是会议的主持人。例如，主持演讲会，要介绍会议内容、宗旨、演讲者；主持欢迎会、欢送会、茶话会、喜庆宴等，要做开场白和一些即兴讲话。所谓被动，是指演讲者本未打算演讲，但在外力（如主持人的敦请）的推动下，不得已临时发表演讲。

5. 辩论式演讲

辩论式演讲指就某个问题或某种情况进行论辩、比较，以断定其是非曲直的演讲。常用于政治界、学术界、外交界和一些演讲比赛。例如，在1986年"全国十城市青少年演讲邀请赛"上，除命题演讲和即兴演讲外，还设置了辩论演讲赛。

倘若更细致地分，还可分为更多类型。

（1）政治演讲。

内容涉及政论国事的演讲，包括竞选演讲、就职演讲、会议论辩、集会演讲、教育演讲、宗教演讲等。例如，孙中山的《三民主义演讲》、毛泽东的《关于正确处理人民内部矛盾的问题》等，都是久负盛名的长篇演讲。

① 竞选演讲。演讲者向公众阐明自己的政治主张和实施方案，或同竞争对手展开辩论，以赢得公众的拥护，从而获得某种领导职位而做的演讲。在西方国家被普遍使用，它是竞选议员和政府首脑的一种手段。

② 就职演讲。也叫施政演说，是新当选或连任的政府首脑、地方长官或部门领导就怎样处理国内外、地方和部门事务发表的演说。

③ 会议论辩。指在国家或地方内部会议上讨论重大决策，或在联合国及其他国际性会议上就有关政治问题表明个人（或代表政党、政府）的观点和立场。

④ 集会演讲。通常是在政治性集会上发表的演讲，如1939年5月4日毛泽东在延安青年群众举行的"五四"运动二十周年纪念会上的演讲：《青年运动的方向》。

⑤ 教育演讲。演讲者向听众传授文化科学知识的演讲，如知识讲座、学术报告等。

⑥ 宗教演讲。宗教神职人员在教堂宣传宗教教义或进行其他宗教活动时做的讲演，如神甫、牧师等面对教徒们所做的训祷等。

（2）事迹演讲。

事迹演讲指以先进人物的先进事迹为主要内容的演讲。这些事迹首先本身必须是体现

125

理想的社会精神生活的美的事物；其次应具有典型性，对听众、对社会有普遍意义；再次，演讲者对所演讲的事迹要有切身的感受和深刻的理解，并有自己的体会。同时，对事迹还要有恰当的取舍和逼真、生动、感人的表达。它包括以下几种形式。

① 陈述型。就是客观地向听众陈述自己的事迹，不做自我评价，也很少发表议论，谈点体会也是陈述事迹本身的内容，如老山前线英模汇报演讲等。

② 体会型。指也讲事迹但以讲体会为主的事迹演讲，其体会离不开事迹，是就事迹阐发的与事迹有关的体会，如曲啸的《心底无私天地宽》。

③ 宣讲型。指讲别人或群体的事迹的演讲，如蔡朝东的《理解万岁》。

（3）经济演讲。

经济演讲指政府或部门财经管理人员及企业家做的关于经济问题的演讲，商业广告演讲、投标介绍演讲等。

（4）军事演讲。

军事演讲指战备训练和战争中，将军向士兵（或者党和军队高级领导人向军人和广大民众）进行宣传鼓动和阐述战略战术问题所做的演讲，如毛泽东 1938 年 5 月 26 日～6 月 3 日在延安抗日战争研究会上的演讲：《论持久战》。

（5）娱乐性演讲。

娱乐性演讲指在庆祝和纪念活动中，演讲者为了让听众能够心情愉快所做的幽默风趣的演讲。

（6）传授性演讲。

传授性演讲是演讲者只是把自己所掌握的知识传授给别人，或把某些消息传播给听众，而一般不与听众发生什么争辩的演讲。

（7）说服性演讲。

说服性演讲指演讲者要使听众明辨事理、服从自己观点的演讲，总统竞选演讲等。

（8）鼓动性演讲。

鼓动性演讲是指用热情的语言把听众的情绪鼓动起来，使之向着既定的目标奋斗的演讲。在"五四"运动中，革命青年的演讲大部分都带有鼓动的性质，他们的目的是要激励民众行动起来反帝救国。

真正的演讲，要着力表现阳刚之气，使人振奋，使人鼓舞。美国第 16 任总统林肯在 1863 年 11 月 19 日葛底斯堡国家烈士公墓落成典礼上的演说，只两分多钟，听众五次鼓掌，结束后的掌声长达十分钟。1940 年 5 月，纳粹德国用"闪电战"突袭欧洲拥有 300 万大军，号称欧洲最大陆军强国的法国，使其在短短的 30 天中溃败。6 月 17 日，法国最高军事统帅贝当元帅命令法军投降，他说："为了减轻法国人民的忧愁，除向德国放下武器外，别无选择。"贝当的演说作为历史上臭名昭著"投降元帅"的演说永远钉在历史的耻辱柱上。在贝当投降的当天，法国国防部长戴高乐将军突然出走英国伦敦，贝当投降政府为此缺席宣判戴高乐死刑。几乎与此同时，伦敦的 BBC 广播电台向全世界播放了戴高乐在伦敦发表的演说："……我是戴高乐将军，我现在在伦敦，我向目前在英国土地上和将来可能来到英国土地上的军火工厂的一切工程师和技术工人发出号召，请你们和我取得联系。无论发生了什么事，法国抵抗的火焰不能熄灭，也绝不会熄灭。戴高乐永远和你们在一起，自由独立的法兰西万岁！"在法国人民处于屈辱、痛苦和危难的时刻，法兰西升起一颗灿烂的政治、

军事明星。戴高乐的演说有力地鼓舞了法国抵抗运动的战士和人民的斗争，也使他成为法国人民和第二次世界大战反法西斯英雄，与罗斯福、丘吉尔、斯大林齐名，永垂青史。

（9）凭吊性演讲。

凭吊性演讲是在葬礼上或者在纪念某人逝世周年的大会上所做的演讲，也叫葬礼演说。形成于古希腊，据《伯罗奔尼撒战争史》记载，雅典人很早就有了在举行葬礼时发表演说的习俗，主要用于凭吊在战争中阵亡的将士，每年举行一次。现存最早最著名的古希腊凭吊演说辞，要算伯里克利（约公元前495～前429）在伯罗奔尼撒战争第一年后公葬阵亡将士的演说。这种演说后来传到古罗马，再由古罗马传遍欧洲及全世界，其使用范围也逐渐扩大。

（10）游说性演讲。

游说性演讲是没有固定场所的演讲。例如，我国春秋战国时期，孔子、孟子、苏秦、张仪等周游列国的演讲。再如，1983年，上海市总工会和团市委联合组织的"振兴中华演讲团"在全国各地进行的巡回演讲。

（11）街头演讲。

街头演讲是在街头巷尾等露天场所进行的演讲。在我国近、现代史上，许多大、中学生曾到民众中搞普及教育，大都采用这种演讲形式。例如，北京大学平民教育演讲团的演讲；在"五讲四美"活动中，许多大中城市的青年也采用过这一演讲形式。

（12）法庭演讲。

法庭演讲是诉讼者或被诉讼者及律师等司法人员在法庭上做的演讲。一般分为诉讼演讲和辩护演讲两种。

① 诉讼演讲。指诉讼者本人或公诉人在法庭上对被告的指控和申诉。

② 辩护演讲。指被诉讼者（被告）为了证明自己无罪或轻罪（或辩护律师为了证明被告无罪或轻罪）而同诉讼人（原告）或公诉人进行的辩论演讲。它可分为被告本人的辩护演讲和律师（或辩护人）的辩护演说两种。被告在法庭上发表的辩护演说叫直接辩护演说。在法庭以外的场合发表的辩护演说叫间接辩护演说，但它起不到自辩的作用。辩护演说还可从性质上分为两类：一类是纯粹为个人或某一案件进行辩护的演说；一类在表面上看来是为个人，实际上却是为了某项事业或某一阶级、政党或团体发表的演说，这种演说不只是单纯地用于无罪或轻罪的自辩，因而在力度、情感、气势诸方面更为强烈宏大，也更能打动听众的心，苏格拉底的自辩、巴黎公社女战士路易斯·米歇尔在凡夫赛法庭的辩护演说、季米特洛夫在莱比锡法庭上的答辩等都是这类演说的典范。

（13）广播演讲和电视演讲。

广播演讲和电视演讲由于现代无线电技术的迅猛发展而产生的一种新型的演讲，演讲者可以在广播电台或电视台，对成千上万看不见的群众发表演讲。例如，在第二次世界大战期间，斯大林就曾发表过著名的《广播演讲》。

（14）专题演讲。

专题演讲是专就某一问题或主题发表见解、体会的演讲，如1984年7月在吉林举行的以"党在我们心中"为主题的"江城之夏"演讲邀请赛上的演讲。

（15）学术演讲。

学术演讲是以研讨学术问题为中心的演讲，如邵守义的《领导干部的口才》《演讲与演

讲术》以及鲁迅的《中国小说的历史变迁》等。

（16）礼节演讲。

礼节演讲指在交际场所发表的旨在表示赞美、感谢、祝愿或者让人感到有趣的礼节性演讲，如在欢迎或欢送会上的演讲，在联欢会、宴会上祝愿性的演讲等。

（17）宫廷演讲。

宫廷演讲指古代臣下在宫廷向国君或首领献计献策（奏对讽谏）的言语行为，如"邹忌讽齐王纳谏"等。

但大众化的演讲，终究以短居多，以短为贵，长了又没有新鲜的内容和观点，就没有人愿意听。

思考与练习

1. 演讲一般有哪三种分类标准？
2. 读稿式演讲是怎样的演讲？
3. 背诵式演讲是怎样的演讲？
4. 街头演讲是怎样的演讲？
5. 鼓动性演讲要用怎样的语言激励听众？举例说明。

第四节　即兴演讲专题

演讲艺术的四大要素，让人的演讲更具魅力和艺术性。演讲是有章法的，你的演讲需要你的思维来主导，否则就没有逻辑性，自然就没有说服力了；演讲是有套路的，你的演讲需要一定的框架支持，否则会很乱很杂，这样你就没有观众了；演讲更需要关键要素来支撑，失去要素等于失去了演讲的灵魂。

一、演讲的四大要点

1. 要素强化训练

演讲要素强化训练中，除了要掌握演讲中的理论知识外，还要掌握演讲中制胜的要点。演讲的成功与否就在这些要点的把握上了，对一个要点的琢磨还得有一定的技巧，即你对演讲的理论的熟悉程度上的总体把握。所以说，演讲中没有捷径，只有制胜要点的把握，其他的还得靠自己在强化训练中得来。

2. 自我控制力掌握

场上自我控制力的掌握很重要，你在演讲时针对不同情况做出的每一个言行上的调整，都是要经过你灵活的自我控制力的，你的自我控制力不强，就会出现一些很尴尬的场面的，如遇到好笑的事，你在台上狂笑，遇到气愤的事，你在台上大发雷霆等。你的自我控制力要比你的观众更强，因为大家都在听你演讲。

3. 演绎表现力

在演讲台上你的演讲更具魅力、更具穿透力表现在"演绎表现力"上。演绎表现力会体现在观众的表情上，观众的表情随你的话语上下波动，左右来回时，你已经能灵活掌控你的"演绎表现力"了。你的演绎程度佳，演讲效果就会好，听众会跟着你的思路走，向你想要的结果走去。

4. 系统控制力

没有一场演讲会顺着你原来的预想进行下去，中途总存在些小插曲。面对听众的疑问你要当场解决，面对听众的反对意见，要平息又要支持，面对其他突发意见时，你要沉着冷静地面对，要不失大体。这种种情况都要你具有很强的系统控制力，从而把握住演讲的局势，不会造成场面的失调，最终顺利完成你出色的演讲。

四个要点不仅让你的演讲更具魅力和艺术性，还会让你的思维变得更灵活微妙。总之，你学到的不仅仅只有一门本领，更多的是成就你以后事业的地基。

二、即兴讲话

即兴讲话，也叫即席说话。即兴讲话者事先未做准备，是临场因时而发、因事而发、因景而发、因情而发的一种语言表达方式。

语言表达以即兴为多，如同志间一针见血的辩论，朋友间滔滔不绝的谈论，酒席上要言不繁的祝辞，谈判时有条不紊的应对等。有时不可能拿着稿子去念，因此，即兴讲话对我们每一个人来说都非常重要。如果没有即兴讲话的技巧，遇事则大脑充血，颠三倒四，甚至无言以对，将会造成尴尬的局面。

即兴演讲是生活、工作、学习中使用非常普遍的口语交际手段，是对眼前的人、事、物、情、理等有所感触而临时所做的演讲。概括起来讲，其特点是：即兴而发，针对性强；有感而发，时境感强，篇幅短小。它要求要紧扣主题，抓住由头，迅速组合，言简意赅。具体来说，即兴演讲也要准备，即兴演讲虽然不像有稿演讲那样准备充分，但还是有一些东西可以事先做好准备的。即兴演讲一般要求一事一议，短小精悍，材料运用要精当。即兴演讲的观点要实事求是，持论公允；所用材料要么结合自身实际，要么结合现场实际评论。

即兴演讲，具有一定的随机性，考验人的灵活应变能力，但做好事前准备是成功的一半。例如，自我介绍要求简洁而有新意，生动幽默，蕴含深意。常常从名字籍贯和个人特点出发，采用释意和自嘲的方法，增强幽默感和趣味性，如湖南涉外经济学院0401班的第一堂课就是自我介绍。

"各位好!我叫谢石。谢谢的'谢'，石头的'石'，别以为我是从石头里蹦出来的哟。本人个性很强，做什么事都很执着，像块'顽石'。"

——这位同学的自我介绍不是很简洁、有力、趣味、幽默么？

三、即兴讲话的思维训练

口语表达是思维的外化和工具。思维是语言的内容，没有思维就没有语言。语言表达的过程，实际上就是把思维结果表达出来的过程，说话的过程就是从内部言语向外部言语转化的过程。考虑话该怎么讲，是一种思维活动，尤其是即兴讲话，是一个激烈的思维过程。它经过思想—句子—词汇—语音的快捷转换过程。这个过程是完整的，如果任何一个环节出了问题，都会影响语言表达能力。思维训练一般有三种方法。

（1）定向思维训练法。是按常规恒定思维的模式。这种思维可以培养我们深入思考的能力，有助于养成深入分析问题，透过现象看本质的良好习惯。

（2）逆向思维训练法。是反过来想一想，变肯定为否定，变否定为肯定，变正面为反面，变反面为正面。这种思维方式具有独立发表见解的特点。

（3）联想思维训练法。是由一事物联想到它事物的训练方法。其特点是一闻知十，触类旁通，使即兴讲话具有流畅性与变通性。

四、即兴讲话的能力

即兴讲话是一种综合能力的表现，涉及一个人能力的方方面面，加强基本技能训练，可以全面提高表达能力。即兴讲话重点要注重以下能力的训练：观察能力、记忆能力、分析能力、推理能力、机敏能力。

五、即兴讲话的障碍克服

即兴讲话最大的障碍不是听众，而是自己。缺乏自信心是即兴讲话的最大障碍。为此，要从以下三个方面做好清障工作。

（1）积累知识，提高文化素养。"知识就是力量"，只有用知识武装自己，讲起话来才能镇定自如，侃侃而谈。

（2）大胆交往，学习他人的语言。要大胆地与周围人、社会人、各阶层人接触，并主动地进行对话，从中汲取口才营养，学习讲话技巧。

（3）自我调节，增强自信心理。凡是有发言的机会，首先要调节好心理，要敢于说话，不要怕，不要躲躲闪闪，更不要说一些"我不会说，说得不好"等"丧气"话，因为这样会起来越不敢说话，而且容易给人留下唯唯诺诺的印象。

六、即兴讲话的禁忌

讲话时，变调失真、"打官腔"，是普遍厌烦的事情。只有使用自然的声音讲话，才能真正打动人。同时，语言表达要简单清晰，切忌啰唆，否则会失去听众。生活中有哪些讲话容易引起他人的反感呢？心理学家归纳为两种：①抱怨自己的命运，或夸耀个人的成就；②喜欢扮演心理分析家，对任何人的言行都要评头论足。

情绪转移也可以缓解紧张症状。英国有个企业家叫詹姆斯，他因讲话屡次失败，而害怕在众人面前出丑，每次讲话时那种紧张的场面就浮现在眼前，有一次讲话前他狠狠地拧

了自己大腿一把，突然感到出奇的平静，结果讲得非常成功。

七、即兴演讲举例

我们在工作中经常要和上级、同事、下级、客户、其他企事业机构等进行沟通，经常要参加各种会议，汇报各类工作，而且很多时候还要应对各种突发情况，那么怎样恰当地处理好这些事情呢？除了我们准备好的书面材料之外，更多的是运用我们的口头表达能力，通过语言来处理好这些事情，并且在很多情况下，我们都是没有任何准备的即席发言，这些都需要我们在极短的时间内组织好语言，并在众人面前表达清楚自己的想法，最后达到完成工作任务的目的，这就是"当众讲话、即兴演讲"。

我们每一个同志，尤其是年轻人都想在社会舞台上展示自己，也希望能说会道，谈吐有致，可就是嘴巴不争气。良好的谈吐可以助你成功，说话木讷令人坐立不安。一些演讲者，他们站在讲台上虽然侃侃而谈，旁征博引，有时还能插入一些令人捧腹的俏皮话，说理似乎也很透彻，其演讲却往往不能激起听众热烈的反响。听众既不动心，也不动情，原因何在？这就是因为他们的演讲只有客观的叙述，而没有自己的喜怒哀乐，缺乏自己独特的观点与感受，没有鲜明的个性，也就是缺少感染力和号召力。所以即兴演讲首要的一点就是要动情，以情感人。

例一：请看一位获得演讲二等奖的同学的即兴演讲。

文章的开头是这样讲的：

"从来都没有哪一种职业像老师们那样付出得如此之多。说他们无私吧，未免显得俗套了点，就按他们自己的话来讲吧，就是要为学生们负责任，要对得起自己的良心！不少人呢，都喜欢把老师门比喻成蜡烛或春蚕，而我觉得这样的比喻过于残忍了点，因为我希望我们的老师们能够和我们一起永远地守望着青春而不会老去。所以我更愿意把他们当作照亮我生命中的那一缕阳光，永远地散布在我的周围，给我悄无声息的温暖与力量！"

这位同学说："然后我在下面一段中举几个任课老师平时比较感动人的事例，但一定要真实！不用指名道姓……"

在最后面的一段他又这样说："有时候，老师们是会用比较严厉的口吻去批评一些同学，告诉他们不要再朝着弯路走下去了，可就是因为这样，却会让有些同学与老师之间产生一种隔阂，可大家想过没有，老师们难道很喜欢这样吗？如果他们不热爱自己的学生，不想为他们负责任，他们完全可以睁一只眼，闭一只眼，任由着我们，可他们最后还是选择了不厌其烦，苦口婆心地开导着我们。为什么？因为他们希望自己所教的每一位学生都能满怀着对未来的希望和自信心高高兴兴地从这个学校毕业，踏踏实实地走向社会，以至于让我们多年以后，回望自己所走过的路程时不会留下太多的遗憾！"

例二：以叙事画龙，以议论点睛。第二部分主要是案例，案例以叙事为主，但切忌叙而不议。故事讲完，应立即针对故事谈感想、谈体会，且感想体会必须与主题相照应。议论的语言不再多，即兴演讲不宜长篇大论，时间不允许你讲那么多，你也很难在短时间内准备那么多。只要能对故事所蕴含的思想、所给予的启示、所带来的思考予以总结、提升，起到点睛作用即可。这里需要特别强调的是，议论必须与主题契合一致，要通过案例照应你的主题，证明你的观点。例如，一位老师的演讲题目是《责任》。他在演讲中讲到了孟尔冬教授，说"孟尔冬教授最后倒在了自己的工作岗位上"。然而演讲者接下来的议论却是对

131

孟尔冬教授的崇高、伟大之类的歌颂，对"责任"只字不提，使如此感人的案例似乎与责任挂不上钩。有的选手说，"责任"二字已经隐含在案例之中，何必一定要点明呢？错也。案例的主题思想一定要点明，否则就成了你在考评委。评委在听你的演讲时，不可能有时间来细细琢磨你的案例背后所隐含的东西，不可能像评阅高考作文那样反复推敲。因此，你的案例到底要表达什么观点，需要明确地说出来。演讲不同于散文诗歌，观点必须鲜明，不能搞隐喻。刚才那位选手如果用这样一段话来对孟尔冬教授献身事业的案例发表议论，效果就不一样了："孟尔冬教授用他平凡而伟大的一生，履行了一个人民教师的责任。孟尔冬教授倒下了，但孟尔冬教授的精神永远伫立在人们的心中，永远激励着千千万万个孟尔冬进行着他未竟的事业。"

八、使即兴演讲精彩的方法

想要一份精彩的即兴演讲不是一件容易的事，如果你没有受过专业训练，那么下面的建议或许对你有帮助。

（1）注意语言的锻炼。良好的口才是演讲的第一步，说话要简洁、明了、清晰、语速适中，建议每天跟着广播练练口语，千万不可有地方口音。

（2）注意经验的积累。平常多接触新闻，打开视野，对自己不喜欢的科目、行业也要经常关注，每天坚持通过三种媒体了解五个以上热门新闻，不久你就会对每个行业都略知一二，不会轻易卡壳了。

（3）注意经常锻炼。每天抽半个小时的时间对着镜子练习不同内容的演讲稿，这样上台时就不会紧张了。

（4）演讲时镇定自若，泰然处之，不要因为说错话或思路中断而脸红窘迫，保持自己的微笑和自信，大家会原谅你小小的过失。

（5）自己先被自己感染。说话要有激情，不要平铺直叙，说到动情处配以适当的手势，首先你要感染自己，然后才可以感动别人。

（6）做好短期准备。演讲和辩论不同，你在上台前，一定会有几分钟考虑的时间，理清思路，整理语言，先想好框架，再为每一大条想一句精彩的总结，演讲时间不要太长，最好控制在五分钟之内，做到胸有成竹，字字珠玑。不经过准备，没有人能很流利地进行演讲。但当不得不进行即兴演讲的时候，又没有多少机会去准备。这时不妨先讲一些套话，如"很高兴我能……"等，因为这些话可能你都听过无数次了，你在组织这些语言的时候不用费力就能讲出来，然后头脑里要快速地确定这次即兴演讲的主题，最好将主题与你熟悉的知识相联系。确定好后放松心情，就可以开始"言归正传"了。

思考与练习

1. 演讲更具魅力的艺术性有哪四个方面？
2. 什么是即兴讲话？其主要特点有哪些？
3. 怎样克服即兴讲话的障碍？
4. 要使即兴演讲精彩，要注意哪六个方面？
5. 即兴演讲为什么要以情感人？

第五节　如何写演讲稿（上）

（演讲稿的格式、特点、分类）

演讲稿也叫演说辞，它是在较为隆重的仪式上和某些公众场所发表的讲话文稿。演讲稿是进行演讲的依据，是对演讲内容和形式的规范和提示，它体现着演讲的目的和手段，演讲的内容和形式。除非是个别大师，大部分人在演讲前都要准备演讲稿，因此演讲稿怎么写非常重要，本文提供演讲稿范文的写作方法。

演讲稿的含义包括广义和狭义两种。广义上的演讲稿，是演讲者为准备在听众面前发表意见、抒发情感而写成的文稿。它的外延很宽，许多讲话稿也属于演讲稿之列，如学术专题演讲、会议报告演讲、法庭论辩演讲、各种礼仪演讲等供口头发表演讲的文稿。狭义上的演讲稿，专指各种主题演讲稿，即参加各种演讲赛、演讲会使用的文稿。

演讲稿的好坏，直接影响到演讲的成功与失败，演讲者千万不可等闲视之。从以演讲的形式来看，演讲稿属于演讲学研究的对象，从内容和形式的构成来看，演讲稿又属于写作学研究的对象。这两个方面是相辅相成，互相制约的。

一方面，由于演讲是一种辅之以姿态、动作的讲话，演讲的内容与形式的要求构成了演讲稿自己的特点。另一方面，演讲的内容与形式也只有符合发表的要求，才能使演讲获得良好的效果。因此，演讲稿的写作是不同于其他文章的写作的。要研究演讲稿的写作，就需要从演讲学和写作学两个方面进行探讨。

演讲稿具有一般文章的共性，要符合写作一般文章的共同要求。但是，演讲稿又是适应演讲特殊需要而写作的一种实用文体。因为演讲稿的传播对象与一般文章有所不同。写出来的演讲稿要用嘴说出去，它的传播对象是听众。听演讲的人，一般是要一听到底的，不能有所选择，除非中途悄悄退场。一般文章的传播对象是读者，读者对写出的文章可以自由地选择，愿意读便读，不愿读则不读。写演讲稿如果不考虑这个不同之处，是收不到好的效果的。

一、演讲稿的格式

演讲稿的格式与一般文章的格式大致相同，分为开头、主体、结尾三个部分。但演讲是具有时间性和空间性的活动，具有一定的鼓动性和感染力，因而，演讲稿范文与一般文章还是略有不同的，尤其是它的开头和结尾有特殊的要求。

（一）开头

演讲稿的开头，也叫开场白。演讲者要一开始就抓住听众，引人入胜至关重要。开头在演讲稿的格式中处于显要的地位，好的演讲稿，一开头就应该用最简洁的语言、最经济的时间，把听众的注意力和兴奋点吸引过来，这样，才能达到出奇制胜的效果。

（二）主体

主体要点：环环相扣，层层深入。主体是演讲稿的主要部分。在行文的过程中，要处理好思路、节奏和衔接等几个问题。

（1）思路。思路清晰的演讲才能引导听众，最简单的思路是用数字序号来表达内容的层次，如提出三个问题，第1、第2、第3，或有三种方法等。数字序号在结构上环环相扣，层层深入，能表达清晰的思路。此外，演讲稿中使用过渡句，或用"首先""其次""再次"等语词来区别层次，也是使演讲思路清晰的有效方法。

（2）节奏。是指演讲内容在结构安排上表现出的张弛起伏。节奏变化会使听众不至于疲劳，如在演讲稿范文中，适当地插入幽默、诗文、轶事等，使演讲内容不单一，以便听众的注意力能够长时间地保持高度集中。当然，节奏是为内容服务的，插入的内容应该与演讲主题相呼应，另外，节奏变换过于频繁，也会造成听众注意力涣散。

（3）衔接。是指把演讲中的各个内容层次联结起来，使之具有浑然一体的整体感。由于前面提到的节奏的需要，容易使演讲稿的结构显得零散。衔接是对结构松紧、疏密的一种弥补，它使各个内容层次的变换更为巧妙和自然，使演讲稿富于整体感，有助于使演讲主题深入人心。演讲稿结构衔接的方法主要是运用同两段内容、两个层次有联系的过渡段或过渡句。

（三）结尾

结尾要点：简洁有力，余音绕梁。结尾是演讲内容的自然结束。言简意赅、余音绕梁的结尾能够震撼听众，促使听众不断地思考和回味。演讲稿结尾没有固定的格式，可以是对演讲全文要点进行简明扼要的小结，也可以是号召性、激励性的口号，还可以是名人名言以及幽默的话。结尾的重要原则是，一定要给听众留下深刻的印象。

第一，文章不要过长。

第二，演讲的内容一定要精辟，吸引听众。

第三，尽量多用修辞手法，采用排比段的写作方法。

第四，不要偏题，抓住中心点。

二、演讲稿的特点

演讲稿的特点是通过演讲者在特定的时间、空间中，运用有声语言面对听众直接发表的实践活动中显示出来的，主要有如下几点。

（一）社会性

演讲是一种社会活动，它不是个人的自言自语，而是面对广大听众的讲话，并且希望产生作用。演讲由于既有演讲者，又有听众，于是就产生了社会性。既然有社会性，就要注意社会效果。这种效果主要通过演讲稿体现出来。演讲的对象是听众，听众是演讲的评论家和验收员。演讲稿要使演讲者在听众中产生热烈的反应，怎样与听众产生交流是执笔人首先应该考虑到的。不仅要考虑到演讲的本身，还要考虑到听众。执笔人必须要使自己撰写的演讲内容适应听众。演讲的内容，要能反映千百万群众关心的社会问题，要反映群众熟悉的事物和感兴趣的问题。同时，也不能迁就某些听众不健康的或肤浅的爱好和兴趣。但是，演讲者不是指责听众，而是用演讲的内容去打动听众，争取听众。特别是随着教育的普及、科学文化水平的提高，演讲会被更多的人所认识、所运用，从而表现出它日益明显的社会性。

（二）有声性

演讲稿要将无声的文字转变为有声的语言。演讲稿写完之后，其目的是要讲给别人听。因此，它无法摆脱有声性这个特点。这是写演讲稿时应着重考虑的问题之一。为了发挥演讲稿的有声性的特点，就要把演讲稿写得"上口""入耳"。"上口"是说的方面，"入耳"是听的方面。所谓"上口"，就是讲起来与平常说话没有什么差别。所谓"入耳"，就是让人听起来没有什么障碍，如同听平时说话一样顺当。演讲稿写得"上口""入耳"，经得起说和听的考验，就能充分发挥交流思想感情的作用。演讲稿要写得"上口""入耳"，就要在语言材料的词汇和语言的组织形式——语法上下功夫，做到与现代的口头语言一致。为此，演讲稿写成后，不要把它当作看的文章，而要把它当成话来说，看看是否做到了既"上口"又"入耳"。演讲稿要写得"上口""入耳"，不单单是技巧问题，而且和思想内容密切相关。说得顺口，意思也必然清楚；听得不顺耳，也就是思想表达得不清楚。要做到话说在口里，出在心里，意思传到听众的耳里，印在每一个人的心里。因此，演讲稿的语言，特别要求通俗、简洁、易懂，讲究有声性。

（三）整体性

所谓整体性，是指演讲稿有自己的体系，有自身的完整性。一篇演讲稿是演讲者的思想深度和知识广度的综合表现。在写演讲稿的准备过程中，要考虑演讲的话题和它的目的性，要了解演讲的时间、空间环境和听众的情况；同时，还要考虑演讲者自身的表情与动作、演讲语言的运用等。这些相关的要素，构成和规定了演讲稿的结构和内容的整体性。任何脱离整体性而以单体结构形式显示出来的演讲，都不能构成完美有效的演讲。例如，如果我们只注意演讲稿的有声性，把精力放在语言和声音运用的技巧上，而不考虑构成演讲稿的其他因素，便不能体现演讲稿的整体性的功能。因此，写演讲稿时，必须从它的整体出发。

首先，要明确目的，立定格局。没有明确的目的，演讲就会变成没有中心、没有重点的随意谈话。没有一个格局，演讲就不会有清晰的程序和层次，也就没有严密的逻辑性，讲出的话不仅语无伦次，也会缺乏逻辑的说服性。

其次，语言要朴素，感情要真挚。明白如话、朴实无华、庄重典雅的语言，加上演讲者的感情运用，会使有声语言增加引人的色彩和感人的力量。

再次，是声音的变化、热情自如的姿态。用文字写出的演讲稿是无声的，演讲要把无声变为有声，就要注意声音的变化，使它动听、悦耳。如果没有变化，听众就会感到厌烦。而热情自如的姿态，也会给演讲增色。

总之，演讲稿和各个部分是互相联系、互为依托的，构成不可分割的整体性。

（四）临场性

演讲稿一般都是事先准备好供演讲时使用的，但它并不是一成不变的。演讲者在演讲时要面对听众，听众会对演讲者或演讲的内容及时做出反应：或表示赞同，或表示疑问，或表示反对，或表示冷淡。演讲者对听众的各种反应，不能置之不顾，而应根据听众的反应和现场的效果，随时调整自己的演讲。即使有预定的讲稿或腹稿，也要灵活运用，及时、主动地改变演讲的某一部分结构，以适应听众的需要。例如，如果把一个问题讲得巨细无

遗，就会让听众感到厌倦。当听众对某个问题感到迷惑不解时，可以出现必要的重复。当听众有反对意见时，演讲者要保持冷静的头脑、豁达的态度，善于转变话题，而不是责备听众。当听众感到疲倦时，可以适当地插进幽默与笑话。

因此，写演讲稿时，要充分考虑它的临场性，在保持内容完整的前提下，注意内容的伸缩性。既要有简单的提纲，又要有详细的内容。在说明主要问题或疑难问题时，要储备几个能说明问题的例子，以便必要时使用。运用幽默和笑话时，不要过于随便，要事先计划好插在什么地方适当。

（五）真实性

演讲稿不同于文学作品的创造，文学作品可以拔高、可以虚构。演讲必须主题正确、观点鲜明、材料真实，必须讲真话。也就是说，演讲者必须树立正确的世界观，要用辩证唯物主义和历史唯物主义的立场、观点、和方法去观察问题、分析问题、解决问题。演讲者肯定什么、否定什么、赞扬什么、贬斥什么，都要清清楚楚、明明白白，决不可似是而非、模棱两可。

演讲的目的是宣传人、说服人、教育人，为此，演讲者就首先要有老实的、科学的态度。在演讲中，使用的材料必须实事求是，不能马虎大意，更不能随意拼凑、凭空想象，不管是直接的还是间接的，不管是旁征还是引用，都要做到准确可靠、真实可信。所谓真实，即选用的材料要确凿无误，绝对可靠可信。事实的大小、多少、程度、范围，以至一个细节、一个数字，都要言之有据。

三、演讲稿的分类

演讲稿的应用是十分广泛的，存在于社会的方方面面之中。其分类也是多种多样的。演讲稿根据其表达方式和达到目的不同，一般分为以下三种。

（一）议论型演讲稿

议论型演讲稿以议论为主要表达方式，它应具有正确、深刻的论点，使用确凿而充足的具有说服力的论据，进行富有逻辑性的论证。这类演讲稿的最明显的特征是对听众晓之以理，以理服人。它通过准确揭示概念的内涵和外延，恰当地判断，严密地推理，层层深入地论证，从而产生"触角"和"钳子"的力量来反映事物的本质和内部的规律，宣传真理，推动社会进步。

（二）叙事型演讲稿

叙事型演讲稿以叙述为主要表达方式，辅以适当的议论、说明和抒情。叙事型演讲稿区别于一般的记叙文，就在于它是基于演讲者一定的观点和主张，通过对人物、事件、景物的记叙和描述，表达演讲者的思想感情，反映社会生活的本质和规律。演讲稿中的叙事，其最终目的是充分证明演讲者的观点和主张的正确性，以达到宣传教育的目的。这类演讲稿最主要的特点是通过对客观事物真实的记叙，打动听众的情感，寓宣传教育于形象感染之中。

136

（三）抒情型演讲稿

抒情型演讲稿以抒情为主要表达方式，在演讲中抒发演讲者的爱恨、悲喜等强烈的感情，对听众动之以情，以"情"这把钥匙来开启听众的心灵。它既可以直抒胸臆，又可以借助叙述、描写、议论来间接抒发感情，以激起听众的共鸣。抒情型演讲稿与抒情散文有所不同，抒情散文是以"情"寓"理"，主要目的是"抒情"，而抒情型演讲稿则是以"理"驭"情"，"抒情"是手段，"说理"才是目的，使听众在浓烈的情感作用下明辨是非，认识真理。

思考与练习

1. 怎样理解演讲稿广义和狭义的含义？
2. 演讲稿的开头和结尾与一般文体有着怎样的特殊要求？
3. 演讲稿的特点主要有哪些？
4. 演讲稿的分类主要有哪三种？
5. 抒情型演讲稿有着怎样的基本要求？

第六节　如何写演讲稿（中）

（演讲稿的选题和立意）

一、演讲稿的选题

演讲稿选题的好坏直接关系到演讲的成败和价值的大小。演讲稿的选题通常有三种情况：一是组织者规定了主题而选题；二是组织者规定了内容的大致范围而选题；三是演讲者自选演讲题。无论哪种情况，撰稿者都有一个选题的问题。演讲稿的选题非常重要。选题的确立决定着演讲构思的取舍，也决定着演讲的价值。新颖、独特、充满真知灼见的题目，能使演讲的价值倍增；陈旧、俗套的题目会使演讲黯然无光。因此，作者撰稿前，应特别注重演讲稿选题的确立。

（一）演讲稿选题的要求

第一，选题要有强烈的时代感。选题要符合时代精神，要突出社会教育作用，要反映广大人民群众的意志，体现广大人民群众的愿望，表达广大人民群众的呼声。要选择广大人民群众最关心的，社会现实亟须解决的问题作为选题。可以赞颂和弘扬进步的思想，也可以批评和鞭挞落后的、腐朽的思想；可以宣传、提倡真善美的事物，也可以揭露抨击假恶丑的事物。但不管选什么题材，演讲者一定要有自己的独到见解，要使人耳目一新，而不是人云亦云；要紧跟时代潮流，体现时代精神，以唤起听众的关切和注意。

第二，选题要有积极的意义。一方面，要选那些能向听众指明行动方向、给听众行动的手段和方法、给听众以希望的材料，要选择那些光明的、美好的、富有建设性的题目。另一方面，要选择符合听众心理和要求的材料，要使这些材料和听众的切身利益结合起来，

才能引起听众的兴趣和关注，给听众一种积极向上的力量和希望。只有这样，才能使听众为之激动，为之鼓舞，为之奋发向上。例如，《自学能成才》，听了这个题目，就会给人一种鼓励，去掉失望心理，充满信心，走自学之路。不要选择那些无力的、隐晦的、消极的、破坏性的题目，如《自学并非易事》，虽有一定的道理，却使人有灰心丧气之感。

第三，选题要考虑听众的需求。要处理好听众认识能力与选题内容的关系。听众认识能力与选题内容的关系分为三个层次：低于选题内容；高于选题内容；适合选题内容。当听众的认识能力低于选题内容或高于选题内容，选题都是不合适的。同数学家讲哥德巴赫猜想，同物理学家讲相对论，与同中学或工人、农民讲哥德巴赫猜想和相对论，效果是截然不同的。前者可能激动不已，赞不绝口；后者不仅无动于衷，而且会感到茫然不知所解，索然无味。

演讲者发表自己的思想见解，就是对事物做出自己的评价。这种评价听众能否接受，将受到听众价值心理的影响。诸如政治价值、经济价值、人生价值、知识价值、审美价值、伦理价值等，都将影响听众对演讲的需要心理。因此，选题一定要有针对性，要适合听众的需求。演讲内容，必须是听众愿听的；演讲所分析的，正是听众不理解而想理解的；演讲阐述的，正是听众想知道，或应该知道，或必须知道的。只有从听众的实际需求出发，有针对性地选择听众所需的演讲题目，才能给听众以深刻的影响，才能有较大的感染力，才能唤起听众的听演讲的热情和兴趣，也才能收到事半功倍的效果。

第四，选题要是自己比较熟悉的。确立选题时，要选择自己比较熟悉，并且有条件、有把握讲好的题目。所谓自己熟悉的题目，是自己在某一个领域某一个问题上经历了一番辛勤劳动，进行过研究和探讨的题目。例如，亲自实践过，收集和整理了有关资料，用心做过周密的思考，获得了一些独到的体会等。许多演讲者的实践证明，选择自己比较熟悉的或是选择和自己的专业、知识面比较接近的题目，就容易讲得深、讲得透，讲出自己的风格。因为熟悉，才有话可说；因为熟悉，演讲者才能生产激情，也才能去感染听众。如果演讲者对自己的题目根本不熟悉，或者对演讲题目所涉及的基本常识一知半解，似懂非懂，所写出的演讲稿内容一定贫乏，所表明的观点、做出的结论，就必然缺乏坚实可靠的论据。另外，演讲的选题要与演讲者的身份相称，要能够体现演讲者的个性特点和风格。不能选择那些与自己身份根本不相称的题目作为自己的演讲选题。

（二）演讲稿的立意

演讲稿的选题和立意既有联系又有区别，选题是演讲稿立意的基础和范围，立意是演讲者对演讲主题的把握，是对选题的主观的独特感受。演讲的立意和写文章一样，必须采取"意在笔先"的原则。所以说，一篇好的演讲稿的立意，必须符合如下要求。

第一，观点正确。这是指确立演讲主题、意向要符合客观规律，接近真理。要做到这一点，就要学习和掌握马克思主义和党的现行的方针、政策，不断提高自己的理论水平和政策水平。只有这样，演讲才能符合时代的需要和人民的欢迎。

第二，态度鲜明。所谓态度鲜明，就是说演讲的主题能明确表示爱什么，憎什么，赞成什么，反对什么，态度明朗，旗帜鲜明。例如，闻一多的《最后一次讲演》充满着对李公朴先生的爱和对国民党反动派的恨，这篇演讲当时引起了轰动效应，使在场的国民党特务不得不抱头鼠窜。如果缺乏态度鲜明这一点，人们就很难知道你到底在说些什么，因而

也就不能引起人们足够的重视，就会使演讲失去应有的作用。

第三，开掘深刻。所谓开掘深刻，就是要在演讲中能讲人所未讲，发人所未发的独到见解。正像我国著名电视主持人赵忠祥所说的那样："演讲家说出别人想说而没有说的话，因而博得听众的赞赏和欢迎，这固然是高明，然而，如果演讲家道出了别人想都没有想过的东西，甚至由于你的演讲，使原来不想做某件事情的听众后来想做了，这才是更大的高明"。

第四，以小见大。一滴水珠虽然渺小，但能折射出太阳的光芒。即使是现实生活中一些平凡的小事，对善于演讲的人来说，他也能挖掘出事物的真谛。李燕杰的演讲为什么叫人中听，除了循循善诱之外，还不时举些日常生活中的例子，引导青年人去认识真理。例如，讲到人们看到爱因斯坦或托尔斯泰的画像，为什么令人肃然起敬？他说那是因为满头银发放射着智慧的光芒，额头深而又繁的皱纹标志着他一生的丰功伟绩。相反，如果人云亦云，泛泛而谈，只会叫人感到平淡乏味。

二、演讲稿的提纲编列

编列演讲提纲，是演讲前多种准备工作中的重要一环，也是获得演讲成功的不可缺少的重要因素。古今中外许多高人一筹的演讲家，都非常重视演讲提纲的编列，都把演讲提纲作为临场发挥的重要依据，古今中外的演讲史上，仅仅依据提纲而发挥出精彩演讲的例子，可以说是数不胜数。

作为一个初学演讲的同志，应该重视编列演讲提纲这项重要的准备工作，养成坚持编写演讲提纲的良好习惯，久而久之，写作演讲稿和发表演讲的技巧与本领就会获得较大提高。

（一）编列演讲提纲的含义

所谓编列演讲提纲，就是我们常说的写作或演讲之前的"搭架子"。它是用提要或图表的方式，列举出一篇演讲的观点、材料，以及观点和材料的组合与安排方式等。编列演讲提纲的方法多种多样，没有固定的格式，既可以编写得粗一些，也可以编写得细一些。既可以编写成书面文字，也可以只在脑海里思考，俗称打"腹稿"，这主要用于即兴演讲之前。编写得粗的叫概要提纲，这种提纲以极其简洁的语言和高度压缩的方式，简明扼要地列举出了演讲的主旨、材料、层次和大意等。编写得细的叫详细提纲。这种提纲比较具体、细致，甚至把每个细节都写上了，它基本上是演讲的缩影，有利于演讲者对整个演讲的掌握。

（二）编列演讲提纲的意义

（1）通过编列提纲，可以把"腹稿"的轮廓用文字固定、明确下来，以免写作或演讲时遗忘；同时，还可以对"腹稿"不断加以修改和补充，使整个演讲过程的构思更为周密、完善。如果不列提纲，甚至连"腹稿"也不打，心中无数，动笔就写或动口就讲，就有可能丢三落四，层次不清，内容混乱。

（2）编列演讲提纲，可以为撰写演讲稿或发表演讲提供出有理、有据、有序的纲领、计划和"蓝图"，从而为演讲成功打下良好的基础。实际上，拟定提纲的过程，就是对演讲内容具体构思的过程。一个较为具体、详细的演讲提纲，不仅包括演讲题目、结构层次、论述要点、典型事例、引文材料以及有关资料等，还显示出了整个演讲的基本内容和论证

过程，这样就为演讲者撰写演讲稿或依据提纲发表演讲，创造了有利条件。

（3）编列演讲提纲，也是培养和锻炼演讲者认真观察问题、反复思考问题、全面分析问题的一个好方法。在编写提纲的过程中，演讲者一直处于积极思维的紧张状态，要仔细推敲诸如演讲宗旨是否正确、演讲材料是否真实、演讲层次是否清楚、演讲的前后段落是否均衡等问题。这就促使演讲者必须全面分析有关问题，从而有利于思维的条理化和科学化，有利于培养和提高演讲者的观察能力、分析能力和解决问题的能力。

（三）演讲提纲中应列举的内容

（1）拟制好演讲的标题。大多数演讲稿，都只有一个题目。而少数演讲，不仅有正题，还有副题和插题，遇此情况，都要分别列举出来。

（2）编列演讲的中心论点和分论点。演讲往往不仅有中心论点，还有若干分论点，甚至分论点下面还有更小的论点。编列演讲提纲时，哪个属于中心论点，哪些属于分论点；在几个分论点中，哪个应该在前，哪个应该有后，这些都应该在演讲提纲中明确、清晰地显示出来。

（3）遍列演讲所需要的事实材料、事理材料和参考材料等。事实材料主要包括例证、数据和实物等。事理材料主要包括科学原理、科学定律、法律条文、有关文件规定，以及名言、警句、谚语、成语等。参考材料泛指演讲时需要的各种材料或与演讲内容有关的各种备用材料。这些材料，有的可以简明扼要地摘抄在提纲上；有的可以仅仅在提纲上做个标记而另外制作卡片；必要时，还可以编排绘制成不同的图表，这样，使用起来就可以得心应手，灵活方便。

（4）编列演讲的内在逻辑联系、演讲内容和演讲层次的先后顺序。不少演讲的头绪繁多，结构层次复杂，蕴含量也较大，在编列演讲提纲时就需要分清楚演讲内容的轻重缓急和演讲结构的先后排列。哪些内容应该在前，哪些内容应该放后，这涉及内在的逻辑联系问题，不能随便颠倒。应该防止出现杂乱无章、轻重倒置、前后脱节或残缺不全等现象。

（5）演讲的开头和结尾。演讲的开头和结尾对演讲能否获得成功关系极大。为此，编列演讲提纲时应该考虑清楚：到底采用什么样的方式开头和结尾，才能获得演讲的最佳效果？这两个部分的内容在通篇演讲中占的篇幅虽然不算太大，但其作用忽视不得。在演讲提纲中应该标清如何开头和结尾。

思考与练习

1. 演讲稿为什么要在选题上下功夫？
2. 演讲稿为什么先要立意？
3. 怎样才能使选题有积极意义？
4. 从哪些方面可以体现编列演讲提纲的重要意义？
5. 演讲提纲中应列举的内容有哪些？

第七节　如何写演讲稿（下）

（演讲稿的标题拟制）

一篇文章最先让读者看见的是标题，一篇演讲稿最先让听众听到的也是标题。人们常把标题比作文章的眼睛。这种比喻形象地说明了标题在文章中的重要作用。演讲稿的标题，是演讲稿不可缺少的有机组成部分，是一篇演讲稿的定音之弦。演讲标题涉及演讲稿内容的整体布局，关系到演讲开始能否抓住听众的欣赏心理，吸引听众，并自然地引出演讲内容。演讲稿标题拟制得好，不但可以引起听众的注意，吸引听众听讲，还能起到概括文章的思想内容，突出演讲的中心论题，明确演讲所要讨论的特殊对象或所涉及的特定场合及其范围等作用。

新颖的、具有吸引力的标题，具有大幅度、高强度振动听众心弦的功能。许多好的演讲标题，犹如吟天下第一声，飞光溢彩，蔚为大观。许多听众，特别是青年听众，就常常是根据演讲者的演讲标题来决定自己听不听、认不认真听演讲者演讲的。因此，写演讲稿，就必须千方百计地拟制一个鲜明生动、富有吸引力的演讲标题，使演讲一开始就以新奇取胜，以美妙夺人。

一、标题的类型

演讲稿标题的类型，常用的一般有下列几种。

1. 提要型

提要型的标题，即标题概括演讲的基本内容，把演讲内容的核心简明地提示出来，如《人总是要点精神的》《在磨难与痛苦中创造亮丽的人生》《坚定信仰，弘扬美德》《没有金钱并非"万万不能"》。这种类型的标题，有利于集中表达演讲者的思想，使听众一听便知道演讲的中心问题，在思想上打下一个烙印，有利于听众领会、吸收。

2. 象征型

象征型的标题，即运用比喻或象征等修辞手法，把抽象的哲理或某种特殊意义具体化、形象化，从而深入浅出地揭示主题，如《让美的横杆不断升高》《扬起生命的风帆》《托起新世纪的彩虹》。前一标题用"横杆"作比，把本来抽象的"美"具体化、形象化；第二个标题，演讲者巧比妙喻，赋予理想、信念以生命、感情和思想，鼓励青年荡起双桨，乘风破浪，借此鼓励青年奋发进取。这种类型的标题，一般具有强烈的感情色彩，容易引起听众感情上的共鸣，强化演讲效果。

3. 含蓄型

含蓄型的标题，即运用伏笔，造成悬念，引而不发，撩拨听众思维。用婉转的话来烘托或暗示某种内涵，让人思而得之，而且越思含义越多，如《逐日立杖铸丰碑》《红绿灯下赤子情》、《蜡炬成灰泪始干》等。

4. 警醒型

警醒型的标题，即运用哲言用镌语，立片言以居要，提醒、劝谏、鼓励听众，以激发听众的警觉，使之猛醒，如《忧劳可以兴国，逸豫适足亡身》《天下兴亡，匹夫有责》《有志者事竟成》等。

5. 设问型

设问型标题，即通过设问，提示演讲所涉及的内容，而演讲内容则是对标题设问的回答，如《人生的价值何在？》《我们应该怎样爱孩子》《他们很傻吗？》等。

6. 抒情型

抒情型标题，即抒发情感，以情感人，具有浓烈的感情色彩，如《自豪吧！光明的使者》《我爱长城，我爱中华》《党啊，亲爱的妈妈》。

标题的类型绝不仅仅限于上述几种。好的标题往往很难一下确定下来。很多演讲者常常在准备好演讲内容后，还苦于找不到合适的标题。许多标题的拟制和提炼，要经过反复推敲，深思熟虑，有的甚至是"煞费苦心"。

二、标题的要求

1. 标题要贴切

贴切的含义有二：一是演讲的标题要与演讲内容和谐统一，标题含义的大小、宽窄要与演讲的内容一致；二是拟制演讲标题时，要使用准确、恰当的语词和语句，不能使用含糊笼统、艰深晦涩、令人费解的语词和语句。标题晦涩，令人费解，就不能引起听众的兴趣，从而影响听众认真听演讲的情绪。

2. 标题要符合演讲者的身份

标题不能太高、太大。演讲者不能夸夸其谈、随心所欲地选择那些与自己身份根本不相称的题目。

3. 标题要简洁

演讲的标题要有概括性，要用最简洁的语言，表达最丰富的内涵，即所谓"意唯其多，字唯其少"。一般地讲，演讲的标题要概括演讲的基本内容，或者反映演讲的中心论题。从语言表达角度来说，精心拟制出的演讲标题，要尽可能做到简短、有力，字少意多，言简意赅。如果过长，就会显得散漫无力，分散听众的注意力。简洁的题目能给人留下深刻的印象。鲁迅先生的五本集子（《彷徨》《呐喊》等），共 69 篇文章，标题字数总共只有 214 个，平均每个标题只有 3.1 个字，真可谓字字珠玑，言简意赅。

4. 标题要醒目悦耳

标题也叫题目。题，指人的额头；目，指人的眼睛，是一个人最显眼、最具特征的地方。演讲稿的标题，就是演讲稿的"前额"和"眼睛"。因此，演讲标题一定要新、要奇。

新而奇才能醒目。由于演讲稿语言有声性的要求，故演讲稿标题不仅要醒目，而且要上口，更要悦耳，要使演讲稿标题念出来有音乐般的美感。

5. 标题要有启发性

一个好的演讲标题，还要具有一定的启发性。只有这样，才能引起听众认真听讲的兴趣，才能激发听众迫切要求了解演讲内容的心情。

三、写演讲稿的作用

除了以上文章叙述中谈到的作用以外，对在校学生而言，还有以下四点：写演讲稿能提高"听、说、读、写"的能力。

1. 听

叶圣陶先生曾说："听就是读，是用耳朵来读。"上面的学生讲，下面的学生听，从听中，可以训练学生听音和辨音的能力；从听中，可以训练学生注意、想象、联想、记忆的能力；从听中，可以训练学生快速敏捷的概括、判断、推理等思维能力。学生听学生的演讲，从中抓要点，长知识，扩视野，学会了用自己的听觉收集信息，并且养成良好的听话习惯。同时，从其他学生的演讲中，还可学到更多的演讲技巧和形式。

2. 说

学生通过演讲，训练发音吐字，训练语调、语气、语速、停顿，训练态势语言。使学生可以读准声、韵、调，同时注意口型，发音器官到位，做到吐字发音准确清晰，换气自如。提高语言的表达技巧，克服"想说的不敢说，敢说的却又不能说，能说的却又不会说"的毛病。使学生通过不同的语气、不同的发音效果表达不同的感情色彩，说话时情动于衷，感情饱满。使学生能恰当地运用面部表情、眼神、姿态和手势，取得口头表达和表情动作完美和谐的统一。使学生的语言具有形象、生动、风趣、幽默等特点。

3. 读

学生为了做好演讲，需要提前准备。他们从图书、报刊、电影、电视、网络以及本地区的自然、人文、社会中搜集信息和资料。通过阅读大量的健康有益的书籍，对他们的修养学识有较大的教育价值，能对他们起到净化思想、陶冶情操、感化心灵、改善情感的熏陶感染、潜移默化的教育作用。从优秀的文学作品中受到熏陶并在情感体验的潜移默化中促进他们积极的人生态度和正确价值观的形成；从科技读物中培养爱科学、学科学的情感；从哲理类文章中提高对事物的认识和思辨力；从社科类媒体中培养学生热爱生活、热爱自然的情感，了解风俗、人情、自然风光以及世界各地种种有趣的习俗和许多的风景名胜；从新闻载体中了解我国与世界的重要政治事件……

4. 写

学生在演讲的准备过程中，都要做好充分准备，把搜集到的材料进行归纳、整理。组织好语言，理清思路，并写成文字，有的还请教师来指导。为了演讲，有很多学生养成了做摘抄、写随笔、诵美文的好习惯。学生有了大量的语言储备，又怎么能建造不好语言能力的大厦呢？

思考与练习

1. 写出演讲标题有着怎样的重要性？
2. 演讲稿标题的类型，常用的有哪六种？
3. 演讲标题的要求有哪些方面？
4. 演讲标题为什么要醒目悦耳？

附：名家名篇演讲专题训练

演讲或演说是人们生活、工作、交际中不能缺少的重要元素。无论是即兴交流，还是登台正式演讲，都必须酝酿构思、组词成句、组句成段、组段成篇。登台演讲，演讲稿的重要性，前面已讲了很多，演讲稿的好坏，直接影响到演讲的成功与失败，演讲者千万不可等闲视之。如何写好演讲稿，前面也专题讲了不少。但是，讲得多不等于就能做得好。俗话说："拳不离手，曲不离口""台上十分钟，台下十年功"，只学不练怎么能行！

本章的"演讲专题训练"旨在给予范文的前提下（首先欣赏），适当地拟写思路提纲，从而融会贯通、加深理解，以期提高学生的综合演讲水平。

例一：《葛底斯堡演说》（亚伯拉罕·林肯）。

赏析下列演讲稿，拟出其思路提纲。

译文：

葛底斯堡演说

在 87 年前，我们的国父们在这块土地上创建一个新的国家，乃基于对自由的坚信，并致力于所有人皆生而平等的信念。

当下吾等被卷入一场伟大的内战，以考验是否此国度，或任何肇基于和奉献于斯者，可永垂不朽。吾等现相逢于此战中一处浩大战场。而吾等将奉献此战场之部分，作为这群交付彼者生命让那国度勉能生存的人们最后安息之处。此乃全然妥切且适当而为吾人应行之举。

但，于更大意义之上，吾等无法致力、无法奉上、无法成就此土之圣。这群勇者，无论生死，曾于斯奋战到底，早已使其神圣，而远超过吾人卑微之力所能增减。这世间不曾丝毫留意，也不长久记得吾等于斯所言，但永不忘怀彼人于此所为。吾等生者，理应当然，献身于此辈鞠躬尽瘁之未完大业。吾等在此责无旁贷献身于眼前之伟大使命：自光荣的亡者之处吾人肩起其终极之奉献——吾等在此答应亡者之死当非徒然——此国度，于神佑之下，当享有自由之新生——民有、民治、民享之政府永世长存。

背景资料：

亚伯拉罕·林肯在当选美国第 16 任总统后，由于其废奴主义倾向，南方各州相继宣布脱离联邦，内战爆发，林肯总统领导人民对南方叛军作战。1863 年 7 月 3 日葛底斯堡战役是美国南北战争中最为残酷的一战，联邦军损失 23000 多人。这是南北战争的转折点。四

个月后林肯总统到葛底斯堡战场，为这场伟大战役的阵亡将士墓举行落成仪式。这篇演讲是在 1863 年 11 月 19 日发表的。

这篇演说被认为是英语演讲中的最高典范，其演讲手稿被藏于美国国会图书馆，其演讲词被铸成金文长存于牛津大学。虽然这是一篇庆祝军事胜利的演讲，但它没有丝毫的好战之气；相反的，这是一篇感人肺腑的颂词，赞美那些做出最后牺牲的人以及他们的献身的理想。在这篇演讲中，林肯提出了深入人心的"民主、民治、民享"口号，成为后人推崇民主的政治的纲领。

简介听众的好评：

林肯以他尖细的肯塔基腔发言二至三分钟，用 272 个字、十句话，简述这场内战。林肯发表的演说"切中要害"，重提国家在这场艰苦战争中的作用，以及对此观念的影响：不分联邦军或邦联军，葛底斯堡阵亡将士的牺牲无一白费。

尽管这场演说名垂青史，当今学者对其真正措词意见不一；当时据实誊录的新闻报道，甚至林肯本人的数份手抄副本中，其措词、标点与结构皆互有歧异。

例二：《人格是最高的学位》（白岩松）

阅读下面的演讲稿，确定情感基调，找出关键处、重点词句，进行语调及手势的设计，并试着登台演讲。

人格是最高的学位

很多很多年前，有一位学大提琴的年轻人去向本世纪最伟大的大提琴家卡萨尔斯讨教：我怎样才能成为一名优秀的大提琴家？

卡萨尔斯面对雄心勃勃的年轻人，意味深长地回答：先成为优秀而大写的人，然后成为一名优秀和大写的音乐人，再后就会成为一名优秀的大提琴家。

听到这个故事的时候我还年少，老人回答时所透露出的含义我还理解不多，然而随着采访中接触的人越来越多，这个回答就在我脑海中越印越深。

在采访北京大学的教授季羡林的时候，我听到一个关于他的真实故事。有一个秋天，北京大学的新学期开始了，一个外地来的学子背着大包小包走进了校园，实在太累了，就把包放在路边。这时正好一位老人走来，年轻学子就拜托老人替自己看一下包，而自己则轻装去办入学手续。老人爽快地答应。近一个小时过去了，学子归来，老人还在尽职尽责地看守。谢过老人，两人分别！

几日后是北京大学的开学典礼，这位年轻的学子惊讶地发现，主席台上就座的北京大学的副校长季羡林正是那一天替自己看行李的老人。

我不知道这位学子当时是一种怎样的心情，但在我听过这个故事之后却强烈地感觉到：人格才是最高的学位。

这之后我又在医院采访了世纪老人冰心。我问先生，您现在最关心的是什么？老人的回答简单而感人：是年老病人的状况。

当时的冰心已接近人生的终点，而这位在"五四"爆发那一天开始走上文学创作之路的老人心中对芸芸众生的关爱之情历经近 80 年的岁月而依然未老。这又该是怎样的一种传统！

冰心的身躯并不强壮，即使年轻时也少有飒爽英姿的模样，然而她这一生却用自己当笔，拿岁月当稿纸，写下了一篇关于爱是一种力量的文章，然后在离去之后给我留下了一个伟大的背影。

今天我们纪念"五四"，80 年前那场运动中的呐喊、呼号、血泪都已变成一种文字留在典籍中，每当我们这些后人翻阅的时候，历史都是平静地看着我们，这个时候，我们觉得 80 年前的事已经距今太久了。

然而，当你有机会和经过"五四"或受过"五四"影响的老人接触后，你就知道，历史和传统其实一直离我们很近。

世纪老人在陆续地离去，他们留下的爱国心和高深的学问却一直在我们心中不老。但在今天，我还想加上一条，这些世纪老人所独具的人格魅力是不是也该作为一种传统被我们向后代延续？

前几天我在北京大学听到一个新故事，清新而感人。一批刚刚走进校园的年轻人，相约去看季羡林先生，走到门口，却开始犹豫，他们怕冒失地打扰了先生。最后决定，每人用竹子在季老家门口的土地上留下问候的话语。然后才满意地离去。

这该是怎样美丽的一幅画面！在季老家不远，是北京大学的博雅塔在未名湖中留下的投影，而在季老家门口的问候语中，是不是也有先生的人格魅力在学子心中留下的投影呢？只是在生活中，这样的人格投影在我们的心中还是太少。

听多了这样的故事，便常常觉得自己是只气球，仿佛飞得很高，仔细一看却是被浮云拖着；外表看上去也还饱满，肚子里却是空空。这样想着就有些担心了，怎么能走更长的路呢？

于是，"渴望年老"四个字对于我就不再是幻想中的白发苍苍或身份证上改成 60 岁，而是如何在自己还年轻的时候，便能吸取优秀老人身上所具有的种种优秀品质。

于是，我也更加知道了卡萨尔斯回答中所具有的深意。怎样才能成为一个优秀的主持人呢？心中有个声音在回答：先成为一个优秀的人，然后成为一个优秀的新闻人，再然后是自然地成为一名优秀的节目主持人。

我知道，这条路很长，但我将执着地前行。

例三：《史记·滑稽列传》"优孟者，故楚之乐人也。"

原文：

优孟者，故楚之乐人也。长八尺，多辩，常以谈笑讽谏。楚庄王之时，有所爱马，衣以文绣，置之华屋之下，席以露床，啖以枣脯。马病肥死，使群臣丧之，欲以棺椁大夫礼葬之。左右争之，以为不可。王下令曰："有敢以马谏者，罪致死。"优孟闻之，入殿门，仰天大哭。王惊而问其故。优孟曰："马者王之所爱也，以楚国堂堂之大，何求不得，而以大夫礼葬之，薄，请以人君礼葬之。"王曰："寡人之过一至此乎！"于是使以马属太官，无令天下久闻也。

楚相孙叔敖知其贤人也，善待之。病且死，属其子曰："我死，汝必贫困。若往见优孟，言我孙叔敖之子也。"居数年，其子穷困负薪，逢优孟，与言曰："我，孙叔敖子也。父且死时，属我贫困往见优孟。"优孟曰："若无远有所之。"既为孙叔敖衣冠，抵掌谈语。岁余，像孙叔敖，楚王及左右不能别也。庄王置酒，优孟前为寿。庄王大惊，以为孙叔敖复生也，欲以为相。优孟曰："请归与妇计之，三日而为相。"庄王许之。三日后，优孟复来。王曰："妇言谓何？"孟曰："妇言慎无为，楚相不足为也。如孙叔敖之为楚相，尽忠为廉以治楚，楚王得以霸。今死，其子无立锥之地，贫困负薪以自饮食。必如孙叔敖，不如自杀。"因歌

曰："山居耕田苦，难以得食。起而为吏，身贪鄙者馀财，不顾耻辱。身死家室富，又恐为奸触大罪，身死而家灭。贪吏安可为也！念为廉吏，奉法守职，竟死不敢为非。廉吏安可为也！楚相孙叔敖持廉至死，方今妻子穷困负薪而食，不足为也！"于是庄王谢优孟，乃召孙叔敖子，封之寝丘四百户，以奉其祀。后十世不绝。

译文：

优孟原是楚国的老歌舞艺人。他身高八尺，富有辩才，时常用说笑方式劝诫楚王。楚庄王时，他有一匹喜爱的马，给它穿上华美的绣花衣服，养在富丽堂皇的屋子里，睡在设有帐幔的床上，用蜜饯的枣干来喂它。马因为得肥胖病而死了，庄王派群臣给马办丧事，要用棺椁盛殓，依照大夫那样的礼仪来葬埋死马。左右近臣争论此事，认为不可以这样做。庄王下令说："有谁再敢以葬马的事来进谏，就处以死刑。"优孟听到此事，走进殿门，仰天大哭。庄王吃惊地问他哭的原因。优孟说："马是大王所喜爱的，就凭楚国这样强大的国家，有什么事情办不到，却用大夫的礼仪来埋葬它，太薄待了，请用人君的礼仪来埋葬它。"庄王说："我的过错竟到这种地步吗？"于是庄王派人把马交给了主管宫中膳食的太官，不让天下人长久传扬此事。

楚国宰相孙叔敖知道优孟是位贤人，待他很好。孙叔敖患病临终前，叮嘱他的儿子说："我死后，你一定很贫困。那时，你就去拜见优孟，说'我是孙叔敖的儿子'。"过了几年，孙叔敖的儿子果然十分贫困，靠卖柴为生。一次路上遇到优孟，就对优孟说："我是孙叔敖的儿子。父亲临终前，嘱咐我贫困时就去拜见优孟。"优孟说："你不要到远处去。"于是，他就立即缝制了孙叔敖的衣服帽子穿戴起来，模仿孙叔敖的言谈举止，音容笑貌。过了一年多，模仿得活像孙叔敖，连楚庄王左右近臣都分辨不出来。楚庄王设置酒宴，优孟上前为庄王敬酒祝福。庄王大吃一惊，以为孙叔敖又复活了，想要让他做楚相。优孟说："请允许我回去和妻子商量此事，三日后再来就任楚相。"庄王答应了他。三日后，优孟又来见庄王。庄王问："你妻子怎么说的？"优孟说："妻子说千万别做楚相，楚相不值得做。像孙叔敖那样做楚相，忠正廉洁地治理楚国，楚王才得以称霸。如今死了，他的儿子竟无立锥之地，贫困到每天靠打柴谋生。如果要像孙叔敖那样做楚相，还不如自杀。"接着唱道："住在山野耕田辛苦，难以获得食物。出外做官，自身贪赃卑鄙的，积有余财，不顾廉耻。自己死后家室虽然富足，但又恐惧贪赃枉法，干非法之事，犯下大罪，自己被杀，家室也遭诛灭。贪官哪能做呢？想要做个清官，遵纪守法，忠于职守，到死都不敢做非法之事。唉，清官又哪能做呢？像楚相孙叔敖，一生坚持廉洁的操守，现在妻儿老小却贫困到靠打柴为生。清官实在不值得做啊！"于是，庄王向优孟表示了歉意，当即召见孙叔敖的儿子，把寝丘这个四百户之邑封给他，以供祭祀孙叔敖之用。自此之后，十年没有断绝。

例四：《废人》。

阅读下面的演讲稿，确定情感基调，找出关键处、重点词句，进行语调及手势的设计，并试着登台演讲。

废人

同志们，朋友们：

"废人"这个词汇在《辞海》里是指"无用的人"，我这个研究生就曾被人认为是"废人"。要问这是为什么，不得不从我的童年讲起。

我曾经有过无忧无虑的童年。虽然我生在农村，家境贫寒，但四岁之前我和其他健康

儿童一样天真活泼。我母亲说，那时候的我是个很淘气的小男孩。天有不测风云，一场大病，使本来活蹦乱跳的我躺在了炕上，多方求医，也没有使我站起来。父亲看着终日躺在炕上的我，说我是"废人"，意思是我已和废弃的物品一样毫无价值了。这个可怕的字眼从父亲嘴中说出来，表明我的父母对我的未来已不抱希望。

小小的我，不懂得什么叫人生，不懂得什么叫挫折，更不知道别人把"废人"这两个字赋予我究竟意味着什么，但是我知道，每天躺在床上，不能到处蹦蹦跳跳很难受。我很想站起来，走到蓝天白云之下，去感受春风的抚摸，很想和伙伴儿们去玩去耍，小小的我就告诉自己，我必须站起来，必须像以前一样行走！于是，我先是在炕上挪，而后用双手扶住窗台，试着站起来。一次，两次……头被窗台碰破了一次又一次，我终于站起来了，继而又迈出了一步，两步……父亲给我做了一辆四轮小木车，扶手正好齐到我的腰。在我扶着窗台练习了半年迈步之后，我可以推着小木车在炕上走了……当我扔掉小木车能徒步走到院中时，我幼小的心灵里终于体验了能走路是一件多么好的事情。

然而，这并没改变世人对我的看法。在好多人眼中，我仍然是个"废人"。一向学习成绩优秀的我初中毕业被剥夺了上高中的权利。我不甘心升学机会就这样丧失，去县文教局讨公道，我问：我这样的人该不该上高中？一位副局长告诉我，残废人能认识自己的名字，会算账就不错了，就算上了高中又有什么用？一句"又有什么用"表明在这位局长大人的心中，我是个"废物"。他的不冷不热的话让我想起了我的一个邻居特地向我请教的一个问题。他问我："你说，大骡子大马残废了可以杀肉吃，人要残废了怎么办？"意思是说人要残废了什么用处也没有。真没想到文教局的副局长和我的邻居有着惊人相似的看法，因为局长的这种看法，我最终没有上成高中，但我第一次向自己提出了这个问题：你是"废人"吗？

不，我不是"废人"！我要用行动，用事实证明这一点。不是不让我上高中吗？我照样可以掌握更多的知识。十五岁的我，拖着残疾的腿到生产队参加力不从心的繁重的体力劳动，劳动一天无论多么累，我都坚持自学到深夜。那时，我独自住在地震后盖起的简易茅草屋中，小屋四面透风，买不起煤，生不了火，严冬的季节里，我肌肉萎缩的胳膊、腿都生了冻疮，有的地方露出了鲜红的嫩肉和白骨。我翻烂了几十本书，演算了几千道习题。几年的时间，我自学了高中所有课程和大学数学专业的必修课。恢复高校统一招生考试制度后，只有初中毕业文凭的我以同等学力报考了大学理科。不少人用奇怪的目光看着我，他们不相信初中生也能考上大学。我那位邻居又用他那套"大骡子大马"理论开导我："小兔子能拉车，谁还买大骡子大马？"不过这次他没把我当成"废物"，只是看成不能和大骡子大马相提并论但毕竟可以杀肉吃的小兔子。我的邻居和那些用奇怪目光看我的乡亲们都没想到，全公社几十名报考者，只有我这初中生上了初选线。消息传开，好多人看我的目光都变了，说我脑瓜聪明，从小就有志气，将来一定有出息。当我没过去体检关时，这些人又来了个180°的大转弯："早就说瘸子上不了大学，他要是能上大学，中国人还不都成了大学生？"有些人就是这样，你成功了他夸你，你失败了他贬你，如果为这些言论所左右，那你就永无成功之日。我不听邪，第二次、第三次上了考场，成绩一次比一次好，可失败得也一次比一次惨。身为国家干部的兄长向父亲下了最后通牒，说他不会再往家里交一分钱，因为他不能把钱让我这个"白吃饱"浪费在买书上。本来就把我当成"废人"的父亲不得不劝我放弃考学的努力，他说我家祖坟上没有上大学那棵蒿子，残废人别想得太

高，庄稼活儿干着吃力，该趁年轻时学点手艺。哥弟们都指望不上，当爹当妈的不能陪我一辈子，自己的路还得自己走。

父亲的话把我从梦幻中唤回现实来。22 岁的我，是得考虑生计问题了。理想不能当饭吃，伸手向别人要求施舍的人才是真正的"废人"。腿残疾了，我还有双手和大脑，还可以干很多事情。那一年我走上了谋生之路。为了生存，我自学了服装裁剪、无线电修理；在东北干过临时工，当过乡农业技术学校教师、乡文化站站长……什么样的讽刺话都听过，什么样的白眼都看过，我真正体会到了一个残疾人自立于世的艰难。

1985 年，国家放宽了高等学校招生体检标准，又一次点燃了我求学深造的希望之火。为把失去的时间补回来，我决定直接报考研究生。当时我在乡里当文化站站长，白天工作，晚上自学英语和大学经济类课程。

1987 年，我报考陕西财经学院财政系硕士研究生，英语考了 40 分，成绩通知单是别人给我拆开的，他们没有理会我的总成绩，只是注意到了成绩通知单上的四个字：不能录取！一夜之间在我们家乡冒出不少自命"通晓世事"的人。他们高论满腹，什么"初中生考研究生，自古没听说过"，什么"林子大了什么鸟儿都有"，什么"人贵有自知之明，有的人就是没有自知之明"之类的讽刺嘲笑话一起向我飘来。我走在大街上，会有人戏称我为"博士"。我的同事问我对别人的议论有什么想法，我告诉他："于无声处"。他一笑，劝我别白费功夫，还是好好在文化站干，省得领导有看法。老了以后，往西边一挪了事。文化站的西院是乡幸福院，专门收养无依无靠丧失劳动能力的老年人。我的同事把我的归宿都想好了，他认定我这一生不会有什么作为，年老之后只能进幸福院。我对别人怎么看我从没往心里去，但我坚信我自己不是个"废人"。

1988 年 5 月 5 日，我终于收到了中央财政金融学院录取我为硕士研究生的通知书。以成败论英雄的乡亲们对我换了一副面孔。那一段时间，我着实风光了一番：给中学生做报告、上电视、上报纸……临到北京报到的前一天，我把同事们请到家中聚餐。席间，劝我年老后入幸福院的那个哥儿们对我说："这一来你用不着入幸福院了。"

当时我很激动，我举起了酒杯，对着在场的所有同事说："来，我们干杯，为了几十年后幸福院能为我节省一大笔开支而干杯！"……

"请相信，我不是'废人'！"这是我在逆境中时常常对自己说的一句话，这是在告诉我自己，残疾人也是人，也能创造价值。今天，我要向大家说这句话，送给各位与我同样不幸的人，送给正处在逆境中的人，请大家相信自己，希望就在明天。

谢谢大家！

例五：佐藤和井田的演讲为何一胜一败？

在日本的一个小镇上，佐藤和井田分别为大岛和青木发表镇长助选演讲。

先看佐藤的演讲：

佐藤口齿伶俐，很有名气，在一片掌声中，他举步上台，微笑着向群众致意并开始演讲："乡亲们，朋友们！选票就是一切，民主政治的命运操纵在诸位手上……""论人品、知识、健康、热忱和创造力，大岛都是公认的一流人才，他值得信赖的地方就不用我多费口舌了。然而，大岛正处于孤立无援的苦战之中，希望诸位能够把你最诚意的一票，投给大岛先生。现在已是选举活动的尾声，这正是几位候选人极力指斥对方、宣传自己的时候，也是我们最容易遭受谣言困惑的时候。此时此地，我们应该认识到，幸福和理想的实现，

必将依赖大家神圣的一票。"

再看井田的演讲：

随后，有点口吃的井田来到台上，开始发表演讲："我是井田村畜牧场的负责人，是青木三郎的助选代表……""青木三郎先生喜欢本镇，关心镇民。前些天下暴雨的时候，他很早就起床了，穿上雨鞋带着铲子，到低洼的地方去巡视。由于当时我在装货，因此恰巧看见了。我还记得一件事，早在六年前，青木三郎先生就开始照顾养老院的老人！每逢节假日就给老人们送去水果、鸡蛋，竭尽全力为老人们排除生活上的困难。一句话，他是一个非常有爱心的人，一个热心肠的人。""唉！我认为，我们需要真正为本镇尽心尽力的镇长。青木三郎先生就是这样能够贡献自己的全部力量，改善本镇人民生活状况的最佳人选。"

最后看为什么井田的演讲胜、佐藤的演讲败：

虽然佐藤的演讲慷慨激昂，很有声势，但全场的听众显然更倾向于井田，给他以更热烈的掌声，最终井田助选的青木获胜。

佐藤和井田与竞选的大岛和青木是"绿叶"与"红花"的关系，佐藤和井田能否更好地"衬托"各自的效劳对象，与他们演讲的成败有极大关系。而镇民们之所以认为井田的演讲更有感召力，并把选票投给他的助选对象，是因为他们的演讲在以下几个方面形成了鲜明的对比。

首先，佐藤的演讲立足于竞选的需要，井田的演讲立足于听众的需要。佐藤的演讲立足于竞选需要，如"把你最诚意的一票，投给大岛先生"和"必将依赖于大家神圣的一票"，字字句句，都是给大岛拉选票。而井田的演讲则讲述青木是如何为大家服务的，只在最后说"我们需要真正为本镇尽心尽力的镇长"，而青木恰是"改善本镇人民生活状况的最佳人选"，因其立足点是听众，自然也就更能感召听众，取得比单纯拉选票更好的效果。

其次，佐藤的演讲是抽象说教，井田的演讲有形象事例。助选时，佐藤赞扬"大岛在诸多方面都是公认的一流人才"，既然如此，佐藤接下来就应该举出具体例子来支撑他的观点，然而他却说"他值得信赖的地方就不用我多费口舌了"，这就流于空泛，怎么能让听众信服呢？井田的演讲，恰好以形象的事例与佐藤的抽象说教形成鲜明对比。井田所举的"前些天下暴雨，青木很早就到低洼的地方去巡视"的事例，如果说这是一个"偶然事例"，那么他所举的青木一直照顾养老院的老人，给老人送水果、鸡蛋的事情，因为历时较长，就应该为大家所熟知了。有事例佐证观点，才能让听众信服。

最后，佐藤的演讲不着边际，井田的演讲贴近现实。佐藤口口声声说"民主政治的命运操纵在诸位手上"，"民主政治的命运"这样复杂的事物，是小镇上的居民所能"操纵"的吗？这样的话对镇民来说，实在有点不着边际。而镇民最关心的，其实是谁能给他们的现实生活带来福祉，诸如"民主政治"之类的宏大话题，并不能引起他们的兴趣。井田则相反，只说青木"喜欢本镇，关心镇民"，这样的人，不正是镇民所需要的吗？井田又在随后的演讲中，详细地说明了青木是怎么"关心镇民"的，这样就使自己的演讲贴近现实，远胜于佐藤的大而无当。

由此，我们可得到启发：演讲只有立足于听众需要，重视材料的真实鲜活，并且贴近现实，才更容易打动听众，更容易获得成功。

例六：《秋声赋》（欧阳修）

全文：

欧阳子方夜读书，闻有声自西南来者，悚然而听之，曰："异哉！"初淅沥以萧飒，忽奔腾而砰湃，如波涛夜惊，风雨骤至。其触于物也，鏦鏦铮铮，金铁皆鸣；又如赴敌之兵，衔枚疾走，不闻号令，但闻人马之行声。予谓童子："此何声也？汝出视之。"童子曰："星月皎洁，明河在天，四无人声，声在树间。"

予曰："噫嘻悲哉！此秋声也，胡为而来哉？盖夫秋之为状也：其色惨淡，烟霏云敛；其容清明，天高日晶；其气栗冽，砭人肌骨；其意萧条，山川寂寥。故其为声也，凄凄切切，呼号愤发。丰草绿缛而争茂，佳木葱茏而可悦；草拂之而色变，木遭之而叶脱。其所以摧败零落者，乃其一气之余烈。夫秋，刑官也，于时为阴；又兵象也，于行用金，是谓天地之义气，常以肃杀而为心。天之于物，春生秋实，故其在乐也，商声主西方之音，夷则为七月之律。商，伤也，物既老而悲伤；夷，戮也，物过盛而当杀。"

"嗟乎！草木无情，有时飘零。人为动物，惟物之灵；百忧感其心，万事劳其形；有动于中，必摇其精。而况思其力之所不及，忧其智之所不能；宜其渥然丹者为槁木，黟然黑者为星星。奈何以非金石之质，欲与草木而争荣？念谁为之戕贼，亦何恨乎秋声！"

童子莫对，垂头而睡。但闻四壁虫声唧唧，如助予之叹息。

秋声赋译文：

欧阳子夜里正在读书，（忽然）听到有声音从西南方向传来，心里不禁悚然一听，惊道："奇怪！"这声音初听时淅淅沥沥，萧萧飒飒，忽然变得汹涌澎湃，像是夜间（大海上）波涛突起，风雨骤然而至，碰到物体上，铮铮，好像金属相击。再（仔细）听，又像奔赴战场的军队正衔枚疾进，没有听到号令，只有人马行进的声音。于是对童子说："这是什么声音？你出去看看。"童子回答说："月色皎皎，星光灿烂，浩瀚银河，高悬中天。四下里没有人声，那声音是从树林间传来的。"

我恍然大悟，叹道："哦，原来这是秋天的风声呀，真令人伤感，它怎么突然就来了呢？秋天总是这样：它的色调凄凄惨淡，云气消失，烟霭飘散；它的形貌爽朗清新，天空高远，日色晶明；它的气候清冷萧瑟，悲风凛冽，刺人肌骨；它的意境冷落苍凉，川流寂静，山林空旷。所以它发出的声音时而凄凄切切，时而呼啸激昂。秋风未起时，绿草如毯，丰美繁茂，树木葱茏，令人心旷神怡。然而它一旦来临，拂过草地，草就要变色，掠过森林，树就要落叶。它用来摧败花草使树木凋零的，便是一种肃杀之气的余烈。秋天是刑官行刑的季节，它在时令上属阴；秋天又象征着用兵，它在五行中属金。这就是常说的"天地之义气"，它常常以肃杀为意志。自然对于万物，是要它们在春天生长，在秋天结实。所以秋天在音乐的五声中又属商声，商声是代表西方的一种声音，而七月的音律是"夷则"。商，也就是"伤"的意思，万物衰老了，都会悲伤。夷，是杀戮的意思，凡万物过了繁盛期，都会走向衰败。

"呜呼，草木是无情之物，尚有衰败零落之时。人为动物，在万物中又最有灵性。有无穷无尽的忧愁来煎熬他的心，又有无数琐碎烦恼的事来劳累他的身体；费心劳神，必然会损耗精力。何况常常思考自己的力量所做不到的事情，忧虑自己的智慧所不能解决的问题，自然会使他鲜红滋润的肤色变得苍老枯槁，乌黑光亮的须发变得花白斑驳。人非金石，为什么却要以不是金石的肌体去像草木那样争一时的荣盛呢？仔细想想吧，伤害自己的到底是什么，又怎么可以去怨恨这秋声呢？"

童子没有应答，低头沉沉睡去，却听得四壁虫声唧唧，像在附和我的叹息。

赏析：

欧阳修的《秋声赋》写于仁宗嘉祐四年(1059 年)，其时，作者在政治上很不得志，思想十分矛盾，内心十分痛苦。《秋声赋》所表现出来的写作技巧是前无古人的，作者以独特的目光，由秋声起兴，极力描写渲染了秋风的萧瑟，万物的凋零；并且联系人生，发出了世事艰难，人生易老的沉重感慨。文章采用第一人称手法，由自己夜间读书听见秋声的惊异感受入笔，从秋风初起到秋风越来越大，比喻对比，声色渲染，为我们营造了一幅秋声"悚然"，秋声"异哉"的动人心魄的秋声图。作者用一句"此何声也？汝出视之"巧妙过渡，在巧设悬念，吊足读者胃口之后，以"予曰"领起，从秋"其色惨淡""其气栗冽""其意萧条"，其声"凄凄切切"，以及秋风未起之时和秋风吹拂之后草木的变化等方面极力渲染描绘了秋之萧条，为后文抒情言志储蓄足了一池春水。不仅如此，作者还专门用一个自然段，联想想象，将秋喻为"刑官"的季节，从秋在时令、乐音上的属性的角度揭示了秋声萧条、伤夷的本质属性，使文章更具文化底蕴。由于大量地使用比喻、对比、对偶、排比等修辞手法，使文章音韵优美，情韵悠长。最后，作者联系人生，抒情言志，卒章揭旨。由秋声及草木，由草木及人生，其伤感悲秋之情溢于言表。文末写童子的反应和虫声之唧唧更是神来之笔，更加突出和强化了悲秋的感怀。无形的秋声，在作者笔下却形态可掬。文章将"声""形""感"融于一炉，写得水乳交融，令人感动。作者写秋的手法是高明的，但其悲秋伤感的情绪是不足取的。

例七：《短歌行》（曹操）

对酒当歌，人生几何？

譬如朝露，去日苦多。

慨当以慷，忧思难忘。

何以解忧？惟有杜康。

青青子衿，悠悠我心。

但为君故，沉吟至今。

呦呦鹿鸣，食野之苹。

我有嘉宾，鼓瑟吹笙。

明明如月，何时可掇？

忧从中来，不可断绝。

越陌度阡，枉用相存。

契阔谈䜩，心念旧恩。

月明星稀，乌鹊南飞。

绕树三匝，何枝可依？

山不厌高，海不厌深。

周公吐哺，天下归心。

译文：

面对美酒应该高歌，人生短促日月如梭。（对酒当歌，人生几何？注："对酒当歌"一句，很多学者认为"对"和"当"是对称同意，两个字的意思是一样的，此句应译为：面对着美酒与乐歌。呈现的是曹操与众臣齐集厅堂，一边饮酒，一边欣赏歌舞表演的情景。）

好比早晨的露水，苦于过去的日子太多了！（譬如朝露，去日苦多。）

席上歌声激昂慷慨，忧愁长久难以散去。（慨当以慷，忧思难忘。）

靠什么来排解忧闷？唯有喝酒方可解脱。（何以解忧？惟有杜康。）

有才识的人啊，是我深深的牵挂。（青青子衿，悠悠我心。）

只因为你的缘故啊，让我思念到如今。（但为君故，沉吟至今。）

麋鹿找到了艾蒿，就会相呼相鸣。（呦呦鹿鸣，食野之苹。）

我要是有了嘉宾，一定要鼓瑟吹笙。（我有嘉宾，鼓瑟吹笙。）

那皎洁的月亮呦，何时可以摘取呢？（明明如月，何时可掇？掇：摘取。）

因此而忧心啊，一直不曾断绝。（忧从中来，不可断绝。）

来吧朋友！越过那田间小道，别管他阡陌纵横。有劳你枉驾前来，让我们永远相依。（越陌度阡，枉用相存。）

欢饮畅谈，重温那往日的恩情。（契阔谈讌，心念旧恩。"讌"同"宴"。）

月光如此明亮，星光也显得暗淡了，一群乌鸦向南飞去。（月明星稀，乌鹊南飞。）

绕树飞了三周，却找不到它们的栖身之所，（绕树三匝，何枝可依。）

山不会满足自己的雄伟，海再深也不自满。（山不厌高，海不厌深。）

若如周公那样礼待贤才，天下人心皆归向于我也。（周公吐哺，天下归心。）

主题：

《短歌行》是汉乐府的旧题，属于《相和歌辞·平调曲》。这就是说它本来是一个乐曲的名称。最初的古辞已经失传。乐府里收集的同名有 24 首，最早的是曹操的这首。乐府《相和歌·平调曲》中除了《短歌行》还有《长歌行》，唐代吴兢的《乐府古题要解》引证古诗"长歌正激烈"，魏文帝曹丕的《燕歌行》"短歌微吟不能长"和晋代傅玄的《艳歌行》"咄来长歌续短歌"等句，认为"长歌""短歌"是指"歌声有长短"。我们现在也就只能根据这一点点材料来理解《短歌行》的音乐特点。《短歌行》这个乐曲，原来当然也有相应的歌辞，就是"乐府古辞"，但这古辞已经失传了。现在所能见到的最早的《短歌行》就是曹操所作的拟乐府《短歌行》。所谓"拟乐府"，就是运用乐府旧曲来补作新词，曹操传世的《短歌行》共有两首，这里要介绍的是其中的第一首。

这首《短歌行》的主题非常明确，就是作者希望有大量人才来为自己所用。曹操在其政治活动中，为了扩大他在庶族地主中的统治基础，打击反动的世袭豪强势力，曾大力强调"唯才是举"，为此而先后发布了"求贤令""举士令""求逸才令"等。而《短歌行》实际上就是一曲"求贤歌"，又正因为运用了诗歌的形式，含有丰富的抒情成分，所以就能起到独特的感染作用，有力地宣传了他所坚持的主张，配合了他所颁发的政令。

赏析：

《短歌行》原来有"六解"（即六个乐段），我们现在按照诗意分为四节来读。

"对酒当歌，人生几何？譬如朝露，去日苦多。慨当以慷，忧思难忘。何以解忧，唯有杜康。"

在这八句中，作者强调他非常发愁，愁得不得了。那么愁的是什么呢？原来他是苦于得不到众多的"贤才"来同他合作，一道抓紧时间建功立业。试想曹操这样位高权重的人居然在为"求贤"而发愁，那该有多大的宣传作用。假如庶族地主中真有"贤才"，看了这些话就不能不大受感动和鼓舞。他们正苦于找不到出路，没有想到曹操却在渴求人才，于

153

是那真正有才或自以为有才的许许多多人，就很有可能跃跃欲试，向他"归心"了。"对酒当歌"八句，乍看像是《古诗十九首》中的消极调子，而其实大不相同。这里讲"人生几何"，不是叫人"及时行乐"，而是要及时地建功立业。又从表面上看，曹操是在抒个人之情，发愁时间过得太快，恐怕来不及有所作为。实际上却是在巧妙地感染广大"贤才"，提醒他们人生就像"朝露"那样易于消失，岁月已经流逝了很多，应该赶紧拿定主意，到我这里来施展抱负。所以一经分析便不难看出，诗中浓郁的抒情气氛包含了相当强烈的政治目的。这样积极的目的而故意要用低沉的调子来发端，这固然表明曹操真有他的愁思，所以才说得真切；但另一方面也正因为通过这样的调子更能打开处于下层、多历艰难、又急于寻找出路的人士的心扉。所以说用意和遣词既是真切的，也是巧妙的。在这八句诗中，主要的情感特征就是一个"愁"字，"愁"到需要用酒来消解（相传杜康是最早造酒的人，这里就用他的名字来作酒的代称）。"愁"这种感情本身是无法评价的，能够评价的只是这种情感的客观内容，也就是为什么而"愁"。由于自私、颓废、甚至反动的缘故而愁，那么这愁就是一种消极的感情；反之，为着某种有进步意义的目的而愁，那就成为一种积极的情感。放到具体的历史背景中看，曹操在这里所表达的愁绪就属于后者，应该得到恰当的历史评价。清人陈沆在《诗比兴笺》中说："此诗即汉高祖《大风歌》思猛士之旨也。'人生几何'发端，盖传所谓古之王者知寿命之不长，故并建圣哲，以贻后嗣。"这可以说基本上懂得了曹操发愁的含意。不过所谓"并建圣哲，以贻后嗣"还未免说得迂远。曹操当时考虑的是要在他自己这一生中结束战乱，统一全中国。与汉高祖唱《大风歌》既有相通之处，也有不同之处。

"青青子衿，悠悠我心。但为君故，沉吟至今。呦呦鹿鸣，食野之苹。我有嘉宾，鼓瑟吹笙。"

这八句情味更加缠绵深长了。"青青"二句原来是《诗经·郑风·子衿》中的话，原诗是写一个姑娘在思念她的爱人，其中第一章的四句是："青青子衿，悠悠我心。纵我不往，子宁不嗣音？"（你那青青的衣领啊，深深萦回在我的心灵。虽然我不能去找你，你为什么不主动给我音信？）曹操在这里引用这首诗，而且还说自己一直低低地吟诵它，这实在是太巧妙了。他说"青青子衿，悠悠我心"，固然是直接比喻了对"贤才"的思念，但更重要的是他所省掉的两句话："纵我不往，子宁不嗣音？"曹操由于事实上不可能一个一个地去找那些"贤才"，所以他便用这种含蓄的方法来提醒他们："就算我没有去找你们，你们为什么不主动来投奔我呢？"由这一层含而不露的意思可以看出，他那"求才"的用心实在是太周到了，的确具有感人的力量。而这感人力量正体现了文艺创作的政治性与艺术性的结合。他这种深细婉转的用心，在《求贤令》之类的文件中当然无法尽情表达。而《短歌行》作为一首诗，就能抒发政治文件所不能抒发的感情，起到政治文件所不能起的作用。紧接着他又引用《诗经·小雅·鹿鸣》中的四句，描写宾主欢宴的情景，意思是说只要你们到我这里来，我是一定会待以"嘉宾"之礼的，我们是能够欢快融洽地相处并合作的。这八句仍然没有明确地说出"求才"二字，因为曹操所写的是诗，所以用了典故来作比喻，这就是"婉而多讽"的表现方法。同时，"但为君故"这个"君"字，在曹操的诗中也具有典型意义。本来在《诗经》中，这"君"只是指一个具体的人，而在这里则具有了广泛的意义：在当时凡是读到曹操此诗的"贤士"，都可以自认为他就是曹操为之沉吟《子衿》一诗的思念对象。正因为这样，此诗流传开去，才会起到巨大的社会作用。

"明明如月，何时可掇？忧从中来，不可断绝。越陌度阡，枉用相存。契阔谈讌，心念旧恩。"

这八句是对以上十六句的强调和照应。以上十六句主要讲了两个意思，既为求贤而愁，又表示要待贤以礼。倘若借用音乐来作比，这可以说是全诗中的两个"主题旋律"，而"明明如月"八句就是这两个"主题旋律"的复现和变奏。前四句又在讲忧愁，是照应第一个八句；后四句讲"贤才"到来，是照应第二个八句。表面看来，意思上是与前十六句重复的，但实际上由于"主题旋律"的复现和变奏，因此使全诗更有抑扬低昂、反复咏叹之致，加强了抒情的浓度。再从表达诗的文学主题来看，这八句也不是简单重复，而是含有深意的。那就是说"贤才"已经来了不少，我们也合作得很融洽；然而我并不满足，我仍在为求贤而发愁，希望有更多的"贤才"到来。天上的明月常在运行，不会停止（"掇"通"辍"，晋乐所奏的《短歌行》正作"辍"，即停止的意思；高中课本中"掇"的解释为：拾取，采取。何时可掇：什么时候可以摘取呢）；同样，我的求贤之思也是不会断绝的。说这种话又是用心周到的表现，因为曹操在不断地延揽人才，那么后来者会不会顾虑"人满为患"呢？所以曹操在这里进一步表示，他的求贤之心就像明月常行那样不会终止，人们也就不必要有什么顾虑，早来晚来都一样会受到优待。关于这一点，作者在下文还要有更加明确的表示，这里不过是承上启下，起到过渡与衬垫的作用。

"月明星稀，乌鹊南飞，绕树三匝，何枝可依？山不厌高，海不厌深，周公吐哺，天下归心。"

"月明"四句既是准确而形象的写景笔墨，同时也有比喻的深意。清人沈德潜在《古诗源》中说："月明星稀四句，喻客子无所依托。"这说明他看出了这四句是比喻，但光说"客子"未免空泛。实际上这是指那些犹豫不定的人才，他们在三国鼎立的局面下一时无所适从。所以曹操以乌鹊绕树、"何枝可依"的情景来启发他们，不要三心二意，要善于择枝而栖，赶紧到自己这一边来。这四句诗生动刻画了那些犹豫彷徨者的处境与心情，然而作者不仅丝毫未加指责，反而在浓郁的诗意中透露着对这一些人的关心和同情。这恰恰说明曹操很会做思想工作，完全是以通情达理的姿态来吸引和争取人才。而这样一种情味，也充分发挥了诗歌所特有的感染作用。最后四句画龙点睛，明明白白地披肝沥胆，希望人才都来归我，确切地点明了本诗的主题。"周公吐哺"的典故出于《韩诗外传》，据说周公自言："吾文王之子，武王之弟，成王之叔父也；又相天下，吾于天下亦不轻矣。然一沐三握发，一饭三吐哺，犹恐失天下之士。"周公为了接待天下之士，有时洗一次头，吃一顿饭，都曾中断数次，这种传说当然是太夸张了。不过这个典故用在这里却是突出地表现了作者求贤若渴的心情。"山不厌高，海不厌深"二句也是通过比喻极有说服力地表现了人才越多越好，绝不会有"人满之患"。借用了《管仲·行解》中陈沆所说的："鸟则择木，木岂能择鸟？天下三分，士不北走，则南驰耳。分奔蜀吴，栖皇未定，若非吐哺折节，何以来之？山不厌土，故能成其高；海不厌水，故能成其深；王者不厌士，故天下归心。"（亦见《诗比兴笺》）这些话是很有助于说明本诗的背景、主题以及最后各句之意的。

例八：《黄河颂》赏析（光未然）。

1938年，抗日战争全面爆发以后，日本侵略者的铁蹄践踏着华北大地，全国掀起了抗日救亡运动的高潮。通过自己创作的艺术形象反映现实斗争，激发全国人民的抗日热情，是许多进步作家、艺术家的心愿。《黄河大合唱》就是在这个时期诞生的一幅壮阔的历史画卷。

《黄河颂》是《黄河大合唱》其中的一个乐章，它由序曲、主体、尾声三部分组成。

从内容看，第一节是朗诵词，是全诗的序曲部分，作者先以呼告的手法，直接称呼读者为"朋友"，开宗明义地说出了要"歌颂黄河"的主题，展示了黄河的伟大坚强。

第二节是歌词，是全诗的主体部分，主要是"颂黄河"，但在"颂"之前有一个蓄势阶段，文中用一个"望"字来统帅，歌颂了黄河的伟大精神。主体部分是由绘黄河、颂黄河两部分组成的。绘黄河，绘出了黄河的磅礴气势，绘出了黄河的英雄气魄。颂黄河，歌颂黄河养育了中华民族，指出了黄河的历史贡献；歌颂黄河像一道天然屏障保卫着中华民族，指出黄河的地理优势；歌颂黄河流域宽广，泽被众生，黄河是我们民族精神的象征，激励着中华民族。歌词中反复出现"啊！黄河！"起到了很好的作用，一是直抒胸臆，二是把"颂"的部分分为三个层次：歌颂黄河养育了中华民族，黄河保卫了中华民族，黄河还将激励着中华民族。

最后尾声部分号召我们学习黄河的精神。诗人代表中华儿女发出向它学习的誓言，学习黄河伟大坚强的精神的精神，以此全诗首尾呼应，浑然一体。

《黄河颂》的诗人采用象征的手法表面上歌颂黄河，实际上是歌颂我们的民族，激励中华儿女像黄河一样"伟大坚强"，以英雄的气概和坚强的决心保卫黄河，保卫中国。她旋律激昂，音乐壮阔，气势磅礴，热情深切，充满了强烈的冲击力和震撼力，展示了黄河桀骜不驯的血性和中华民族的英雄气概，歌颂了黄河气势宏伟，历史源远流长。

《黄河颂》，是黄河的颂歌，是时代的颂歌，是中华民族的颂歌，是中华民族生生不息、坚忍不拔、勇往直前的颂歌。

《黄河颂》

光未然

（朗诵词）

啊，朋友！

黄河以它英雄的气魄，

出现在亚洲的原野；

它表现出我们民族的精神：

伟大而又坚强！

这里，

我们向着黄河，

唱出我们的赞歌。

（歌词）

我站在高山之巅，

望黄河滚滚，

奔向东南。

惊涛澎湃，

掀起万丈狂澜；

浊流宛转，

结成九曲连环；

从昆仑山下
奔向黄海之边；
把中原大地
劈成南北两面。
啊！黄河！
你是中华民族的摇篮！
五千年的古国文化，
从你这儿发源；
多少英雄的故事，
在你身边扮演！
啊！黄河！
你是伟大坚强，
像一个巨人
出现在亚洲平原之上，
用你那英雄的体魄
筑成我们民族的屏障。
啊！黄河！
你一泻万丈，
浩浩荡荡，
向南北两岸
伸出千万条铁的臂膀。
我们民族的伟大精神，
将要在你的哺育下
发扬滋长！
我们祖国的英雄儿女，
将要学习你的榜样，
像你一样的伟大坚强！
像你一样的伟大坚强！

第六章　辩论与面试

第一节　辩论及其技巧（上）

在双方观点对立、或是或非，才有辩论的可能，否则就是谈判。辩论中的论证必须具有严密性，只有合乎思维逻辑的辩论，才可能获胜，否则只能是诡辩。辩论双方没有对错之分，辩论目的是追求真理，取得共识。

通过辩论，既可以开动脑筋、开阔思维，锻炼并提高口头表达能力，又可加强辩论团体之间的默契，提高团结协助能力，增进友谊。比较胆小的辩者在辩论中可以锻炼自己的勇气，在众目睽睽之下可以侃侃而谈。

一、辩论要牢记三要素

（1）辩论中存在着持不同意见的双方或多方。有不同意见的双方或多方存在才能实现思想交锋。一个人不可能自己同自己辩论，一个人头脑中几种方案或做法的权衡和比较，那是思考或思辨，而不是辩论。

（2）辩论必须针对同类事物或同一问题，即存在着同一论题。如果各方谈论的论题不同，就不能实现有意义的辩论。例如，一个人说"法律是有阶级性的"，一个人说"市场经济就是法制经济"，由于两人所认识的对象不同，因此两个观点不能构成辩论。只有当一个人说"法律是有阶级性的"，另一个人说"法律是没有阶级性的"，这样两个判断才构成辩论。因为这两个判断所认识的对象相同，又是相互对立的思想，而这两个判断至多只能有一个为真，不可能都真。这样就有了谁是谁非的问题，就必然要引起辩论。

（3）辩论的诸方有或多或少的共同认识或共同承认的前提，如思维的同一律、不矛盾律、排中律、充足理由律和正确推理的方法等，以及如社会公理、科学规律等是非真伪标准和价值取向。没有这些共同承认的东西，辩论只会是一场混战，不可能得出结论。总之，辩论诸方有共同的话题，而又有不同的意见。从哲学观点看，辩论的诸方是一种对立统一的关系。

二、辩论要讲究风度

（一）素辩

朴实无华的辩风、幽默生动的语言、临场发挥机智的妙言妙语，往往给人耳目一新的惊喜，这种辩论风格称为"素辩"。

（二）花辩

多用繁复的修辞、华丽押韵的辞藻、朗诵似的语速与表情、生搬硬套的名人名言，还有在自由辩论中的自说自话，使得听众觉得双方前言不搭后语。在逻辑上可能支离破碎，但会为自己的立场设置一条固若金汤的逻辑底线。同时，寻找到一个价值立场，来弥补自己逻辑上的漏洞。当自己的逻辑被攻击时，价值就可以跳出来阻挡对方的进攻。如此辩论称为"花辩"。

（三）法庭辩论

《中华人民共和国民事诉讼法》第 12 条规定："民事诉讼当事人有权对争议的问题进行辩论。"并且在第一审普通程序中，将开庭审理作为重心，除附条件的特殊情况外，一般都要公开审理。审判过程中，专门规定了一个阶段称之为"法庭辩论"，而该法第 50 条规定的当事人的权利和义务中，就有"进行辩论"的权利。由此可见，这里的辩论，专指"法庭辩论"，是双方当事人及其代理人在法庭上就有争议的事实和法律问题，进行辩驳和论证。

三、论辩的攻击技巧

攻击，即在自由辩论中的主动进攻，主动发问。这在每个辩论队都是不可缺少的。然而，攻击能否有效，又是由多方面的因素决定的。

（一）攻击的准备

这在辩论战略方案确定、辩词定稿之后就应该着手准备了。一般而言，每位辩手应该根据自己所阐述的内容准备向对方发问的问题，可根据自由辩论时间的长短来准备问题，若是初次上场，则应该准备约 20 个问题。如此，四个辩手准备的问题就应该大约有 80 个，一般有足够的可能坚持到自由辩论结束。我们看到，在有的比赛中，有的队员有时间却没有问题可以问，这就是准备不足导致的。

准备提问的问题，应该从三个层面上进行准备。

（1）现象层面的问题，又称事实层面的问题。这类问题极易引起听众的共鸣，提得好则很容易出彩、出效果。但是需要注意的是，不可故做新奇而偏离辩题，那样会产生负效果。

（2）理论层面的问题，又称论据层面的问题。即对本方论点给予引申，对对方的论据予以驳击的问题。这类问题，直问要提得尖锐，曲问要问得巧妙，反问要提得适时，逼问要问得机智，其效果就是让对方不好回答又无法回避。

（3）价值层面的问题，又称社会效应层面的问题。即把对方的论点、立场引申，从价

值层面、社会效应层面去延伸它的效应，看其是否具备说服力，能否站得住。这类问题，一是能够扩大自由辩论的战场，给对方造成被动，同时也是争取听众、评委认同的重要侧面。当然，如果辩题立场对本方不利，就应该慎重使用，以免搬起石头砸了自己的脚。

这三类问题中，事实层面的问题可包括历史事件、现实事实、国别事实、数字事实等；而理论层面的问题周围除了立场中的论据，也可以延伸达到公理、哲学的层面。

有了这三个层面的问题准备，就能够构成立体阵势，可以打自由辩论的立体战斗，让对方陷入立体包围之中的被动局势就很容易造成。我们看到在比赛中，不少辩论队只准备了一个层面的问题（大多是现象层面的问题），只在有趣上花时间，其结果是打击力不强，且问来问去总是流于肤浅的现象之争，有时则由事实引发事实而偏题，变成了一般的语言游戏、提问游戏，辩论的深度不容易看到，这就令人遗憾了。

（二）攻击的组织

自由辩论中的有效攻击，应当体现出攻击的有序性，即看得出轮番上阵的脉络，而其基本，就是在场上要有主动权，处于控制场面的主动地位。为了达到这个目标，场上应该有"灵魂队员"，或者称为"主力辩手""主辩"。由哪个辩手来充当这个人物都可以，但是一般由三辩或一辩、二辩来充当。有时，四辩也是很好地充当此人物的角色。他的任务就是不仅要透彻地知道本方的立场，也要透彻地知道对方的立场，规定陈词一结束就能够发现对方的主要问题，从而有效地发起进攻。

灵魂队员的任务如下。

（1）有冷静地把握整个自由辩论战斗局势的眼光，攻击务求有效。

（2）充当场上的指挥员。发问不在多，而在精。其发问不仅是对对方的攻击，也是对本方立论的揭示和强化。

（3）承担主动转移战场的任务。例如，在一个层面上问久了，则转向另一个层面发问；在一个层面处于被动，僵住了，则要转向另一个层面，开辟新的攻击点和战场。

（4）对对方提出的危及本方底线、事关要害的问题，能够有效地化险为夷、转危为安、化被动为主动。

（5）对本方误入对方圈套、远离本方、陷于被动之中的局面，要能够挽回并再发起攻击。

当然，其他队员要主动配合，主动呼应，才能形成整体的力量，这就需要队员之间的默契，形成"流动的整体意识"。

攻击的组织，其要点就在于形成整体的有序流变性。而不是东一榔头西一棒槌，鸡零狗碎。零碎的攻击谈不上组织，它或许也能够有鳞光耀金的效果，但是对于群体辩论而言，是不可能握有主动权的。

攻击的组织在上场前可以有如下的检查指标：一是有无组织者，也就是有无"灵魂队员"，其组织、应变能力如何；二是整个队伍与之有无心悦诚服的默契和感应；三是整个队伍对特定的辩题的立场认识是否完全一致，有无大的梗阻；四是准备了几个层面的问题，这些问题可以对付、支持多难的场面，能够支持多长时间；五是对于非常艰难的、苛刻的尖锐问题，本方研究到什么程度，有无好的应对策略；六是自由辩论中将会出现的最为艰难的局面，将会是一种什么状况，本方应该怎么对付。把这六个问题都想清楚了，都有了

解决的办法，那么攻击的组织也就有序了，主动了。

（三）攻击的发问

攻击的技巧，主要有以下若干种。

（1）设置两难。即设置两难的问题，无论答此或答彼都将陷入被动。但是一定要对准话题，不可以无病呻吟。

（2）主动引申。即将对方的某个事实、某句话加以引申，造成本方主动、对方被动。

（3）以矛攻盾。即将对方论点和论据间的矛盾、这个辩手和那个辩手陈述中的矛盾、某个辩手陈词中的矛盾、答这个问题和答那个问题之间的矛盾或其他方面的矛盾予以披露，令其尴尬，陷其于难堪。

（4）归谬发问。即将其论点或论据或其他问题引申归谬，陷其于左右被动，无力自救。

（5）简问深含。即问题很简单，但含义很深刻，与辩题密切相关。答准确很难，但是答不出来就很丢人，估摸回答却不准确，这也很容易陷入被动。

（6）撕隙抓漏。即将对方的一小道缝隙撕裂撕大，对其明显的漏洞失误给予揭发提问，令其难堪。

（7）熟事新提。人往往对于身边、自身很熟悉的事物不经意，所谓熟视无睹，充耳不闻，或非常熟悉却只知道大概，却不明白它的详细。一般对这类事情提问，也很容易让对方陷入被动。

（8）逼入死角。即把对方的问题逼入死角，再发问，令其难以逃脱。

（9）多方追问。即从几个方向、几个侧面、几个层次上同时问一类问题。但是要注意的是，这类问题必须对准一个核心，即辩论的主要立场和观点，以造成合围的阵势，使对方没有招架的能力，更没有回手的能力。

（10）夹击发问。即两个或多个人同时问同一类或一个问题，造成夹击态势，使对方顾此失彼。

（11）问题同异。即面对同一个问题，以不同的角度提问，使对方难以自圆其说，应接不暇。

（12）异题同问。抓住对方的不同问题、不同表述加以归纳，概总而问，从问题的深度与高度上使其无法把握，无力应答。

（13）反复逼问。对本方提出的对方非答不可的问题，对方闪避了，就可以反复逼问，但是一般不能超过三次，不可以无限发问，那样反会造成无题可问，或令听众厌烦的负面效果。

（14）辐射发问。即一个问题的提出时，同时威慑到对方四个辩手，犹如子母弹一般。这类问题，一般多在哲学或价值层面上发问。

（15）同义反复。即同一个问题，用不同的语言方式（或角度不同，或问语不同）发问。这类问题，多为辩论的主要立场、观点方面的问题。

（16）近题遥问。即看似很近的事，用远视点来透视和提问。对方遥答往往答不得，近答又很难接上，陷入了难以捉摸、无从下手的窘境。

（17）击情提问。即用心理调控的手段，直击对方的情绪层，使其激动，引发情绪连动，从而淹没对方的理智。但是要注意的是，不能够进行人身攻击与情绪对情绪，更不可陷入无理纠缠甚至胡搅蛮缠，那就画虎不成反类犬了。

（18）布陷发问。也就是布置一个陷阱，让对方来钻，或想方设法将之套进去。其更高技巧就是连环套。

（19）长抽短吊。即忽然提这样的问题忽然又提那样的问题，不离辩题却又忽东忽西，以思维的快捷与急智来取得主动。

（20）答中之问。分为两种，一种是在对方答问时发现问题（包括陈词阶段发现的问题）予以提问，另一种是在自己回答对方问题时的反问。

（四）攻击的风格

由于自由辩论如疾风迅雷，所以不同场次、不同队伍的辩论风格也不尽相同。没有形成风格的队伍即使辩胜，也只是初级层次的。因此，有风格意识并力争形成自己的辩论风格，是一支辩论队有追求、有实力的表现。它其实是一支队伍整体人格的呈现。

攻击的风格，一般而言有情绪型、理智型、稳健型三种。

情绪型的队伍往往只在趣事、情绪化的层面上实施攻击。它也能够引发一些活跃的效果，但是也易于耽于情绪、就事论事，甚至会误入谩骂的泥淖，使辩论流于表面，层次不高，缺乏应有的深度。

理智型的队伍往往执着于理辩的层面，这容易体现思辩与深度，但是又会失之于辩论的活泼不足，弱化了应有的观赏性。

稳健型的队伍因为其理智和稳健，也因为其稳健而注意到了应有的活泼，是兼取了前二者之长的。显然，自由辩论的风格当以稳健为上。从比赛的实践看，稳健型风格的辩论队不仅易于取胜，且留给观众、评委的印象也比较深刻。

（五）攻击的节奏

攻击的节奏应以张弛有度、疾徐有致为佳。一味快疾或一味徐缓都有缺陷，前者易流于狂躁，后者易流于沉闷。

第二节　辩论及其技巧（下）

（防守技巧）

辩论中的自由辩论阶段是由进攻和防守两个方面组成的，因此，不仅要有进攻的准备，还要有防守的准备。只会进攻不一定能够取胜，只会防守当然就更容易陷入被动了。该防守就防守，该进攻就进攻，能攻能守的队伍才能游刃有余。

一、辩论的防守

防守的技巧有以下若干方面。

（1）盯人技巧。即各人盯住各人的对象防守。一般就是一辩盯一辩，二辩盯二辩……即一辩回答一辩的问题，二辩回答二辩的问题……这样各人就会有关注的具体目标，就不会出现容易回答的问题就抢着回答，难回答的问题就你推我让的。当然，在分工之后又讲合作，最难回答的问题，就由"灵魂队员"补救了。

（2）长项技巧。即根据各人的长项来分工，首先确认辩手各人的长项，如长于说理、

长于说史、长于记忆、长于辨析等，则承担相应的问题来防守，这也不至于出现混乱局面或冷场。

（3）合围技巧。假如对方有一位非常突出的辩手，不仅对方的整个局面靠其支撑，且对本方的威胁很大甚至本方队员对其有畏惧感，一对一的战术是不太可能奏效的。这时就要采取合围技巧，即以全队的四个人的力量来围击、合击，从四个人不同的侧面对准他的问题，以守为攻，一般都会有效。只要他顶不住了，对方的阵脚就会乱了，自然就会垮了。但要注意的是，有实力甚至实力更强大的队员靠一两个回合是难以制伏的，因此要有韧劲，不可太急切，争取五六个回合使其难于招架，提不出更尖锐的问题，内在的进攻力度大大减弱，才能有取胜的基础。

（4）夹击技巧。就是对有的问题、有的队员采用二人夹击的方式来对待。

（5）高压技巧。一般在辩论赛中，由于参赛队的实力比较接近，所以在自由辩论中容易出现同位推顶的情况，这一方面容易浪费时间，另一方面不容易取胜。破解的办法是采用高位迫压防守。如对方提出的是现象问题，就将之上升到理论高度上来回答；如对方提出的是现实问题，就从历史的角度来回答；如对方提出的是具体问题、微观问题，就以全景认识、宏观认识来回答，以此类推。若此，对对方的问题以高位下罩的方式和统照下盖的方式使对方感到自己的思维位势稍逊一筹，从而内心产生动摇，攻击力也就随之动摇而弱化了。

（6）指误技巧。即不正面回答问题，而是指出对方所问问题在逻辑上、理论上、事实上、价值上、立场上、表达上和常识上的毛病，使之陷入尴尬局面。

（7）归谬技巧。即对有的问题不做正面回答，而是将之做概纳引申归谬，直指其终端的谬，陷其于被动的境地。

（8）反问技巧。即从反方向上反问其问题的悖常性、悖题性、悖理性、悖逻辑性，从而化被动而为主动。

（9）幽默技巧。即面对自己从容回答、智有宽余的问题，适时幽对方一默，效果一定是绝佳的。

（10）短答技巧。对于一字、一词、一个成语、一个句子就能够答清，且能够反陷对方于被动的问题，就应该果断而适时地使用。

（11）启导技巧。对于那些喜欢滔滔不绝、有演讲欲而又容易动情、不易冷静理智的辩手，表现欲特盛的辩手，语词啰唆繁复的辩手，在回答问题时不妨巧妙启发他的教导意识，任由其滔滔不绝地讲，其直接效果是消耗了对方的规定时间。

（12）揭弊技巧。在回答问题时，巧妙合理地揭示其弊端。例如，同一个人陈词与发问中的弊病与矛盾，前一个问题与后一个问题的矛盾，两个或数个人问题中的矛盾等。揭示其弊端与矛盾，使其问题本身站不住脚，防守便转为攻击，目的自然也就达到了。

（13）激怒技巧。即答问时巧激其怒，使之心理由理智层进入情绪层，无法冷静，无从自控，就可望令其自乱心绪。但是切忌不可使用人身攻击，这是犯禁行为。

（14）评价技巧。即不正面回答问题，而是对其问题予以评价，指其目的，断其归路。

（15）闪避技巧。即对那些一两句话难以答清的问题，采用合理闪避的方式，其基点是不离开辩题的立场。

（16）反复技巧。即以同义反复的方式回答。也就是意思一样，但语言不同。

（17）类比技巧。即面对对方的问题，不做正面拦截，而是用同类比较的方式，把问题抛回给对方。

（18）陷阱技巧。既在答问中巧设陷阱让对方来钻，然后在下一个回合中予以指驳，使对方露馅。

（19）联动技巧。即本方二人以上联动，回答问题时一唱一和，此唱彼和，你呼我应，以整体的优势对之。

（20）侧击技巧。即不正面回答问题，而从侧面引出相关问题，反请对方来回答。

（21）连环技巧。即在答问中故设连环，环环相扣，将对方的问题定格在某一环中，将其扣死。

（22）组接技巧。即将对方自己的立场或陈词、反问、答问中的语言予以组合回答，即让对方搬起石头砸自己的脚。

（23）名言技巧。即恰到好处地巧借名言、警语、格言、民谚、诗歌、歌词、流行语等来回答。当然也可以改头换面，重组搭配来回答。

（24）错接技巧。即有意错接问题，反让对方判断，使之主动防守。

（25）引申技巧。即将问题引申开来，揭示其实质与要害，再一口咬破，直断其喉。

二、反客为主

反客为主的原意是客人反过来成为主人。比喻变被动为主动。在辩论赛中，被动是赛场上常见的劣势，也往往是败北的先兆。辩论中的反客为主，通俗地说，就是在辩论中变被动为主动。下面试以技法理论结合对实际辩例的分析，向大家介绍几种反客为主的技巧。

（一）借力打力

武侠小说中有一招数，名叫"借力打力"，是说内力深厚的人，可以借对方攻击之力反击对方。这种方法也可以运用到论辩中来。

例如，在关于"知难行易"的辩论中，有这么一个回合：

正方：对啊！那些人正是因为上了刑场死到临头才知道法律的威力。法律的尊严，可谓"知难"啊，对方辩友！（热烈掌声）

当对方以"知法容易守法难"的实例论证于"知易行难"时，正方马上转而化之，从"知法不易"的角度强化己方观点，给对方以有力的回击，扭转了被动局势。

这里，正方之所以能借反方的例证反治其身，是因为他有一系列并没有表现在口头上的、重新解释字词的理论作为坚强的后盾：辩题中的"知"，不仅仅是"知道"的"知"，更应该是建立在人类理性基础上的"知"；守法并不难，作为一个行为过程，杀人也不难，但是要懂得保持人的理性，克制内心滋生出恶毒的杀人欲望，却是很难。这样，正方宽广、高位定义的"知难"和"行易"借反方狭隘、低位定义的"知易"和"行难"的攻击之力，有效地回击了反方，使反方构建在"知"和"行"表浅层面上的立论框架崩溃了。

（二）移花接木

剔除对方论据中存在缺陷的部分，换上于我方有利的观点或材料，往往可以收到"四两拨千斤"的奇效。我们把这一技法喻名为"移花接木"。

例如，在"知难行易"的论辩中曾出现过如下一例：

反方：古人说"蜀道之难，难于上青天"，是说蜀道难走，"走"就是"行"嘛！要是行不难，孙行者为什么不叫孙知者？

正方：孙大圣的小名是叫孙行者，可对方辩友知不知道，他的法名叫孙悟空，"悟"是不是"知"？

这是一个非常漂亮的"移花接木"的辩例。反方的例证看似有板有眼，实际上有些牵强附会：以"孙行者为什么不叫孙知者"为驳难，虽然是一种近乎强词夺理的主动，但毕竟在气势上占了上风。正方敏锐地发现了对方论据的片面性，果断地从"孙悟空"这一面着手，以"悟"就是"知"反诘对方，使对方提出关于"孙大圣"的引证成为抱薪救火、惹火烧身。

移花接木的技法在论辩理论中属于强攻，它要求辩手勇于接招，勇于反击，因而它也是一种难度较大、对抗性很高、说服力极强的论辩技巧。诚然，实际辩论场上雄辩滔滔，风云变幻，不是随时都有"孙行者""孙悟空"这样现成的材料可供使用的，也就是说，更多的"移花接木"。需要辩手对对方当时的观点和我方立场进行精当的归纳或演绎。

例如，在关于"治贫比治愚更重要"的论辩中，正方有这样一段陈词："对方辩友以迫切性来衡量重要性，那我倒要告诉您，我现在肚子饿得很，十万火急地需要食物来充饥，但我还是要辩下去，因为我意识到论辩比充饥更重要。"话音一落，掌声四起。这时反方从容辩道："对方辩友，我认为'有饭不吃'和'无饭可吃'是两码事……"反方的答辩激起了更热烈的掌声。正方以"有饭不吃"来论证贫困不足以畏惧和治愚的相对重要性，反方立即从己方观点中归纳出"无饭可吃"的旨要，鲜明地比较出了两者本质上的天差地别，有效地扼制了对方偷换概念的倾向。

（三）正本清源

正本清源，本文取其比喻义而言，就是指出对方论据与论题的关联不紧或者背道而驰，从根本上矫正对方论据的立足点，把它拉入我方的"势力范围"，使其恰好为我方观点服务。较之正向推理的"顺水推舟"法，这种技法恰是反其思路而行之。

例如，在"跳槽是否有利于人才发挥作用"的论辩中，有这样一节辩词：

正方：张勇，全国乒乓球锦标赛的冠军，就是从江苏跳槽到陕西的，对方辩友还说他没有为陕西人民做出贡献，真叫人心寒啊！（掌声）

反方：请问到体工队可能是跳槽去的吗？这恰恰是我们这里提倡的合理流动啊！（掌声）对方辩友戴着跳槽眼镜看问题，当然天下乌鸦一般黑，所有的流动都是跳槽了。（掌声）

正方以张勇为例，他从江苏到陕西后，获得了更好地发展自己的空间，这是事实。反方马上指出对方具体例证引用失误：张勇到体工队，不可能是通过"跳槽"这种不规范的人才流动方式去的，而恰恰是在"公平、平等、竞争、择优"的原则下"合理流动"去的，可信度高、说服力强、震撼力大，收到了较为明显的反客为主的效果。

三、釜底抽薪

刁钻地选择性提问，是许多辩手惯用的进攻招式之一。通常，这种提问是有预谋的，它能置人于"二难"境地，无论对方做哪种选择都于己不利。对付这种提问的一个具体技

法是，从对方的选择性提问中，抽出一个预设选项进行强有力的反诘，从根本上挫败对方的锐气，这种技法就是釜底抽薪。

例如，在"思想道德应该适应（超越）市场经济"的论辩中，有如下一轮交锋：

反方：……我问雷锋精神到底是无私奉献精神还是等价交换精神？

正方：……对方辩友这里错误地理解了等价交换，等价交换就是说，所有的交换都要等价，但并不是说所有的事情都是在交换，雷锋还没有想到交换，当然雷锋精神谈不上等价了。（全场掌声）

既然谈不上等价，那么自然不可能是等价精神，反方应该立即打蛇随棍上，指出这一点，并将问题展开深入。

反方：那我还要请问对方辩友，我们的思想道德它的核心是为人民服务的精神，还是求利的精神？

正方：为人民服务难道不是市场经济的要求吗？（掌声）

正方的回答其实很不恰当，而此时反方的知识储备或者应变能力严重不足，如果反方问一句"难道毛泽东同志提出为人民服务是为了顺应市场经济的要求么"，则立刻将正方推至风口浪尖，迫使其选择回避。

第一回合中，反方有"请君入瓮"之意，有备而来。显然，如果以定势思维被动答问，就难以处理反方预设的"二难"：选择前者，则刚好证明了反方"思想道德应该超越市场经济"的观点；选择后者，则有悖事实，更是谬之千里。但是，正方辩手却跳出了反方"非此即彼"的框框设定，反过来单刀直入，从两个预设选项抽出"等价交换"，以倒树寻根之势彻彻底底地推翻了它作为预设选项的正确性，语气从容，语锋犀利，其应变之灵活、技法之高明，令人叹为观止！

当然，辩场上的实际情况十分复杂，要想在论辩中变被动为主动，掌握一些反客为主的技巧还仅仅是一方面的因素，另一方面，反客为主还需要仰仗于非常到位的即兴发挥，而这一点却是无章可循的。

（一）攻其要害

在辩论中常常会出现这样的情况：双方在一些细枝末节的问题、例子或表达上争论不休，结果，看上去辩得很热闹，实际上已离题万里。这是辩论的大忌。一个重要的技巧就是要在对方一辩、二辩陈词后，迅速地判明对方立论中的要害问题，从而抓住这一问题，一攻到底，以便从理论上彻底地击败对方。例如，"温饱是谈道德的必要条件"这一辩题的要害是：在不温饱的状况下，是否能谈道德？在辩论中只有始终抓住这个要害问题，才能给对方以致命的打击。在辩论中，人们常常有"避实就虚"的说法，偶尔使用这种技巧是必要的。例如，当对方提出一个我们无法回答的问题时，假如强不知以为知，勉强去回答，不但会失分，甚至可能闹笑话。在这种情况下，就要机智地避开对方的问题，另外找对方的弱点攻过去。然而，在更多的情况下，我们需要的是"避虚就实""避轻就重"，即善于在基本的、关键的问题上打硬仗。如果对方一提问题，我方立即回避，势必会给评委和听众留下不好的印象，以为我方不敢正视对方的问题。此外，如果我方对对方提出的基本立论和概念打击不力，也是很失分的。善于敏锐地抓住对方要害，猛攻下去，务求必胜，乃是辩论的重要技巧。

（二）利用矛盾

由于辩论双方各由四位队员组成，四位队员在辩论过程中常常会出现矛盾，即使是同一位队员，在自由辩论中，由于出语很快，也有可能出现矛盾。一旦出现这样的情况，就应当马上抓住，竭力扩大对方的矛盾，使之自顾不暇，无力进攻我方。例如，在与剑桥队辩论时，剑桥队的三辩认为法律不是道德，二辩则认为法律是基本的道德。这两种见解显然是相互矛盾的，我方乘机扩大对方两位辩手之间的观点裂痕，迫使对方陷入窘境。又如，对方一辩起先把"温饱"看作人类生存的基本状态，后来在我方的凌厉攻势下，又大谈"饥寒"状态，这就是与先前的见解发生了矛盾，我方"以己之矛，攻己之盾"，使对方于急切之中，理屈词穷，无言以对。

（三）引蛇出洞

在辩论中，常常会出现胶着状态：对方死死守住其立论，不管我方如何进攻，对方只用几句话来应付。这时如果仍采用正面进攻的方法，必然收效甚微。在这种情况下，要尽快调整进攻手段，采取迂回的方法，从看来并不重要的问题入手，诱使对方离开阵地，从而打击对方，在评委和听众的心目中造成轰动效应。在我方和悉尼队辩论"艾滋病是医学问题，不是社会问题"时，对方死守着"艾滋病是由 HIV 病毒引起的，只能是医学问题"的见解，不为所动。于是，我方采取了"引蛇出洞" 的战术，我方二辩突然发问："请问对方，今年世界艾滋病日的口号是什么？"对方四位辩手面面相觑，为不至于在场上失分太多，对方一辩站起来乱答一通，我方立即予以纠正，指出此次的口号是"时不我待，行动起来"，这就等于在对方的阵地上打开了一个缺口，从而瓦解了对方坚固的阵线。

（四）李代桃僵

当我们碰到一些在逻辑上或理论上都比较难辩的辩题时，不得不采用"李代桃僵"的方法，引入新的概念来化解困难。例如，"艾滋病是医学问题，不是社会问题"这一辩题就是很难辩的，因为艾滋病既是医学问题，又是社会问题，从常识上看，是很难把这两个问题然分开的。因此，按照我方预先的设想，如果让我方来辩正方，我们就会引入"社会影响"这一新概念，从而肯定艾滋病有一定的"社会影响"，但不是"社会问题"，并严格地确定"社会影响"的含义，这样，对方就很难攻进来。后来，我们在抽签中得到了辩题的反方，即"艾滋病是社会问题，不是医学问题"，在这种情况下，如果我们完全否认艾滋病是医学问题，也会于理太悖，因此，我们在辩论中引入了"医学途径"这一概念，强调要用"社会系统工程"的方法去解决艾滋病，而在这一工程中，"医学途径"则是必要的部分之一。这样一来，我方的周旋余地就大了，对方得花很大力气纠缠在我方提出的新概念上，其攻击力就大大地弱化了。"李代桃僵"这一战术的意义就在于引入一个新概念与对方周旋，从而确保我方立论中的某些关键概念隐在后面，不直接受到对方的攻击。

辩论是一个非常灵活的过程，在这一过程中，可以施展一些比较重要的技巧。经验告诉我们，只有使知识积累和辩论技巧珠联璧合，才可能在辩论赛中取得较好的成绩。

（五）缓兵之计

在日常生活中，我们可以见到如下情况：当消防队接到求救电话时，常会用慢条斯理的口气来回答，这种和缓的语气，是为了稳定说话者的情绪，以便对方能正确地说明情况。又如，两个人争吵，一方气急败坏，一方不焦不躁，后者反而占了上风。再如，政治思想工作者常常采用"冷处理"的方法，缓慢地处理棘手的问题。这些情况都表明，在某些特定的场合，"慢"也是处理问题、解决矛盾的好办法。论辩也是如此，在某些特定的论辩局势下，快攻速战是不利的，缓进慢动反而能制胜。

例如，1940 年，丘吉尔在张伯伦内阁中担任海军大臣，由于他力主对德国宣战而受到人们的尊重。当时，舆论欢迎丘吉尔取代张伯伦出任英国首相，丘吉尔也认为自己是最恰当的人选。但丘吉尔并没有急于求成，而是采取了"以慢制胜"的策略。他多次公开表示在战争爆发的非常时期，他将准备在任何人领导下为自己的祖国服务。

当时，张伯伦和保守党其他领袖决定推举拥护绥靖政策的哈利法克斯勋爵作为首相候选人。然而主战的英国民众公认在政坛上只有丘吉尔才具备领导这场战争的才能。在讨论首相人选的会议上，张伯伦问："丘吉尔先生是否同意参加哈利法克斯领导的政府？"能言善辩的丘吉尔却一言不发，足足沉默了两分钟之久。哈利法克斯和其他人明白，沉默意味着反对。一旦丘吉尔拒绝入阁，新政府就会被愤怒的民众推翻。哈利法克斯只好首先打破沉默，说自己不宜组织政府。丘吉尔的等待终于换来了英国国王授权他组织新政府。

再举一例，在某商店里，一位顾客气势汹汹地找上门来，喋喋不休地说："这双鞋的鞋跟太高了，样式也不好……"商店的营业员一声不吭，耐心地听他把话说完，一直没打断他。等这位顾客不再说了，营业员才冷静地说："您的意见很直爽，我很欣赏您的个性。这样吧，我到里面去，再另行挑选一双，好让您称心。""如果您不满意的话，我愿再为您服务。"这位顾客的不满情绪发泄完了，也觉得自己有些太过分了，又见营业员是如此耐心地回答自己的问题，也很不好意思。结果他来了个 180°的大转弯，称赞营业员给他新换的实际上并无太大差别的鞋，说："嘿，这双鞋好，就像是为我定做的一样。"营业员以慢对快，以冷对热，让顾客把怒气宣泄出来，达到了心理平衡，化解了这一场纠纷。

从上面的例子中，我们可以概括出在论辩中要正确使用"以慢制胜"法，至少要注意以下三点。

其一，以慢待机，后发制人。

俗话说："欲速则不达。"在时机不成熟时仓促行事，往往达不到目的。论辩也是如此，"慢"在一定条件下也是必需的。"以慢制胜"法实际上是论辩中的缓兵之计，缓兵之计是延缓对方进兵的谋略。当论辩局势不宜速战速决，或时机尚不成熟时，应避免针尖对麦芒式的直接交锋，而应拖延时间等待战机的到来。一旦时机成熟，就可后发制人，战胜论敌。；例如，第一例中，丘吉尔在时机不成熟时，不急于成功，以慢待机。在讨论首相人选的关键时刻，以沉默表示反对，最终赢得了胜利。

其二，以慢施谋，以弱克强。

"以慢制胜"法适用于以劣势对优势、以弱小对强大的论辩局势。它是弱小的一方为了战胜貌似强大的一方而采取的一种谋略手段。"慢"中有计谋，缓动要巧妙。这里的"慢"并非反应迟钝、不善言辞的同义语，而是大智若愚、大辩若讷的雄辩家定计施谋的法宝之一。例如，第一例中，丘吉尔面对张伯伦的追问，装聋作哑，拖延时间，实际上是假痴不癫的缓兵之计。在这一种韧性的相持中，张伯伦一方终于沉不住气了，丘吉尔以慢施谋终于取得了胜利。

其三，以慢制怒，以冷对热。

"慢"在论辩中还是一种很好的"制怒"之术。论辩中唇枪舌剑，自控力较差的人很容易激动。在这种情况下，要说服过分激动的人，宜用慢动作、慢语调来应付。以慢制怒，以冷对热，才能使其"降温减压"。只有对方心平气和了，你讲的道理他才能顺利接受，如第二例中的营业员，就是以冷静的态度、和缓的语气，平息了对方的怒气，化解了矛盾。

总之，论辩中的"快"与"慢"也是一种对立统一的辩证关系。兵贵神速，"快"固然好，可是，有时"慢"也有"慢"的妙处。"慢"可待机，"慢"可施谋，"慢"可制怒。"慢"是一种韧性的战术，"慢"是一场持久战，"慢"是舌战中的缓兵之计。缓动慢进花的时间虽长，绕的弯子虽大，然而在许多时候，它却往往是取得胜利的捷径。

第三节　面试及其准备

一、面试的概念

面试是一种经过组织者精心设计，在特定场景下，以考官对考生的面对面交谈与观察为主要手段，由表及里测评考生的知识、能力、经验等有关素质的一种考试活动。面试是公司挑选职工的一种重要方法。面试给公司和应招者提供了进行双向交流的机会，能使公司和应招者之间相互了解，从而双方都可更准确地做出聘用与否、受聘与否的决定。

一般来说，面试有以下几个目的：一是考核求职者的动机与工作期望；二是考核求职者的仪表、性格、知识、能力、经验等特征；三是考核笔试中难以获得的信息。

二、面试的形式

面试有很多形式，依据面试的内容与要求，大致可以分为以下几种。

1. 问题式

由招聘者按照事先拟订的提纲对求职者进行发问，请予回答。其目的在于观察求职者在特殊环境中的表现，考核其知识与业务，判断其解决问题的能力，从而获得有关求职者的第一手资料。

2. 压力式

由招聘者有意识地对求职者施加压力，就某一问题或某一事件进行一连串的发问，详细具体且追根问底，直至无以对答。此方式主要观察求职者在特殊压力下的反应、思维敏捷程度及应变能力。

3. 随意式

招聘者与求职者海阔天空、漫无边际地进行交谈，气氛轻松活跃，无拘无束，招聘者与求职者自由发表言论，各抒己见。此方式的目的为于闲聊中观察应试者的谈吐、举止、知识、能力、气质和风度，对其做全方位的综合素质考察。

4. 情景式

由招聘者事先设定一个情景，提出一个问题或一项计划，请求职者进入角色模拟完成，其目的在于考核其分析问题、解决问题的能力。

5. 综合式

招聘者通过多种方式考察求职者的综合能力和素质，如用外语与其交谈，要求即时作文，或即兴演讲，或要求写一段文字，甚至操作计算机等，以考察其外语水平、文字能力、书法及口才表达等各方面的能力。

以上是根据面试种类所做的大致划分，在实际面试过程中，招聘者可能采取一种或同时采取几种面试方式，也可能就某一方面的问题对求职者进行更广泛、更深刻即深层次的考察，其目的在于选拔出优秀的应聘者。

三、面试的种类

1. 集体面试

集体面试即很多求职者在一起进行的面试，就招聘者来讲，这样可以在专业、地域及其他各方面都有较大的选择余地。

2. 个体面试

个体面试即用人单位对求职者单独进行的面试。

3. 视频面试

视频面试有在线视频面试，即通过即时性视频聊天软件进行在线同步的视频面试方式；还有异步视频面试。异步视频面试是一种新型的面试方式，利用异步视频面试系统，企业的人力资源专员只需要简单地用短信或者邮件将面试邀请发给候选人，候选人就可以通过智能手机、摄像头等设备录制并上传视频答卷，然后企业的人力资源专员就可以观看、评价、分享和比较视频，随时随地轻松完成候选人筛选。

四、基本程序

1. 准备阶段

制定面试指南，然后准备面试问题，确定评估方式，培训面试考官。

2. 实施阶段

首先是关系建立，这个阶段一般提出的问题是封闭性的；然后进入导入阶段，这个段一般提出的问题是开放性的；接着进入核心阶段，这个阶段一般提出的问题是开放性的、行为性的；最后是总结阶段（面试结果的综合、面试结果的反馈、面试结果的存档）。

五、面试成功的重要因素

成功的求职者面试需要带什么东西？试举一例：某天我正在面试一个高级职位的候选人，尽管有数以百计的人面试此职位，但是我被竞争者和竞争失败者之间明显巨大的差异震惊了。这些候选人值得我们考虑他们共有的某些特点。

1. 能量

面试者需要推动。他们通常被困在一个屋子里一整天，他们希望候选人能够带给他们兴奋和灵感。充满活力地进入一个房间要比你保持冷静地进入一个房间好得多。所有艰难的工作都需要很多能量，而重要的是你要表现出你拥有很多能量。

2. 雄心壮志

很少有组织机构需要的只是一双安全的双手。很少的公司会积极寻求蛮勇的冒险者，但是每个人都希望他的员工可以推动工作超出它的自然边界。我们总是在寻找可以给予我们的东西比我们要求的更多的人，寻找对组织和他们自己有雄心的人，寻找能够说服我们可以达到两者协调一致的人。

3. 想法

大多数候选人准备好的观点只不过是根据自己的猜测准备的。也就是说，他们很仔细、顺从，并没有冒险精神。但是收敛过多的创造力比激发创造力要容易得多。因此，要豁出来，不要猜测、自己思考，很少的老板会对能够读懂他们想法的人感兴趣。

4. 信心

人们很可能过度自信，但是我几乎没有看到过自信的人。相反，大多数候选人给人留下的印象是踌躇的、谨慎的和充满恐惧的。但是，如果想激发其他人对你的信任，你需要展示出你自己身上拥有自信。这并不意味着要表现出一副傲慢的销售姿态；这并不意味着要因为曾经的成绩而感到骄傲，并兴高采烈地谈论这些成绩。

5. 好奇心

我以前曾经写过对你周围的世界有好奇心有多么重要，但是在面试中，你需要展现这一点。你知道面试的人会问你你是否有问题要问，来的时候准备一些你对该组织、个人和文化真正好奇的问题，不要留下即兴发挥的机会。努力思考那些可以展示出你进行了调查并想了解更多的问题。

你会注意到，在以上列出的所有特点中，我并没有提到技巧。那是因为如果你已经被选中参加一个面试，你的基本技能已经得到认可。面试存在的目的就是让雇主看到简历上没有的东西，确保你能准确清楚地说出这些东西。

六、面试准备

1. 充分了解应聘单位

对用人单位的性质、地址、业务范围、经营业绩、发展前景、对应聘岗位职务及所需的专业知识和技能等要有一个全面的了解。单位的性质不同，对求职者面试的侧重点不同。如果是公务员面试，内容和要求与企业公司相差很大。公务员侧重于时事、政治、经济、管理、服务意识等方面。而一位资深人力资源专员说："面试时，我们都会问求职者对我们公司了解多少，如果他能很详细地回答出我们公司的历史、现状、主要产品，我们会高兴，会认为他很重视我们公司，对我们公司也有信心。"同时还应该通过熟人、朋友或有关部门了解当天对你进行面试考官的有关情况及面试的方式过程，以及面试时间安排，索取可能提供给你的任何说明材料。

2. 使自己的能力与用人单位工作的要求相符合

"知己知彼，百战不殆"。求职者面试前应对自己的能力、特长、个性、兴趣、爱好、长短处、人生目标、择业倾向有清醒的认识。认真阅读你所收集到的所有信息并牢记它们。尽量使自己的能力与工作要求相适应。参加面试时，通过显示你对知识的掌握和理解来表达你希望进入这一单位工作的愿望。

3. 模拟可能询问应聘的问题

面试前不经过角色模拟，便无法达到最佳的效果。一些负责招聘的人事主管提出，求职者应当乐意提问题，这样招聘者才能知道求职者的水准及想了解的问题。

4. 对可能遇到的问题进行准备

这项准备有助于认清自己真正的想法，有助于在面试的现场清晰地自我表达。

5. 练习处理对你面试不利的事情

即使曾有一些不愉快的受挫经历，即使自己曾经犯过错，也可作为一段可供学习的经验加以陈述。务必用积极的事情抵消消极的事情，最好不要说有损自己形象的话。

6. 注意点

提早到达较为从容，进入房间应先敲门；坐姿端正，眼神自然，手脚安定；每次答话应干脆利落，不打断对方谈话。

7. 自我认知

要自信地应对面试，首先要对自己有清楚的认识：写出几件自己认为可以称得上成功的事情，并逐一分析这些成就，列出你最主要的几项技能。同一件事情，各人有各人截然不同的处理方式，这取决于每个人不同的个性。为弄清自己的个性，可以通过分析成就，用一些形容词来归纳自己的性格，确定与你的个性、兴趣相符的工作环境。工作环境不仅指具体的环境，更重要的是工作单位的文化背景。一位求职者到一家由几个工程师开设的公司面试，她说："那里给人的感觉就像军队，棕色的地毯、黄色的屏风、陈旧的家具……我不会在那里工作的。"

8. 心理准备

面试就好比一场考试，在测试每个人的能力，也在测试每个人的心理素质和临场发挥。

因此，要成功面试，首先要充满信心。"天高任鸟飞，海阔凭鱼跃"。保持良好的状态和快乐的心情，会大有好处。其次，要抓住招聘者的心。招聘者可能会先评价一个求职者的衣着、外表、仪态及行为举止；也可能会对求职者的专业知识、口才、谈话技巧做整体性的考核；还可能会从面谈中了解求职者的性格及人际关系，并从谈话过程中了解求职者的情绪状况、人格成熟度、工作理想、抱负及上进心。

9. 知识准备

与应聘岗位相关的专业知识、业务技能等要熟知，备一份求职材料，供招聘者查阅参考。准备当天可能用到的个人资料或作品，携带相关证件，以便在面试过程中进一步向招聘者提供有关自己个人的相关资料。

10. 体能仪表准备

面试前要保证充分的睡眠和愉快的心情，以保持良好的精神状态，面试前还应注意修饰自己的仪表，使穿着打扮等与年龄、身份、个性等相协调，与应聘的职业岗位相一致。这一点将在以下内容中较为详细地阐明。

第四节　如何应对面试

面试的核心问题是如何应对面试。首先概括以下四点。

一要背熟自己的求职履历。常常遇到有些求职太过频繁，而自己的求职履历则又是经过精心"包装"的人，轮到面试时有时连自己都记不清究竟"工作经验"是怎样"排列组合"的了，一上阵便迅速"露出马脚"，不战自败。

二要准备好同所申请的职位相吻合的"道具"。衣着、饰品均能反映出求职者对所申请的职位的理解程度。试想，如果一家五星级酒店招聘一名公关经理，而应聘者下雨天穿着高筒套鞋去面试，恐怕同所申请的职位形象相去甚远。所以面试时的"道具"也应有所选择。

三要准备好同自己身份相吻合的语言。每个人都应对语言和遣词用字有所选择，面试不同于闲聊，张嘴就来，可以不假思索。每句话，每一个词都应有所挑选。例如，不少不谙世事的求职者参加面试时张口闭口"你们公司……"，听多了肯定会引起别人的反感。应该十分有礼貌客气地说"贵公司"，礼多人不怪。

四要准备好同选择的职业和身份相吻合的行为规范。面试时的细小行为最能说明一个人的真实情况，试想，一个个人物品杂乱无章，甚至连钢笔都找不到的人，是很难受到面试考官的青睐的。

具体要注意以下一些方面。

一、交谈的技巧

1. 谈话应顺其自然

不要误解话题，不要过于固执，不要独占话题，不要插话，不要说奉承话，不要浪费

口舌。

2. 留意对方的反应

交谈中很重要的一点是把握谈话的气氛和时机，这就需要随时注意观察对方的反应。如果对方的眼神或表情显示对你所涉及的某个话题已失去了兴趣，应该尽快找一两句话将话题收住。

3. 有良好的语言习惯

交谈不仅要表达流利，用词得当，同样重要的还有说话方式。

（1）发音清晰。有些人个别音素发音不准，如果影响讲话整体质量的，应少用或不用含有这个音素的字或词。

（2）语调得体。得体的语调应该是起伏而不夸张，自然而不做作。

（3）声音自然。音调不高不低，不失自我，不仅听来真切自然，而且有利于缓解紧张情绪。

（4）音量适中。音量以保持听者能听清为宜。

（5）语速适宜。要根据内容的重要程度、难易度及对方注意力的情况调节语速和节奏。

此外，还要警惕容易破坏语言意境的现象：过分使用语气词、口头语。这不仅有碍于人们的连贯理解，还容易引人生厌。

二、禁忌小动作

求职过程中，面试可以说是压力最大的一个环节。要想在面试中成为胜利者，要做好多方面的准备，就连一些不经意的小动作也不能忽略。在面试中，禁忌做以下小动作。

（1）边说话边拽衣角。求职者在面谈时，由于紧张或不适应，无意间会拽衣角或摆弄纽扣。这个小动作很容易让考官看出你的紧张焦虑，给人留下不成熟、浮躁的印象。

（2）跷二郎腿或两手交叉于胸前。不停地轮换交叉双腿，是不耐烦的表现，而一直跷着二郎腿则会让考官认为你没有礼貌。如果再把两手交叉放在胸前，就表达出了拒绝或否决的心情。因此，求职时一定要注意坐姿端正，双脚平放，放松心情。

（3）拨弄头发。频繁用手拂拭额前的头发，会透露出你的敏感和神经质，还会令人产生不被尊重的感觉。为避免这种习惯影响到面试的结果，求职者最好将长发扎起来，或将头发梳理整齐，这样既显得精神又能避免不经意间拨弄头发。

（4）夸张的肢体动作。面试时适当的手势能帮助你更好地阐释自己的观点，但是动作太过活泼、夸张则会给人留下不稳重的印象。因此，面试时应以平稳、平实的态度为原则。

（5）眼神飘忽。面试时两眼到处乱瞄，容易让主考官觉得这是一位没有安全感、对任何事都不抱有信任感的应试者。最好的方法是面带微笑，眼睛看着谈话者，同时头微微倾斜。

（6）不停地看表。不论是在面谈或与人交谈时，不停地看时间，都会让人产生压迫感。因此，求职者要把握好时间，千万不要频繁看表。

三、交谈的心态

作为应届毕业生初次参加招聘，如何摆正自己的心态在很大程度上关系着招聘的成败。

1. 展示真实的自己

面试时切忌伪装和掩饰，一定要展现自己的真实实力和真正的性格。有些毕业生在面试时故意把自己塑造一番，如明明很内向，不善言谈，面试时却拼命表现得很外向、健谈。这样的结果既不自然，很难逃过有经验招聘者的眼睛，也不利于自身发展。即便是通过了面试，人力资源部门也往往会根据面试时的表现安排适合的职位，这对个人的职业生涯也是有害的。

2. 以平等的心态面对招聘者

面试时如果能够以平等的心态对待招聘者，就能够避免紧张情绪。特别是在回答案例分析问题时，一定要抱着我是在和招聘者一起讨论这个问题的心态，而不是觉得他在考自己，这样就可能做出很多精彩的论述。

3. 态度要坦诚

招聘者一般都认为做人优于做事。所以，面试时求职者一定要诚实地回答问题。一位企业的人事主管说，以前曾经面试过一个女孩，面试时她说自己有男朋友，进入公司后又说没有男朋友。问她原因，她说曾在一些书里看到，如果说有男朋友就会给人稳重、有责任感的印象。实际上这样做非常不好，面试时的欺骗行为是不利于以后发展的。

四、交谈的原则

应聘者与招聘者交谈应该把握以下"四个度"的原则。

1. 体现高度，在交谈中展示自己的水平

一方面是政治思想水平和强烈的敬业精神；另一方面是专业水平。对问题回答不能满足于"知其然"，还要答出"所以然"。

2. 增强信度，在交谈中展示自己的真诚

首先，态度要诚，交谈不要心不在焉；其次，表达要准，少用"可能""也许""大概"等模棱两可的词语；再者，内容要实，尤其对于自己的优缺点要一分为二，实事求是。

3. 表现风度，在交谈中展示自己的气质

一方面要体现自身的外在美，另一方面更要体现内在气质。言语是一个人内在气质、涵养的外在体现，要注意用自己的语言魅力展示自己。

4. 保持热度，在交谈中展示自己的热情

要注意做到：主动问候，精神饱满，悉心聆听。

五、把好最后关

1. 适时告辞

面试不是闲聊，也不是谈判。从某种意义上讲，面试是陌生人之间的沟通。谈话时间的长短要视面试内容而定。招聘者认为该结束面试时，往往会说一些暗示的话语，如"我很感激你对我们公司这项工作的关注。""谢谢你对我们招聘工作的关心，我们一做出决定就会立即通知你。""你的情况我们已经了解了。你知道，在做出最后决定之前我们还要面试几位申请人。"求职者听了诸如此类的暗示语之后，就应该主动告辞。

2. 礼貌再见

面试结束时的礼节也是公司考察录用的一个砝码。成功的方法在于，首先不要在招聘者结束谈话前表现出浮躁不安、急欲离去的样子。其次，告辞时应感谢对方花时间同你面谈。离开时，如果有秘书或接待员接待过你或招待过你，也应向他们致谢告辞。报载，一位毕业生来到深圳求职，面试时一番锋芒毕露的自我介绍，结束时抛下声"再见"，连握手也免了，拂袖扬长而去。接待他的招聘者苦笑着摇头：如果说有个性、有锋芒可以容忍，那么连基本礼节都不懂的人则"养不起"，也无法与之合作。

六、礼仪技巧

一个人的形象在求职应聘中起着举足轻重的作用。无论你的求职信写得如何出色，招聘者还是在见到你的那一刻才对你产生真正的第一印象。那么，如何设计自己的形象，以取得求职应聘的成功呢？

1. 建立印象

要遵守时间；服饰得体；从容自然；注意礼节；面带微笑；注意倾听；适度赞同对方；正确使用态势语言。

2. 着装得体

适宜的装扮容易给招聘者留下良好的印象，也是一种礼貌的行为。面试时的着装应该注意以下几点。

首先，着装必须整洁。无论如何，招聘者不会将一个不修边幅、邋遢不洁的应试者作为首选。整洁意味着你重视这份工作，重视这个单位，也重视你今后代表的企业形象。整洁并不要求过分的花费，却能赢得招聘者的好感。因此，一定要挑选洗得干净、熨烫平整挺括的衣服。

其次，着装应当简单大方。面试不是约会，尽可能抛弃各种装饰。如果工作的专业性强或职务较高，在色彩上也应慎重。例如，你穿着闪光的彩色短 T 恤和拖地的扎染牛仔裤去应聘一份管理工作，也许你的能力真的合适，但服饰不禁让招聘者产生怀疑，成功的希望也就很渺茫了。总之，着装要协调统一，并与所申请的职位相符。

最后，气质美是个人的综合表现。求职者在求职应聘中要力求通过仪表、举止、谈吐

形象，充分显示自身所具有的气质特征。

另外，头发的整齐清洁也是非常重要的。

七、应对思路

1. 自我介绍是面试的必备题目

介绍内容要与个人简历相一致，表述方式上尽量口语化，要切中要害，不谈无关、无用的内容，条理要清晰，层次要分明。事先最好以文字的形式写好背熟。

2. 谈家庭思路

谈家庭情况对于了解应聘者的性格、观念、心态等有一定的作用，这是招聘单位问该问题的主要原因。简单地罗列家庭人口；宜强调温馨和睦的家庭氛围；宜强调父母对自己教育的重视；宜强调各位家庭成员的良好状况；宜强调家庭成员对自己工作的支持；宜强调自己对家庭的责任感。

3. 谈缺点的思路

不宜说自己没有缺点；不宜把那些明显的优点说成缺点；不宜说出严重影响所应聘工作的缺点；不宜说出令人不放心、不舒服的缺点；可以说出一些与所应聘的工作"无关紧要"的缺点，甚至是一些表面上看是缺点，从工作的角度看却是优点的缺点。

例如，说出严重影响所应聘工作的失败经历，所谈经历的结果应是失败的，宜说明失败之前自己曾信心百倍、尽心尽力，仅仅是由于外在客观原因导致失败，失败后自己很快振作起来，以更加饱满的热情面对以后的工作。

4. 谈如何选择思路

面试官试图从中了解你求职的动机、愿望以及对此项工作的态度。建议从行业、企业和岗位这三个角度来回答"我十分看好贵公司所在的行业，我认为贵公司十分重视人才，而且这项工作很适合我，相信自己一定能做好。"也要对该行业有个简单的横向分析。

5. 如何开展思路

如果应聘者对于应聘的职位缺乏足够的了解，最好不要直接说出自己开展工作的具体办法。可以尝试采用迂回战术来回答，如"首先听取领导的指示和要求，然后就有关情况进行了解和熟悉，接下来制订一份近期的工作计划并报领导批准，最后根据计划开展工作。"

6. 谈缺乏经验思路

如果招聘单位对应届毕业生的应聘者提出这个问题，说明招聘单位并不真正在乎"经验"，关键看应聘者怎样回答。对这个问题的回答最好要体现出应聘者的诚恳、机智、果敢及敬业，如"作为应届毕业生，在工作经验方面的确会有所欠缺，因此在读书期间我一直利用各种机会在这个行业里做兼职。我也发现，实际工作远比书本知识丰富、复杂。但我有较强的责任心、适应能力和学习能力，而且比较勤奋，所以在兼职中均能圆满完成各项

工作，从中获取的经验也令我受益匪浅。请贵公司放心，学校所学及兼职的工作经验使我一定能胜任这个职位。"

7. 谈离开前一家公司的原因的思路

最重要的是，应聘者要使招聘单位相信，应聘者在过往单位的"离职原因"在此家招聘单位不存在。避免把"离职原因"说得太详细、太具体。不能掺杂主观的负面感受，如"太辛苦""人际关系复杂""管理太混乱""公司不重视人才""公司排斥我们"等。但也不能躲闪、回避，如"想换换环境""个人原因"等。不能涉及自己负面的人格特征，如不诚实、懒惰、缺乏责任感、不随和等。尽量使解释的理由为应聘者个人形象添彩，如"我离职是因为这家公司倒闭。我在公司工作了三年多，有较深的感情。从去年始，由于市场形势突变，公司的局面急转直下。到眼下这一步我觉得很遗憾，但还要面对现实，重新寻找能发挥我能力的舞台。"

第五节　面试应注意的若干方面

面试最重要的是调整好心理素质。心理素质是人的整体素质的组成部分，是以自然素质为基础，在后天环境、教育、实践活动等因素的影响下逐步发生、发展起来的。心理素质是先天和后天的合金，可以说是心理潜能、心理能量、心理特点、心理质量与心理行为的有机结合。而这五个方面又都蕴含在智力因素与非智力因素之中。也就是说，所谓培养心理素质，就是要发挥、发展、培养、提高、训练智力与非智力因素的潜能、能量、特点、质量与行为。

在面试过程中，心理素质较弱的面试者往往表现出紧张、不自信，导致语言反复表达不畅、仪表仪态不够端庄大方，极大地影响了他们的面试成绩，不利于在考官面前留下良好、正面的印象。

一、消除紧张情绪

如何能够帮助面试者尽快消除紧张情绪，提高他们的自信呢？这里提供了几个有效的方法，同学们不妨一试。

1. 做 30 次腹部呼吸

做腹部呼吸是消除消极情绪很好用的一个办法，能让你消除紧张，回到现实，冷静思考问题。

下面是做腹部呼吸的方法：两腿分开，放松坐正；把手放在腹部，用鼻孔轻轻吸气到腹部，这时你会感觉到腹部慢慢涨起来，同时能够感觉到你腹部的手；然后轻轻通过鼻孔把腹部的气呼出去，呼气的同时稍微用点力，你能够感觉到你的腹部就像要贴着背后的脊骨一样；呼吸要饱满，如此反复呼吸 30 次，同时在心里数着呼吸的次数；做完后，缓缓做一下深呼吸；通过做腹部呼吸，你的身体会变得更加放松，心情也会平静下来，思路也会更加清晰。

2. 问自己"最坏可能是什么情况"

人们很容易会把一件事情想复杂，并推断可能发生的后果也会很严重。但事情通常都不是你想得那么严重。通过问类似这样的问题，让自己往积极、健康的方向考虑，不要自己吓自己。我们要往好的方面想，保持积极向上的心态，想象事情正在按照你预想的那样发展。虽然你的想象并不是实际存在的，但是通过这样，你能够得到更舒缓的心情，同时阻止了你内心消极想法的滋生。

美国心理学家做了一个有趣的实验，他们要求人们把自己未来七天内，所有感到忧虑和烦恼的事情写下来，投入一个"烦恼箱"里。三周后，人们打开了"烦恼箱"，逐一核对自己写下的烦恼。结果发现，其中九成的烦恼并未真正发生，绝大多数烦恼已经不存在了。专家表示"烦恼不寻人"，大多数的烦恼，都是人们想象出来的，并且不断放大强化，使它们成为心理负担。

3. 实践、实践、实践

你实践得越多，就会越熟悉你遇到的情形，也会越来越自然，越来越自信。因为你经历过，知道那是怎么回事，也能预料到将会发生什么。所以，抓住一些实践的机会，让自己能够真正经历过这样的事情，你就会感觉越来越自然，而不是紧张。

二、成功的原则

要获得成功面试，需要掌握以下原则。

1. 你是公司未来的有利资产

你需要传递给企业这个信息：你拥有帮助企业实现预期目标的潜在能力，你是公司的宝贵资产而非包袱。

2. 明确的人生目标

具有积极自我成长的概念，努力进取，并充满旺盛的事业心与斗志，能迅速进入工作状态的人，更易为企业赏识和任用。

3. 强烈的工作意愿

面试时要随时保持对工作的高度热诚与兴趣。

4. 与同事、团体合作的能力

一个容易与人沟通协调的求职者可以说已有一半获胜的希望。如果你曾有社团活动的工作经验，可尽量举例说明，以争取主考官的青睐。

5. 掌握诚恳原则

在录用标准上，"才能"是永恒不变的第一原则，"诚恳"则是重要的辅助因素。面试前准备充分，心情镇定，仪容大方整洁，临场充分表现自我，便是诚恳的最好表现。

例一：文明礼貌是对别人的尊重，是引起别人重视的第一印象。礼貌具体表现在语言和衣着上。在语言上，更多使用"您好""请多关照""谢谢""再见"等。曾经有这样一个典型事例，某公司到某学校选拔学生，学生依次面试，当按姓名叫到一个学生不在时，立即有一位学生去找，去找的这位学生回来后说"对不起，没找到"。负责选拔的总经理当场说，"就凭你这句'对不起'，你这样的学生我们要了。"

例二：面试时的仪表风度很重要，某公司招聘经理说，招聘者对求职者的印象常常在前 30 秒就已经形成了，所以招聘者们都强调求职者一定要注意自己的着装和精神风貌。以前都认为面试时一定要穿正装，如男性要西装革履，女性必须一身职业装，其实着装主要看公司的风格和职位特点，如一些网络公司的着装都比较随意。他认为，对于应届毕业生来说，着装不强调西装革履，但一定要整洁干净。

三、面试禁忌

一忌好高骛远，不切实际。找一个理想的职业是每个求职者的愿望，无可厚非。但美好的愿望应根植于自身素质和客观现实之上。审时度势，准确定位是求职成功的关键所在。眼高手低，这山望着那山高是求职之大忌。

二忌妄自菲薄，患得患失。招聘单位所聘岗位和专业很可能与自己所学专业或原从事的职业不同，这时你切不可把自己禁锢于原有的小天地中守株待兔。只有增强自信，勇于挑战和跨越自我，及时调整心态，适应周围环境，才能到达成功的彼岸。

三忌盲目应试。要分清单位的性质和对求职者的要求，切不可以应聘企业、公司的准备去进行公务员或教育岗位的面试。

四、面试准备

前面已经介绍了一些，再强调以下几方面。

1. 迅速查找该企业的原始招聘广告

重温该企业的背景情况（一般在招聘文选中有所说明），以及应聘职位的要求是什么等。如果你备有几种不同的求职信，应当了解投出的是哪一种求职信，最好再看一遍，做到心中有数。

2. 查找交通路线，以免面试迟到

接到面试通知后，应仔细阅读通知上是否标有交通路线，要搞清楚究竟在何处上下车、转换车。要留出充裕的时间去搭乘或转换车辆，一些意外情况也都应考虑在内。如果对交通不熟悉，最好把路线图带在身上，以便问询查找。

3. 整理文件包，带上必备用品

面试前，应把自己准备带去参加面试的文件包整理一番，诸如文凭、身份证、报名照、笔、其他证明文件（包括所有的复印件）均备整齐，以备考官索要核查。同时带上一定数量的现金以备不时之需。

4. 准备面试时的着装和个人修饰

参加面试，在衣着方面虽不要特别讲究、过分花哨华丽，但也要注意整洁大方，不可邋遢，男士衬衫要换洗干净，皮鞋要擦亮；女士不能穿过分前卫新潮的服装。

总之，着装要协调统一，同所申请的职位相符。头发要梳齐，男士要把胡须刮干净。女士若感觉脸色不佳则可化淡妆，不可修饰过分。另外，还应保证面试前充足的睡眠。

五、面试趋向

1. 形式丰富

面试早已突破两个人面对面，一问一答的模式，而呈现出丰富多彩的形式。从单独面试到集体面试，从一次性面试到分阶段面试，从非结构化面试到结构化面试，从常规面试到引入了演讲、角色扮演、案例分析、无领导小组讨论等情景面试，形式丰富多样。

2. 程序结构

以前对面试的过程缺乏有效的把握，面试的随意性大，面试效果也得不到保证。目前许多面试的操作过程已逐步规范起来。从主考官角度，面试的起始阶段、核心阶段、收尾阶段要问些什么、要注意些什么，事先一般都有一个具体的方案，以提高对面试过程和面试结果的可控性。

3. 提问弹性

以前的面试基本等同于口试，主考官提出的问题一般都是事先拟定好的，应试者只需抽取其中一道或几道题来回答即可，主考官不再根据应试者对问题的回答情况提出新问题。主考官评定成绩仅依据事先拟定的具体标准答案，仅看回答内容的正确与否，实际上这只不过是笔试简单地口述形式而已。

现在的面试中，主考官问题的提问虽源于事先拟定的思路，却是适应面试过程的需要而自然提出的，前后问题是自然衔接的，问题是围绕测评的情景与测评的目的而随机出现的。最后的评分不仅要依据内容的正确与否，还要综合总体行为表现及整个素质状况评定，充分体现了因人施测与发挥主考官主观能动性的特点。

4. 面试结果

以前面试的评判方式与评判结果没有具体要求，缺少可比性。近年来面试结果的处理逐渐标准化、规范化，基本上趋于表格式、等级标度与打分形式等。

5. 面试全面

面试的测评内容已不仅限于仪表举止、口头表达、知识面等，现已发展到对思维能力、反应能力、心理素质、求职动机、进取精神、身体素质等全方位的测评。且由一般素质为测评依据发展到主要以拟录用职位要求为依据，包括一般素质与特殊素质在内的综合测评。

6. 考官内行

以前面试主要由组织部门的人专门主持,后来实行组织人事部门、具体用人部门和人事测评专家共同组成面试考评小组。

许多单位实行用人部门人员培训面试测评技术。人事部门培训业务专业知识,并进行面试前的集中培训,面试考官的素质有了很大提高。面试考官的素质对于提高面试的有效性、保证面试的质量有着至关重要的作用。

六、结构化面试

1. 结构化面试的内涵

所谓结构化面试,是指面试的内容、形式、程序、评分标准及结果的合成与分析等构成要素,按统一制定的标准和要求进行的面试。尽管结构化面试也是通过考官与应考者之间的交流来进行的,但从形式到内容上,它都突出了标准化和结构化的特点。例如,结构化面试要求面试题目对报考相同职位的所有应考者应该相同;面试考官的数量在两人以上;典型的结构化面试还要求在对拟任职位进行工作分析的基础上编制面试题目。正因为如此,结构化面试的实施过程更为规范,面试结果也更为客观、公平、有效。

了解结构化面试的内涵和特点,对于应考者更好地发挥自己的水平无疑是有利的。

2. 结构化面试的特点

首先,面试测评要素的确定要以工作分析为基础;其次面试的实施过程对所有的应考者相同;再次,面试评价有规范的、可操作的评价标准;最后,考官的组成有结构。

总而言之,结构化面试具有试题固定、程序严谨、评分统一等特点。从实践来看,结构化面试的测量效度、信度都比较高,比较适合规模较大,组织、规范性较强的录用面试,因此,结构化面试已经成为目前录用面试的基本方法。另外要说明的是,结构化面试兼具面试与笔试的优点。

七、面试时的着装

1. 男士的着装(西装)

在现代社会的公关社交活动中,人们普遍认为"西装革履"是现代职业男士的正规服饰,就求职面试活动而言,穿西装也是最为稳妥和安全的。因此,西装一般成为许多求职者的首选装束。然而,穿西装也有许多讲究。

(1)颜色的选择。

应聘者最好穿深色的西服,灰色、绿色和深蓝色都是不错的选择,它们给人以稳重、可靠、忠诚、朴实、干练的印象。

(2)面料的选择。

要穿天然织物做的衣服。人造织物的光泽和质地给人一种廉价的感觉,通常不像天然织物做的衣服那样有吸引人的"下垂"感。而且,这种面料常常留有人体的气味,还不易去除。从更细微的角度说,让人把你同"人造"联系起来总不大好,因为这会给人以虚假

和缺乏深度的感觉。

（3）西装要得体。

体瘦的人，如果着深蓝色或中粗竖条的西装，会露出其纤细、瘦弱的缺憾，而穿米色、鼠灰色等暖色调，图案选用格子或人字斜纹的西装，就会显得较为丰满、强壮。瘦高的人，宜穿双排扣或三件套西装，面料选用质感和温暖感觉的，不要选用廓形细窄而锐利的套装。瘦矮的人穿西装时，可用胸袋装饰手帕，为增加胸部的厚度，还可在内袋装入钱包、笔记本等物品。体胖的人可穿深蓝、深灰、深咖啡色等西装，忌米色、银灰等膨胀色，如果是带图案的西装，宜用 0.5～2 厘米的竖条。西装的款型可选用直线型的美国式，这会显得廓形锐利且苗条。另外，双排四粒扣西装，可掩饰微挺的肚子。矮胖的人也可穿三件套，这样显不出身体的分割线，并且口袋里尽量不装物品。高而胖的人，宜穿三粒扣的西装和单件西装，V 字部分长而显出潇洒。穿单件西装上衣时，宜穿深色上衣，配同色系的浅色长裤，这样既能掩饰缺点，又显得帅气十足。

（4）衬衫。

衬衫必须是长袖的。有些衬衣的袖口上有简单的链扣，给人以格外注重细节的感觉。衬衫应当是白色或淡蓝色，不带图案或条纹。印有交织字母的衬衫对你可能有利也可能不利，有些面试者会认为这代表有个性、成功以及自信，而其他人则认为这是炫耀，甚至有些粗俗。最安全的办法就是避开印有交织字母的衬衫。与西服一样，衬衫的最理想布料也是天然织物。要穿那些经过精心缝制、专业洗涤、中度上浆（挺括）的全棉衬衫。

（5）领带。

有些专家说，在你跟面试者握手时领带首先受到关注。它可以使一套昂贵的西服显得很廉价，也可以使普通的穿着提高一个档次。领带的面料选用 100% 的纯丝即可。不要使用亚麻或毛料，前者容易缩水，后者显得太随便。合成织物显得廉价，而且打出的结也不美观。如果穿白色或浅蓝衬衣，就比较容易挑选与之相配的领带。领带应当为西服增色，且不能与西服的图案有任何冲突。领带的宽度随衣服款式的不同而不同，穿西服时，安全的着装规则就是领带宽度要接近西服翻领的宽度。传统的图案如立体形、条纹、印花绸以及不太显眼的蜗旋纹布等都是可以接受的。行政主管们一直喜欢立体宽条纹，因而这种布料被称为"权力条纹"。不过，要避开带有圆点花纹、图画（如动物、猎狗的头等）、体育形象（如马球棍和高尔夫球棒等）以及设计者的徽标的领带。很多面试人员认为徽标尤其令人讨厌，它使人缺乏安全感，好像你需要设计者的认可才能证明你的着装品位。给领带精心打结，系好的领带不要超过你的裤腰带。

（6）皮鞋。

鞋面要保持锃亮，鞋跟要结实，破旧的鞋跟会使人显得疲软而萎靡。系带的皮鞋一定要检查鞋带是否干净且系紧了。松开或未系的鞋带会给你带来不安全感，甚至可能将你绊倒。另外，切勿把黑鞋与棕色西装搭配，这样会十分不协调。

（7）袜子。

如果你选择的是一双鞋面较低的无带鞋，这些对你尤其重要。无论如何，袜子的颜色应当与西服相配。通常应选蓝、黑、深灰或深棕色，不要穿颜色鲜亮或花格袜子。袜子要够长，使你在叠起双腿时不至露出有毛的皮肤，这样十分不雅观。而且要有足够的弹性，使它们不至于从腿上滑下或缩成一团。

（8）头发。

求职者去应聘时要保持头发整洁，精心梳理，不要给人油光发亮、湿淋淋的感觉；发型简单、朴素、稳重大方，不要留鬓角，最好不要留中分头；头发也不能压着衬衣领子；胡须最好刮干净，不要留人丹胡、络腮胡。

（9）外套。

厚重的上衣已经逐渐被轻便的新式样代替了，因为它几乎适用于所有场合且耐用。另外，人们潜意识中往往对穿浅色上装的人投以更深的信任。因此，假如你想穿上装去面试，请选择浅色调，以示你是一位值得信任的人。

（10）公文包。

简单细长的公文包是最佳选择。如果适合你的职业，就携带一个整洁的文件夹。避免带任何会使人想起推销员的皮包。还要注意查看包带或扣子是否好用，把包拉上，查看是否能开合自如。当然，别忘了把必备的简历等资料装进去。

（11）小饰物。

① 皮夹。一件小巧的钱包不易使口袋鼓起变形。但钱包里的东西应是必需品。千万不要把各种信用证、家庭生活照等塞在里面。

② 手表。一块手表不仅是为了计时，而且应是一件装饰品。在你支付能力范围内选择高质量的并和你的衣服相配的名牌。另外，也不应戴米老鼠之类的手表。

③ 手帕。放一块折叠雅致的手帕在你的西装上部的小口袋中，不仅可增加一个男人的情调，还可在出现尴尬局面时用它作掩饰。

④ 项链、装饰别针、手镯、耳环等饰物都是男性求职者面试时十分忌讳的。

2. 女士的着装

女人是爱美的天使，世界因为有了她们而更加绚丽可爱，在这个时尚开放的年代，女士的服饰色彩缤纷，形态万千，因此，其着装问题就显得比男士更复杂些。

女士的着装以整洁美观、稳重大方、协调高雅为总原则，服饰色彩、款式、大小应与自身的年龄、气质、肤色、体态、发型和拟聘职业相协调、相一致。

女士的求职服装一般以西装、套裙为宜，这是最通用、最稳妥的（详情不加赘述）。

第七章　沟通训练

第一节　说说口语

　　沟通，一般都是面对面地讲话，因此在讲沟通训练之前，有必要先"说说口语"。"口语"就是"说话"。说话往往是即兴的、随意的，脱口而出，对话的双方都不能有更多的思考余地。因为交谈对象就在眼前，说话的人可以用手势、表情之类的东西，以帮助表情达意。说话作为交际之具，叫作"谈话体"，现代的时髦词叫"口才学"或"口语"，和"书面语"是不同的。说话要求句子短小，结构简单，修辞性附加语少，不讲究完整的规范。说话中零句多，整句少，连词、介词、动词常常省略，句式松散，停顿较多。例如，书面语：他买了一本缺一页的书。谈话语：他买了一本书，缺一页。

　　在讲口语之前先讲两个故事。

　　故事一：从前，有一个人叫刘大，他邀请好友张三、李四、王五和赵六来家祝寿。快开饭了，赵六还没来。刘大急了，自言自语地说："唉，该来的还不来。"张三听了，心想："那么我们就可能是不该来的人了。"于是，他很不高兴地走了。刘大一见张三莫名其妙地走了，便着急地说："唉，不该走的又走了。"没想到这句话偏偏又被李四听见了，李四心想："那么我们是该走的人了。"于是，也拂袖而去。刘大见此情景，无可奈何地对王五双手一摊说："你看，我又不是说他。"王五听了，叹了一口气，一转身也走了。刘大傻了，说："我又没有得罪他们，怎么都走了呢？"

　　故事二：清朝，有一位姓钱的秀才，写文章常用口语代替，最不简洁，人都管他叫"啰唆先生"。就连他的妻子也嫌他啰唆。

　　有一次，钱秀才赴京赶考，妻子再三嘱咐他：写信无论如何不要再啰唆了。他答应了。考试完毕，他快回家了，事先给妻子写了一封信："吾妻：前日啰唆而今不啰唆也。吾在下月即将返里，不在初一，即在初二，不在初二，即在初三，不在初三，即在初四……不在二十八，即在二十九。所以不写三十日，下月因小月之故也。家中存有棉鞋一双，怕发潮发霉，应拿出来晒晒。棉鞋是放在我的床下面，不是在脚头的一面，就是在枕头的一面，你要仔细一些方能找到。希吾妻拿出来拍拍打打，因多灰尘之故也。希吾妻千千万万不要

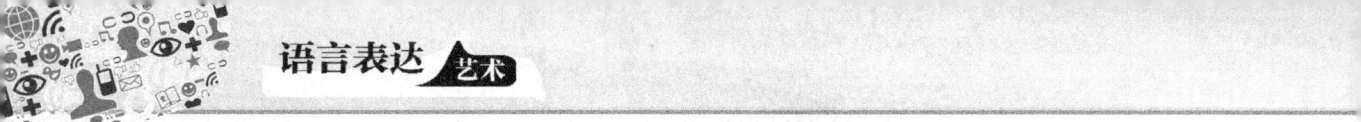

忘记。为省笔墨起见，吾不写草字头大'万'字，故以'方'字去掉上面的一点代之……"

这一"啰唆先生"废话连篇，叫人生厌，我们应力戒这一弊病。前面请客的刘大，说话不分场合、不看对象、过于简单而又表述不清，得罪了在场的每个人，结果不欢而散。如此看来，口语的学问大着呢！

一、对口语的认识

什么是口语？口语是相对于书面语而言的。口语与书面语都是人类最重要的交际工具。在文字产生之前，人们交流只能依赖口语；文字产生后，人们才在口语的基础上创造出书面语言。随着社会的发展与进步，人们对口语与书面语运用的要求日臻完美。

二、口语的形成与发展

前言中提到，人们最早在劳动中产生了沟通交际的迫切需要，劳动又完善了口与器官，促进了口语的形成与发展。早在我国上古时期的夏、商、周时代，汉语口语就相当成熟。公元前 21 世纪，夏启在与有扈氏交战于甘之野之前的动员令，就是一次出色的演讲。那段有文字记载的国王面对六军的激昂慷慨的演说，比古希腊的演讲活动早了 1500 年。

到了春秋战国时期，口语更是发展到了鼎盛阶段，出现了一大批能言善辩的政治家。秦统一中国后至"五四"运动前，我国的口语相对进入了一个低谷阶段，"五四"之后，近代口语呈复苏趋势，但新中国成立之后又走入了一个低谷。直至十一届三中全会以后，汉语口语才迎来了一个新的发展高潮。从古至今数千年，汉语口语不知历经多少坎坷与砥砺，达到了空前的水准。

三、口语的主要特点

口语与书面语言的联系十分密切。书面语言是在口语的基础之上，经过一定的加工处理后形成的语言，较之口语更加精炼、简洁而有条理。其不同之处在于：书面语言是手写、眼看的文字语言，它必须写在纸上或刻录于骨、板等物体之上，通过文字符号传递信息；口语是口说、耳听的语言，它借助于声音来传播信息。和书面语言比较，口语的主要特点如下。

1. 口语的独特性与广泛性。

人们在社会中常说，口语是第一位的交流工具。一个人可以不读不写，但不能不听不说（聋哑例外）。正常人的一生都在说话，通过听说传播或获得信息，比书面语言更迅速、更便捷、更具针对性。尤其在当今随着社会高科技的到来，人们可以通过现代化的媒体随时随地地进行广泛交流。

2. 口语的方式灵活，通俗易懂

口语的表达通过语音外壳，用语调、语势、语速、语义、语情甚至停顿与拟声等多种修饰手段，来表达极其丰富的情感。它有很强的临场适应性，可用短语、短句、情感省略，

甚至伴以适当的手势、表情以及不符合语法修辞逻辑的词序颠倒的特殊句子，从而达到无比奇妙的表达效果。

3. 口语贴近生活，具有时代色彩

口语自然明快，多用民俗方言、歇后语，浅显易懂、朗朗上口。随着时代的变迁和人口的流动，口语也在相互影响、融合发展、不断丰富。

4. 口语随口而出，不易改变

古人云："君子一言驷马难追。"俗话说，说出去的话如泼出去的水，水不能收回，话也收不回来，即使说错了也难以更改。它不像书面语言，在发表之前，是可以反复斟酌修改的。因此，人们在运用口语时，谨慎行之，切忌信口开河，以防言之不当，难以收回。

5. 口语易受环境影响，互动性强

口语是说者与听者的互动交际活动，在说和听的过程中，彼此的情绪、兴趣都会受到影响。倘若听众聚精会神而点头微笑，就会激起说者的激情；若是听众表现得无精打采，彼此又交头接耳，甚至有的不告而别，说话人就会失去继续讲的信心与兴趣。所以，口语沟通是一种心理的互动，需要积极的反馈。

口语与书面语相比还有更多的优势，但也有不足之处。例如，口语可以借助语音、语调来表情达意，弥补内容的不足。宋朝有个传说，说的是一个人写了一首诗朗诵给苏轼听，朗诵结束问能给多少分，苏轼听后说可以给十分，并解释说"三分诗，七分读"。可见声音的润色是何等重要。尤其是朗诵，除了借助丰富多变的声音外，还可以借助手势、姿态、表情、动作等态势语作为辅助手段。

所以，如果说者识多见广、善于言辞，再配上优美动听的普通话声音、恰如其分的表情、适当的手语姿态，必能将语言表达得生动形象、声情并茂，让听话的人兴趣盎然、百听不厌。

朱自清说："说话并不是一件容易事。天天说话，不见得就会说话；许多人说了一辈子话，没有说好过几句话。"古往今来，人们一直在研究说的语言艺术，如《左传》中文采斐然的外交辞令；《战国策》游说之士的纵横捭阖（bǎi hé）；《世说》中的玄言清谈；《韩非子·说难》中的剖析入微。

说话是一种生活需要，会说话是一种交流技巧。不仅研究如何说，更研究说的境界，佛家讲存好心说好话，不打诳语，道家讲无为、慎言，讲真话、做真人。卡耐基说："说话艺术不是低水平的人考虑的问题，而是高水平的人试图办成大事的杀手锏。"的确，说话是一门学问，很多人苦思冥想却不见得能说出一口漂亮的话，而有的人信口拈来却能让众人交口称赞，这就是语言表达力神奇的力量。面对竞争日益激烈的当今社会，大学已经成了人们吸收知识和提升能力的黄金时段。丰富、浪漫而又充实的大学生活不仅是年轻人的长智乐园，更是一个人健康成长过程中不可多得的关键历程。面对人才济济的社会，你或许已经意识到了口才的重要性，口才的好坏虽然决定不了人的命运，但面对处处有竞争、时时有挑战的当今社会，它似乎能在一定程度上影响大部分人的成败。

思考与练习

1. 什么是口语？口语与书面语的关系如何？
2. 简述口语的形成与发展概况。
3. 简述口语的主要特点。
4. 口语比书面语有更多的优势，具体表现在哪些方面？

第二节　沟通的概念与注意事项

一、沟通的内涵

1. 沟通的概念

沟通是为了一个设定的目标，把信息、思想和情感在个人或群体间传递，并且达成共同协议的过程。它有三大要素：一要有一个明确的目标；二要达成共同的协议；三要沟通信息、思想和情感。沟通就是信息传与受的行为，发送者凭借一定的渠道，将信息传递给接收者，以求对方完全理解发送者的意图。沟通既是人际的交流，也涉及组织之间的交流。

2. 沟通的功能

沟通对于学校管理所具有的功能包括信息传递、情感交流、控制功能。

3. 沟通的要素

沟通的要素包括沟通的内容、沟通的方法、沟通的动作。就其影响力来说，沟通的内容占 7%，影响最小；沟通的动作占 55%，影响最大；沟通的方法占 38%，居于两者之间。

4. 沟通的特点

沟通具有非权力支配性、非职责限定性、认同疏导性。

5. 沟通的类型

（1）按基本结构划分。沟通的基本结构包括信息、反馈、通道三个方面，缺少任何一方都完不成沟通。沟通按具体结构划分可分为非正式沟通与正式沟通两种。通过对"小道消息"的研究发现，非正式沟通主要有集束式、流言式、偶然式等典型形式；正式沟通有链式、轮式、全通道式、Y 式等形式。

（2）按信息流动方向划分。沟通按信息流动方向划分可分为上行沟通、平行沟通和下行沟通三种。

（3）按沟通方式划分。沟通按沟通方式划分可分为语言沟通和非语言沟通。语言沟通包括口头语言和书面语言沟通。非语言沟通包括声音语气（如音乐）、肢体动作（如手势、舞蹈、武术、体育运动等）。最有效的沟通是语言沟通和非语言沟通的结合。

二、良好沟通应避免的错误

在工作中，你需要与上级、下级、相关部门，尤其是你的客户进行各种不同层次的沟通。有了良好的沟通，办起事来就畅通无阻。沟通涉及获取信息或提供信息，或对他人施以影响以理解你的旨意并愿意根据你的愿望行事。

要实现良好的沟通就要避免以下错误。

1. 沟通不当

沟通不当有以下表现。

（1）着装牛仔裤和运动鞋与西装给人以截然不同的印象。在错误的场合，两种着装风格都会给人以完全错误的信息。着装给人的是第一印象，轻视不得。

（2）措辞：不假思索地使用乡言俚语会得罪他人，也会扭曲信息。例如，私下里把顾客或主顾叫作"伙计"似乎给人以一种哥们义气的感觉，但它也不知不觉地传达出对别人的轻慢。

（3）拖沓：不准时赴约表明你不尊重别人。如果某人守时，别人就会认为他很在意，把别人放在心上，但如果总是迟到，就会给人这样的印象，即沟通的内容是不重要的。

2. 没有恰当地聆听

即使你说话时人们在做些其他事，如看报，或者转着手上的笔，他们也会告诉你，他们在听你说话。但是，如果听者没有按你的要求行事，你就有理由怀疑他们没有把你的话听进去，因为他们把"听"和"听进去"混为一谈了。

如果人们没有聆听，他们也是有可能听到片言只语的，但错失至关重要的部分很明显，如果人们没有用心聆听信息或注意说的内容，他们是很难记住的。如果没有适当地汲取说话的内容，错误理解的余地就大了。

三、沟通的过程

若想了解沟通的过程，就需要对大脑的运行方式进行必要的了解。尽管到目前为止人类还不是很清楚大脑是怎样整体运作的，但大脑活动的相当一部分以及大脑是怎样影响人们的交流方式的已为人所知了。

沟通时人的大脑生产出复杂的思想并将之予以沟通，是人脑的主要成就之一。它执行三项基本的任务，其中两项是吸收和加工大脑接收的材料，第三项就是把材料加工生产成连贯而有意义的思想。

1. 吸收印象

见到、听到和感觉到的材料根据人们独特的偏好被大脑作为图画、词语或声音吸收和存储起来。就有些人而言，视觉形象能产生最大的冲击，而对其他人而言则可能是言语、声音或触觉最重要。大脑每日接受成千上万个印象，这些偏好方式据说是在 12 岁时成形的。

2. 加工思想

不同类型的输入材料储存在大脑的不同"记忆库"里，并且为了能生产出思想，各部分必须相互协作。大脑这种找出备选信息并进行必要的关联是非常重要的。

但这并不容易。有时完全没有困难，但有时要从语言库中取出词汇来命名储存在视觉库中某人的容貌会有困难。这就好比银行里装有定时锁的保险箱，是由随机定时释放开关启动的。

3. 生产语言

为了把思想转换成语言传输出去，必须生产出一种用以表达的设施。这涉及给物体命名、寻找动词并且把名词和动词组装起来，以便形成互为关联的句子。因此，要说出"猫儿蹲在垫子上"这样一句话，大脑的三个部分必须同时协调运作。

有时你会觉得要把自己的意思用语言准确地表达出来很困难，这并不奇怪。所以有些人在处理视觉概念时需要有图表或模型帮助理解，另一些人能想象物体的形状，但找不到适当的名称；还有一些人不能把名词和动词连在一起组成有意义的句子。

总而言之，人脑的思维过程大致相似，但为了使自己免遭外界信息和刺激的压倒，人们学会了选择和加工信息。也就是说，并非所有散布的信息都被吸收。

四、沟通的感知能力

人们感知外部世界的方式在他们产生思维的方式中起着至关重要的作用。人的感知是自出生以来通过基本的学习而形成的，包括态度和假设、动机和兴趣的发展。感知的事物在许多方面会影响到思想的生产方式，这里主要介绍如下几个方面。

1. 选择信息

经历相同事物的人极少获得相同的信息。

2. 解释情景

使用相同信息的人几乎会相当肯定地根据各自的评价对信息做出完全不同的解释。

做出假设：解释情景的人可能把互不关联的事件或事实当作相关联的，反之亦然。

每个人都会依据自己的印象、先前的经验和期望以迥异独特的方式生产思想，即对信息的加工，但这种加工的余地是相当大的，而且明显带有偏见，它本身会影响沟通的过程。

3. 情绪状态

感觉的方式在加工信息和生产思想的方式中起着重要的作用。

人的情绪状态会过滤吸收和输出的信息。

接收或输出的同一信息会根据情绪是否高涨、平静或超然做不同的处理。例如，如果你觉得情绪激动或紧张，沟通就有可能受阻，因为你本应更为理智的思想过程可能被这些情绪所蒙蔽。你还有可能以一种比预期更加肯定或否定的态度接收信息。

因此，人们的情绪状态能左右接收和传送信息的方式，还直接影响到信息的接收和理

解的方式。

4. 性别

不管喜欢与否，交流者的性别在沟通过程中也起着作用。众所周知，男女大脑的结构有一定的差别，这种差别也影响着各自的沟通方式。例如，男性大脑的语言和视觉结构似乎彼此联系较少，而女性则不然。女性具有较强的整合视觉和语言的能力。这意味着男性长于集中精力处理个别事物，而女性则更能通观全局。

如此说来，不同性别而产生的差异能显著地影响男性和女性吸收和评价彼此沟通的方式。

系统确保适当沟通总是有些像抽彩票，如果能意识到人们是怎样吸收、储存和加工信息，生产思想，并将之转换成一语言系统的，对适当沟通这一点做到心知肚明要容易得多。

没有哪个人的解释与另一个人的解释如出一辙，完全相同。感知、情绪和性别都在个人挑选和加工信息的方式上起着重要的作用。

五、积极地询问

1. 询问的辅助语言

行动胜于言辞，因此你必须确保二者相配。如果你自己的行为举止和言语冲突（如你在说"我挺好的"时面部肌肉在抽搐，双手也在颤抖），人们就会相信你的身体语言，而不是你口中的言语了。

因此，要产生最大的影响，必须通过自己的手势、语调和词汇，使用最为广泛的表达方式。研究表明，声音、语调和外表占全部印象的90%以上，具体百分比如下。

视觉占55%：身势、手势、视线的接触，以及整体的仪态与行为举止等都有助于立即产生印象。因为你的一举一动和脸部表情比你所使用的词语威力要强八倍，所以必须意识到它们的力量，并予以重视。

声音占38%：使用不同的语调、音高和语速，对于别人怎样理解你所说的话是差别很大的。因为你沟通所产生的影响有三分之一是来自声音的表述的，所以必须保证自己的声音使自己想要沟通的内容增色。

2. 使用你的眼睛

沟通时看着别人的眼睛而不是前额或肩膀，表明你很看重他。这样做能使听者深感满意，也能防止他走神，但更重要的是，你树立了自己的可信度。如果某人与你交谈时不看着你的眼睛，你就会有这样一个印象：他对我所说的话不感兴趣，或者根本就不喜欢我！

3. 使用你的面部、双手和身体。

谈话的过程中你一直都在发出信号，尤其是用面部和双手。使用面部和双手如能随机应变，能大大改善影响他人的效果。

（1）面部。

延续时间少于 0.4 秒的细微面部表情也能显露一个人的情感，立即被他人所拾获。面带微笑使人们觉得你和蔼可亲。人们脸上的微笑总是没有自己想象得那么多。真心的微笑（与之相对的是刻板的微笑，根本没有在眼神里反映出来）能从本质上改变大脑的运作，使自己身心舒畅起来。

（2）双手。

"能说会道"的双手能抓住听众，使他们朝着理解欲表达的意思这一目标更进一步。使用张开手势给人们以积极肯定的强调，表明你非常热心，完全地专注于眼下所说的事。

（3）身体。

视线的接触和表情构成了沟通效果的大部分，但是使用身体其他部分也能有助于树立良好的印象。例如，坐着或站立时挺直腰板能给人以威严之感。

4. 泄露信息

不由自主地抖动或移动双腿，能泄露从漠不关心到焦虑担忧等一系列的情绪。无论面部和躯干多么平静，只要叉着双臂，或抖动着双膝，都会明白无误地显露内心的不安。

站得离人太近能给人以入侵或威胁之感。如果与人的距离不足五尺，听者会本能地往后移，这就是当对方过分靠近时产生的那种局促不安的感觉。反之，如果距离达六尺或更远，听者就会觉得你不在乎他，并产生一种与世隔绝的感觉。

不同的身体姿势能使沟通的内容增色或减色。只要意识到上述事项，就能轻而易举地对自己的身体语言加以控制。在不同的场合使用一种或多种手势以加强自己的表达效果，保证能用合适的视觉信号强化自己的语言信息。

5. 使用你的声音

声音是一种威力强大的媒介，通过它可以赢得别人的注意，能创造有利的氛围，并鼓励他们聆听。

6. 考虑事项

（1）音高与语调。

低沉的声音庄重严肃，一般会让听众更加严肃认真地对待。尖利的或粗暴刺耳的声音给人的印象是反应过火，行为失控。但是，即使最高的音调也有高低之分，你也可以因此找到最低的音调并使用它，直至自然为止。使用一种经过调控的语调表明你知道自己在做什么，使人对你信心百倍。

（2）语速。

急缓适度的语速能吸引听者的注意力，使人易于吸收信息。如果语速过快，他们就会无暇吸收说话的内容；如果过慢，声音听起来就非常阴郁悲哀，令人生厌，听者就会转而他就；如果说话吞吞吐吐，犹豫不决，听者就会不由自主地变得十分担忧、坐立不安了。

（3）强调。

适时改变重音能强调某些词语。如果没有足够的强调重音，人们就不知道哪些内容很重要。如果强调太多，听者转瞬就会变得晕头转向、不知所云，而且非常倦怠，除了非常耗人心力之外，什么也想不起来了。

在电话上交谈时不可能有视觉上的便利，但以下两点可以有助于最好地使用自己的声音：站立能使身体挺直，这样能使呼吸轻松自然，声音更加清楚明亮；微笑能提升声带周围的肌肉，使声音更加温和友善，替代缺失的视觉维度。

第三节　沟通的倾听技巧

倾听能鼓励他人倾吐他们的状况与问题，而这种方法能协助他们找出解决问题的方法。倾听技巧是有效影响力的关键，而它需要相当的耐心与全神贯注。

倾听技巧由四个个体技巧所组成，分别是鼓励、询问、反应与复述。安全而和谐的气氛能使对方更愿意沟通，如果沟通双方彼此猜忌、批评或恶意中伤，将使气氛紧张，加速彼此心理设防，使沟通中断或无效。气氛控制技巧由四个个体技巧所组成，分别是联合、参与、依赖与觉察。

技巧是需要推动的。推动技巧用来影响他人的行为，使之逐渐符合我们的议题。有效运用推动技巧的关键在于以明白具体的积极态度，让对方在毫无怀疑的情况下接受你的意见，并觉得受到激励，想完成工作。

推动技巧由四个个体技巧所组成，分别是回馈、提议、推论与增强。

一、倾听的思想前提

1. 自信的态度

一般事业成功的人士，他们不随波逐流或唯唯诺诺，有自己的想法与作风，但很少对别人吼叫、谩骂，甚至连争辩都极为罕见。他们对自己了解得相当清楚，并且肯定自己，他们的共同点是自信，生活过得很愉快。有自信的人常常是最会沟通的人。

2. 体谅他人的行为

这其中包含"体谅对方"与"表达自我"两方面。所谓体谅，是指设身处地地为他人着想，并且体会对方的感受与需要。在经营"人"的事业过程中，当我们想对他人表示体谅与关心，唯有我们自己设身处地地为对方着想。由于我们的了解与尊重，对方也相对体谅你的立场与好意，因而做出积极而合适的回应。

3. 适当地提示对方

产生矛盾与误会的原因，如果出自对方的健忘，我们的提示正可使对方信守承诺；反之，若是对方有意食言，提示就代表我们并未忘记，并且希望对方信守诺言。

4. 有效地直接告诉对方

一位知名的谈判专家分享他成功的谈判经验时说道："我在各个国际商谈场合中，时常会以'我觉得'（说出自己的感受）、'我希望'（说出自己的要求或期望）为开端，结果常会令人极为满意。"其实，这种行为就是直言不讳地告诉对方我们的要求与感受，若能有效地直接告诉你所想要表达的对象，将会有效帮助我们建立良好的人际网络。但要切记"三

不谈"：时间不恰当不谈；气氛不恰当不谈；对象不恰当不谈。

二、善用询问的倾听

询问与倾听的行为，是用来控制自己，让自己不要为了维护权力而侵犯他人。尤其是在对方行为退缩，默不作声或欲言又止的时候，可用询问行为引出对方真正的想法，了解对方的立场以及对方的需求、愿望、意见与感受，并且运用积极倾听的方式，来诱导对方发表意见，进而对自己产生好感。一位优秀的沟通好手，绝对善于询问以及积极倾听他人的意见与感受。

1. 包装坏消息

美国汽车大王亨利·福特通常会安排助手去回复有求于他的人，有时在拒绝人时，都会格外恭敬地招待对方，如请他吃点心或午餐等。当然，换个角度说话也是必要的。例如，导购员要告诉顾客她的脚一只大一只小，比起告诉他"您的这只脚比那只脚大"，说"您的这只脚要小于那只脚"更可能让顾客买单。

2. 大智若愚

追求卓越是每个人满足自己成就需要的必然，但别让自己完美的光芒刺痛别人的眼。特别是面对一些比较顽固、保守或对你有敌意的人，一开始不要总想着证明自己来让对方心服口服，适当地收敛一些、中规中矩，"润物细无声"地接近更多人。而后，再在适当的时候一鸣惊人。有一位管理心理学家就特别指出，即使是与下级讲话，也不要一口一个"我"字。

3. 不"抢功"

心理学发现，当人们发现领袖出现一点个人主义的苗头，就会变得冷漠，甚至出现敌对的情绪。相反，藏身幕后、不那么抛头露面的领导更会受到普遍的尊重。《纽约世界报》的创始人和出版人普利策就曾对他的编辑们说，如果在一个紧急时期他所发的命令违背了该报的政策，编辑们可以不予理睬。学会谦让，在人际交往中绝对是"退一步海阔天空"的事。

三、重视沟通的作用

不重视沟通，这是企业管理人员经常犯的一个错误，尤其是在中国企业中。企业管理人员，之所以犯这个错误，是因为他们受儒家文化的等级观念影响太深，认为管理者与被管理者之间不能有太多的平等，没有必要告知被管理者做事的理由。没有充分有效的沟通，下属员工不知道做事的意义，也不明白做事的价值，因而做事的积极性就不可能高，创造性也就无法发挥出来。不知道为什么要做这件事，所以他就不敢在做事的方式上进行创新，做事墨守成规，按习惯行事，必然效益低下。

一个希望有所作为的管理人员，如果明了沟通与管理的关系，也就绝不会轻视管理沟通工作。

实现有效沟通的障碍主要有个人原因、人际原因和结构原因。

1．个人原因

（1）人们对人对事的态度、观点和信念不同造成沟通的障碍。

（2）个性特征差异引起沟通的障碍。在组织内部的信息沟通中，个人的性格、气质、态度、情绪、兴趣等差别，都可能引起信息沟通的障碍。

（3）语言表达、交流和理解造成沟通的障碍。同样的词汇对不同的人来说含义是不一样的。在一个组织中，员工常常来自于不同的背景，有着不同的说话方式和风格，对同样的事物有着不一样的理解，这些都造成了沟通的障碍。

2．人际原因

人际原因主要包括沟通双方的相互信任程度和相似程度。沟通是发送者与接收者之间"给"与"收"的过程。信息传递不是单方面的，而是双方的事情，因此，沟通双方的诚意和相互信任至关重要。上下级之间的猜疑只会增加抵触情绪，减少坦率交谈的机会，也就不可能进行有效的沟通。沟通的准确性与沟通双方间的相似程度也有着直接的关系。沟通双方的特征（包括性别、年龄、智力、种族、社会地位、兴趣、价值观、能力等）的相似程度越大，沟通的效果也会越好。

3．结构原因

信息传递者在组织中的地位、信息传递链、团体规模等结构因素也都影响了有效的沟通。许多研究表明，地位的高低对沟通的方向和频率有很大的影响。信息传递层次越多，它到达目的地的时间也越长，信息失真率则越大，越不利于沟通。另外，组织机构庞大，层次太多，也影响信息沟通的及时性和真实性。

四、实现有效沟通

要实现团队的有效沟通，必须消除上述沟通障碍。在实际工作中，可以通过以下几个方面来努力。

1．团队领导者认识沟通的重要性

领导者要认识到沟通的重要性，并把这种思想付诸行动。企业的领导者必须真正地认识到与员工进行沟通对实现组织目标十分重要。如果领导者通过自己的言行认可了沟通，这种观念会逐渐渗透到组织的各个环节中去。

2．提高团队成员沟通的心理水平

团队成员要克服沟通的障碍，必须注意以下心理因素的作用。

（1）在沟通过程中要认真感知，集中注意力，以便信息准确而又及时地传递和接收，避免信息错传和接收时减少信息的损失。

（2）增强记忆的准确性是消除沟通障碍的有效心理措施，记忆准确性水平高的人，传递的信息可靠，接受的信息也准确。

（3）提高思维能力和水平是提高沟通效果的重要心理因素，高的思维能力和水平对于正确地传递、接收和理解信息，起着重要的作用。

3. 正确地使用语言文字

语言文字运用得是否恰当直接影响沟通的效果。语言文字要简洁、明确，叙事说理要言之有据，条理清楚，富于逻辑性，措辞得当，通俗易懂，不要滥用辞藻，不要讲空话、套话。非专业性沟通时，少用专业性术语。可以借助手势语言和表情动作，以增强沟通的生动性和形象性，使对方容易接受。

4. 学会有效地倾听

有效的倾听能增加信息交流双方的信任感，是克服沟通障碍的重要条件。要提高倾听的技能，可以从以下几方面去努力：使用目光接触；展现赞许性的点头和恰当的面部表情；避免分心的举动或手势；要提出意见以显示自己不仅在充分聆听而且在思考复述；用自己的话重述对方所说的内容；要有耐心，不要随意插话和随便打断对方的话。

5. 缩短信息传递链，拓宽沟通渠道

信息传递链过长，会减慢流通速度并造成信息失真。因此，要减少组织机构重叠，拓宽信息渠道沟通。另外，团队管理者还应激发团队成员自下而上地沟通。例如，运用交互式广播电视系统，允许下属提出问题，并得到高层领导者的解答。如果是在一个公司，公司内部刊物应设立有问必答栏目，鼓励所有员工提出自己的疑问。让领导者走出办公室，亲自和员工们交流信息。坦诚、开放、面对面的沟通会使员工觉得领导者理解自己的需要和关注，取得事半功倍的效果。

总之，有效的沟通在团队的运作中起着非常重要的作用。成功的团队领导把沟通作为一种管理的手段，通过有效的沟通来实现对团队成员的控制和激励，为团队的发展创造良好的心理环境。因此，团队成员应统一思想，提高认识，克服沟通障碍，实现有效沟通，为实现个人和团队的共同发展而努力。

五、实现有效沟通的技巧

怎样才能做到与同学更广泛的交往呢？

（1）站在他人的角度设身处地地为他人着想，在接纳和谅解的基础上去适应他人。

（2）要注重自己的能力培养和人格塑造。一般来讲，品质好、能力强或具有某种特长的人容易受到他人的喜爱和尊重，所以在与他人接触的过程中要热情、真诚、坦率、友好、有责任感、真诚地赞美他人（如"你太棒了！""你的这个建议对我启发很大，谢谢你！""我在这方面有欠缺，我拜你为师"）等，同时在抓紧学习的前提之下适当地施展自己的才华，表现自己的特长，使同学接纳、信任和尊重自己。

（3）在交往中要学会做个有心人，善于体察他人的心境，主动关心他人，采取不同的方式使他们感受到你的善意和温暖。

（4）在承认、理解、接纳和尊重他人基础上，才能赢得他人的承认、理解、接纳和尊重，所以以换位思考、将心比心、以诚换诚的心态和行为来与他人相处，这样才能达到心灵的沟通和情感的共鸣。只有这样，才可能获得他人的支持、鼓励、认可和肯定；也只有这样，才能感受到愉悦、快乐、幸福与和谐的情绪体验，从而体现出自我价值。

（5）多观察周围的同学，特别是那些你觉得交往能力和沟通能力特别强的同学，看他

们是如何与人相处的。通过观察和模仿，你渐渐地会发现，自己的人际交往能力会有意想不到的改进。

六、如何与老员工沟通

新员工与老员工由于生长的环境和时代不同，在某些方面相互不理解是正常的。而且，每个人的性格脾气都不会完全一样。因此，即使你的适应能力很强，也要注意跟老员工的沟通，以避免无谓的摩擦和误会。在沟通中，要特别注意与以下几类老员工的沟通。

1. 欺生型。

这类人有一个习惯：凡是新来的人都要排挤或役使一下，以显示自己在这个地盘上的重要地位。他们不是针对你一个人，而是带"新"字头的一类人。

对症下药：对待这类人，要学习黄牛的坚忍执着。这些人喜欢支使新人做事，其实并没有恶意。只要对集体有利而且不以完不成本职工作为代价，你不妨去做一下，可以熟悉一下环境并打开自己的交际圈。如果他说的话可行，就去试一试；如果毫无道理，也不必和他斤斤计较，只管按照自己的思路去做。工作成绩是谁也抹杀不掉的。当你逐渐融入这个大环境时，这类人就会转移目标。

2. 性格怪异型

这类人并不是专门与新来者作对，只是在性格、行为上与常人有些不同，或许缺乏热情，或许不善交流，或许爱发脾气，但本身并无恶意。

对症下药：对待这类人，要学习猴子的机智应变。首先应做到尊重对方，千万不要有任何先入为主的偏见。更重要的是，你要在交往中了解他的内心世界，应对他特殊的性格采取不一样的交往方式，机智灵活，沉着应付，才会收到良好的效果。如果他被你的诚心感动，或许他会比别人更容易成为你事业上的好帮手。

3. 目中无人型

这类人自以为是，认为自己在什么方面都比别人强，因此高高在上，目中无人，可一旦新人工作有成绩，就会担心其取代自己的地位，进行打压。

对症下药：对待他们，要学习大象的脚踏实地。大象走路，一步一个脚印。如果你受到这类人的攻击，与他们争辩毫无意义，你不妨一笑而过，全身心投入到自己的工作中，脚踏实地地做出成绩，用事实说明一切。

第四节　沟通的事例与成功

一、父子、师生的沟通

1. 父子沟通

沟通需要相互之间的尊重，不是由一方来完成的，这也是任何交流和人际关系的准则。用心去倾听彼此的观点，从更多的角度去思考，爱是在保存自己的尊严和个性前提条件下感情的交流行为。真正的爱就是对所爱对象的生命和成长的积极关心，爱具有的品质：尊重、关心、理解、谦和、勇气、真诚、自制和责任感。这才是爱的真正定义，而不是凌驾于孩子之上，不能忽视孩子的内心需要，这对孩子的成长非常不利，有时甚至会影响孩子一生的成功和失败。

作为孩子，首先要尊重父亲，因为只有尊重一个人，才能尊重他的所有想法。孩子尊重了父亲，才会让父亲觉得孩子愿意听他的想法，彼此之间的沟通才不会有疙瘩。然后，态度诚恳、谦虚，要有耐心。如果一个人对长辈或者对其他人有这种态度，对方就更愿意和你沟通，讲他的看法和意见，做父亲的也不例外。

与父亲相处时的禁忌：插话，父亲还没把话说完，你就插话进去，这是一种不礼貌的做法；急躁，可能有时父亲的说法、看法刺激到你，你马上就情绪波动很大，很着急去辩解一些事，觉得父亲的观点不对；争论，当父亲提出观点、建议时，做孩子的就觉得现当今时代不一样了，我不同意你的做法或是看法；不就事论事，有的时候，本来就谈这件事情的但又转到了另一件事情，不能讨论真正的论点，却是转移到其他论点中；用禁语，在平时的讨论中，做孩子的可能突然就冒出一句："你这小子"，这是一种太随意的做法，毕竟你跟你父亲永远都不可能是平辈，给你父亲最起码的尊重还是需要的。

作为父亲，也要尊重孩子，因为孩子是一个完全独立的个体，他是属于他自己的，不属于父母的附属品，这是做父亲必须要知道的重点；孩子不是替自己完成自己没有完成梦想的人；承认和尊重孩子有自己的人生和理想，有他自己的生活，有他自己对事物的看法、自己的经验；发自内心地无所求地给予自己对孩子的爱和永远的支持。

与孩子相处的禁忌：不要有以老子自居的想法，凡事都以自己为中心；不能总是责备孩子的意见，提出自己的意见，觉得自己的才是真理，这种责备会挫伤彼此之间真正的沟通和交流；轻视和蔑视，总认为他还是个孩子，他的观点无足轻重，这样会挫伤彼此之间的沟通欲望；指责对方的错，觉得自己是正确的，孩子是错的，孩子必须得听父亲的话，这样会伤害孩子的自尊心，引起孩子的抵抗、反感；冷淡，对孩子漠不关心会让孩子失望，让孩子觉得在父亲心里自己不重要，父亲不爱自己。

2. 师生沟通

许多研究发现，教师的一些驾轻就熟、脱口而出的语言，成了"杀手"式的语言信息，阻碍了师生沟通，导致了师生之间的误会和冲突。所以，提高师生沟通的效果，首先应从分析教师错误的沟通语言着手。

汤玛斯·高登和克里斯·科尔等心理学家曾经把错误或不当的沟通语言分为三大类。参照他们的分类，以及我国教师的实际状况，这里把师生沟通中教师常见的语言错误划分为四类。

（1）发号施令型。

发号施令型语言总是告诉学生：作为一个学生，他（她）"应该"怎么做、"最好"怎么做。

发号施令型的教师认为，通过这样的语言可以向学生传递解决问题的办法，期望学生最好能无条件地接受。它也是许多教师最喜欢使用的一种语言。

发号施令型语言可以分为四种，根据教师使用的频率排列如下：

① 命令。

例如："坐下！不许动，轮不到你说话，等你得到了原谅再说。""不许再哭，这里不是你家！""你给我离开教室！"

这种语言使人感到：学生的感受、需求或问题并不重要，他们必须顺从教师的感受与需要，并有可能产生对教师权威的恐惧感。这是教师单方面发出的语言信息，使学生的情感或需求没有得到尊重，因此学生有可能对教师产生怨恨、恼怒和敌对的情绪，如顶撞、抗拒、故意考验教师的决心、发脾气等。

② 威胁。

例如："如果你们这次不交齐作业，我就要罚你们再抄十遍书！""如果你再不改，我就打电话给你的家长，叫你的家长来见我！"这种语言与命令很相似，只是再加上告诉学生不服从的后果是什么。这种语言可能使学生感到恐惧和屈从，也可能引起学生的敌意。学生有时还可能对此做出与教师期待的相反反应："好啊，不管你说什么，我都不在乎，看你能把我怎么样！"

有时教师真的采取了叫家长等措施，学生的态度一般也不会有所改变。他们只会更加反感，起码也会保持消极状态的沉默，与教师、家长不做任何交流。

③ 强加于人。

例如："昨天晚上你有没有照我的话去做功课？""你知道如何来安排时间吗？""让我来告诉你……"

又如："今天找你来，是要与你讨论你这次考试失误的事情。经过我对你的试卷分析，我发现你存在的问题是粗心。你说是吗？记住：下次考试要细心！""好，我的话讲完了，你可以回去了！千万要记住我的话，别再粗心！"

其实，这个学生考试失误未必是因为粗心，也许还有更多的原因。教师找这个学生来谈话，目的是帮助他找到这次考试失误的原因，提高学习的成绩，但因为没有互动和交流，导致了他们之间的谈话毫无效果，并让学生感到教师并不想也确实不了解自己。

因为不给对方发表自己意见的机会，因而这类谈话会进行得很快，学生也根本没有时间表达自己的想法，从而会感到自己的权利被剥夺。长此以往，学生还会产生一种"老师总是认为我不行，有改也改不完的许多缺点"等压抑感。

④ 过度忠告。

例如："如果我是你，肯定不会像你这么做。"考试的时候一定要先做容易的题目，再做难的题目。

这样的语言信息是在向学生证明：教师不信赖他们自身解决问题的能力。其后果往往会使学生对教师产生依赖心理，削弱他们独立判断的能力和创造力。

过度忠告也意味着教师的一种自我优越感，容易引起追求独立的学生的反感。

有时这种语言信息还会使学生感到被误解，甚至这样想："如果你真正了解我，就不会给我出这种又馊又笨的主意。"

二、成功的沟通

沟通成功人人渴盼，但这绝不是一件轻而易举的事情，是要花费一定的代价的。具体应从以下多方面去争取。

1. 学会沟通

沟通是人生存很重要的一课，说话谁都会，如何把话说得艺术，如何跟他人进行很好的沟通，建立良好的人际关系，却不是每个人都能做好的。想更好地与人沟通，就得学习一些沟通的技巧。

要了解人和人性。人首先是对自己感兴趣，而不是对其他事物感兴趣，换句话说，一个人关注自己胜过关注别人或别的事物一万倍。如何巧妙地与别人交谈？与别人交谈他们最感兴趣的话题。交谈时，尽量使用这些词——"您"或"您的"而不是"我""我自己，我的"。只有这样才能在表达交流过程中做到谈笑风生，从而创造融洽气氛。另外还要记住，学会引导别人谈论他们自己。

2. 学会说话

一定要明白和清楚你所说的内容。如果你不知道自己要说什么，就不要开口。

该说的话说完后，就马上坐下。没有人会因为人讲得少而批评你，废话讲得多的人，人人都讨厌他，千万记住，见好就收。

说话时，请注视着听众，谈论一些听众感兴趣的话题，不要试图演讲。自然地说话，保持自己的本色，这恰好也是你要发言的原因。

3. 令别人觉得重要

赞许和恭维他们，关心他们的家及家人。

在回答他们的话之前，请稍加停顿（表现出专注倾听并认真思考他说话的样子）。

4. 赞同别人

学会赞同和认可。当你赞同别人时，一定要说出来。可以有力地点头并说"是的""对"，或注视着对方的眼睛说："我同意你的看法。""你的观点很好。"当你不赞同别人时，请不要告诉他们，除非万不得已。讲话时，如果说错了，要敢于承认并表示歉意。

另外，在当众场合，尽量避免与人争论。没有人能从争论中获胜，也没人能从争论中得到朋友。处理冲突时，一定要谨言善行。

5. 尽量避免最致命的言辞

要避免使用以下言辞。

（1）"我在会上为你感到很遗憾。"即便你是诚心诚意地去安慰他，这句话也不可原谅。它表明，对方的表现简直糟糕透顶。

（2）"你看起来很累。"职场中难免会有倦怠的时候，当人们总是对你这样说，是不是会觉得更加郁闷？它的意思是对方看起来又老又憔悴又丑陋。

（3）"你看起来压力很大/很烦恼。"这句话更糟，因为它不仅暗示对方看起来又老又丑，而且工作还没有效率。似乎略有讽刺意义，不过这也要视人而定。

（4）"你看起来真是好多了!"这暗示着对方之前很差劲，只不过他们当时出于礼貌没有直说罢了。

（5）"家里一切都好吧?"如果是竞争对手跟你这样说，想必你会气爆了。"我家里关你

什么事，管好你自己的事吧。"

（6）"你还好吗？"这是所有问题中最致命的一个。当事情并不十分顺利时，每个人都害怕被问到这个问题。

（7）"不要太在意它。"在说这话时，你已承认对方搞砸了某件事，并让对方觉得他犯了一个天大的错误，做任何事都不能补救它。

6. 尽量避免最糟糕的沟通方式

最糟糕的沟通方式如下："种族歧视言论""低俗笑话""哭泣语言""听起来缺乏教养""咒骂""打情骂俏""抓耳挠腮""逃避眼神接触""语无伦次""笑声太多和大声说话"等。

参 考 文 献

[1] 高雅杰. 实用口才训练教程[M]. 2 版. 北京：清华大学出版社，北京交通大学出版社，2016.

[2] 许利平. 职业口才训练教程（修订版）[M]. 北京：北京理工大学出版社，2010.

[3] 张田勘. 人类语言起源于哪？专家称找到源于非洲有力证据[EB/OL]. http:www. chinanews. com/cul/2012/08-28/4139743.shtml.

[4] 吴昊，文斌. 中国科学报：语言起源仍是难解之谜[EB/OL]. http://tech.ifeng.co m/discover y/detail_2012_02/25/12779692_0.shtml?_from_related.

[5] 谢尔·利恩，刘彤，毛乐，蒋竹怡，译. 跟奥巴马学演讲[M]. 北京：科学出版社，2009.

[6] 巩姝言. 发音器官与语言发生[J]. 现代语文（学术综合版），2012（4）.

[7] 老丁. 为什么全世界"妈妈"发音是相同的[J]. 女性天地，2009（3）.